浙江省习近平新时代中国特色社会主义思想研究中心省委党校研究基地
中共浙江省委党校浙江省"八八战略"创新发展研究院
研究成果

变革浙江："八八战略"引领"两个先行"

中共浙江省委党校 编著

浙江工商大学 出版社
ZHEJIANG GONGSHANG UNIVERSITY PRESS
·杭州·

图书在版编目(CIP)数据

变革浙江："八八战略"引领"两个先行" / 中共
浙江省委党校编著. —杭州：浙江工商大学出版社，
2023.5

ISBN 978-7-5178-5479-1

Ⅰ. ①变… Ⅱ. ①中… Ⅲ. ①社会主义建设－研究－
浙江 Ⅳ. ①D619.55

中国国家版本馆 CIP 数据核字(2023)第 081690 号

变革浙江："八八战略"引领"两个先行"

BIANGE ZHEJIANG："BA-BA ZHANLÜE" YINLING "LIANG GE XIANXING"

中共浙江省委党校 编著

责任编辑	吴岳婷
封面设计	朱嘉怡
责任校对	夏湘娣
责任印制	包建辉
出版发行	浙江工商大学出版社
	(杭州市教工路 198 号 邮政编码 310012)
	(E-mail：zjgsupress@163.com)
	(网址：http://www.zjgsupress.com)
	电话：0571－88904980，88831806(传真)
排　版	杭州朝曦图文设计有限公司
印　刷	杭州高腾印务有限公司
开　本	710mm×1000mm　1/16
印　张	13
字　数	220 千
版印次	2023 年 5 月第 1 版　2023 年 5 月第 1 次印刷
书　号	ISBN 978-7-5178-5479-1
定　价	68.00 元

编辑委员会

目　录

前　言

　　"八八战略"是习近平同志在浙江工作期间亲自擘画实施的引领浙江发展、推进浙江各项工作的总纲领和总方略。省第十五次党代会强调要把"八八战略"作为五大战略指引之一,号召浙江广大干部群众自觉做"八八战略"的忠实践行者。迈上全面建设社会主义现代化国家的新征程,我们要深入学习贯彻习近平新时代中国特色社会主义思想,深刻学习领会党的二十大精神和省第十五次党代会精神,坚定捍卫"两个确立",坚决做到"两个维护",立足中国式现代化大场景,找准浙江先行的定位和坐标,坚定不移用"八八战略"引领浙江变革,探索开辟先行路径,为中国式现代化点燃更多"浙江星火"。

一、彰显"政治本色":深刻理解用"八八战略"引领
浙江共同富裕和现代化先行的重大政治逻辑

　　浙江是中国革命红船起航地、改革开放先行地和习近平新时代中国特色社会主义思想重要萌发地,"红色"是浙江各方面工作最鲜明的政治本色。"八八战略"从形成提出到丰富发展,本质上是党的政治主张在浙江省域范围的具体实践,蕴含了向党看齐的政治自觉和为党为国的政治站位,体现了与"两个确立""两个维护"一脉相承、高度契合的政治品格,是浙江过去取得进步、当下走在前列的政治密码,也是未来浙江继续示范先行的强大政治保障。

　　切实做到"总书记有号令、党中央有部署,浙江见行动"。"事在四方,要在中央。"要始终坚持把忠诚拥护"两个确立"、坚决做到"两个维护"作为最根本的政治标尺,在政治立场、政治方向、政治原则、政治道路上同以习近平同志为核心的党中央保持高度一致,不折不扣贯彻落实好习近平总书记重要指示批示精神和党中央决策部署,做到闻令而动、听令而行,不断提高政

治判断力、政治领悟力、政治执行力。尤其要承接好奋力打造"重要窗口"、扎实推进高质量发展建设共同富裕示范区等党中央的万钧重托,坚决把"六稳""六保"等重大部署贯彻到位,认真完成中央交给浙江的各项改革试点工作和重大任务,在坚决贯彻落实中央重大决策部署、方针政策和任务要求中始终走在前、做表率。

切实做到心怀"国之大者"。胸怀大局、把握大势、着眼大事,是历届省委省政府的一贯要求,也是全省上下干事创业应有的格局和胸怀。发展是执政兴国第一要务,创新才能制胜未来。要加速推进高水平创新型省份建设,深入实施科技创新和人才强省首位战略,加快打造高能级科创平台和三大科创高地,加快突破"卡脖子"技术,通过持续创新不断引领浙江高质量发展。习近平总书记强调,让人民生活幸福是"国之大者"。要及时回应民生重大关切,切实将"以人民为中心"的发展理念转化成"为民办实事"的长效机制,努力把浙江打造成民生幸福新标杆。"稳定压倒一切。"要始终强化除险保安政治责任,坚持和发展新时代"枫桥经验",一体推进法治中国和平安中国示范区建设,努力在为国担当尽责中贡献省域力量。

切实做到守护"红色根脉"。中国共产党在嘉兴南湖红船上诞生,浙江是"红色根脉"的源头坐标;浙江是习近平新时代中国特色社会主义思想的重要萌发地,这是"红色根脉"的新时代标识。实现共同富裕和现代化先行,必须把守护"红色根脉"作为永恒的课题。要着眼于伟大事业与伟大工程的协同推进,切实加强党的全面领导和全面加强党的建设,大力弘扬伟大建党精神、红船精神和与时俱进的浙江精神,全面深化党建统领的整体智治体系建设,努力将"建党圣地"打造成"党建高地"。要持续深化新思想铸魂、溯源、走心工程,深入挖掘、守护、传承好习近平总书记留给浙江的宝贵财富,努力用新思想为浙江劈波斩浪,为"两个先行"点亮奋力远航的灯塔。

二、突显"理论指引":深刻理解用"八八战略"引领浙江共同富裕和现代化先行的重大理论逻辑

恩格斯说:"一个民族要想站在科学的最高峰,就一刻也不能没有理论思维。"习近平总书记强调,中华民族要实现伟大复兴,也同样一刻不能没有理论思维。对走在前列的浙江来说,要顺利推进共同富裕和现代化先行,更加需要

先进思想和科学理论提供指引。在"八八战略"的指引下,浙江高水平全面建成了小康社会,充分展现了"八八战略"强大的理论穿透力,未来"八八战略"也必将以其科学性和真理性继续为"两个先行"提供思想指引和行动指南。

最根本的是要牢记唯物史观。人民群众是历史的创造者。坚持人民至上、充分发挥人民群众的智慧和力量是浙江过去能够成功、未来继续成功的最大法宝和根本遵循。要始终突出人民的主体地位,强化以人为核心的现代化导向,继续深化对人全生命周期的服务管理,大力促进人的全面发展和社会全面进步。充分尊重基层和群众的首创精神,善于从生动鲜活的基层实践中汲取智慧并固化经验,推动从"事"到"制""治""智"的迭代升级。始终坚持"两个毫不动摇",最大限度激发全社会的经济活力,不断实现民营经济量的扩展和质的跃升。聚焦基层群众所思所盼,真正问需于民、问计于民,努力把蕴藏在广大浙江人民身上的无穷创造力和坚定发展信心调动起来。

最重要的是要强化系统观念。"八八战略"是统管全局的总体性战略,蕴含着深刻的系统观、整体观、战略观,最考验思想站位和工作站位。今后,我们既要善于运用总体性的系统思维,统筹谋划推进共同富裕、打造"重要窗口"、实现现代化先行,又要以"复杂巨系统"的思维,通过数字化改革,全面推进各领域各方面具体工作,实现系统性重塑。既要善于从宏观系统的角度主动嵌入新发展格局,加快打造"一带一路"重要枢纽,深度融入长三角一体化,着力构建国内大循环的战略支点、国内国际双循环的战略枢纽,又要从微观系统的角度,十分注重企业等市场主体的作用,大力打造公平竞争的市场环境,积极帮助企业纾困解难,引导和规范资本在浙江大地健康发展。

最关键的是要善用辩证法。运用辩证思维和矛盾分析的方法解决省域发展的重大问题,是"八八战略"科学思想方法和工作方法的精髓和真谛。用"八八战略"指引共同富裕和现代化先行,特别需要深刻领悟"优势论""短板论",持续擦亮数字经济等九张金名片,补齐高端人才、山区经济等发展短板,努力将发展优势化为发展胜势。要深刻领悟"两点论""重点论",抓住不平衡不充分发展的关键性问题,继续处理好"两种人""两只手"等辩证关系,善于在对立统一中解决好制约发展的各种问题和矛盾。要深刻领悟"十个手指弹钢琴"的统筹兼顾法,善于把发展与安全、公平与效率、活力与秩序等有机统一起来,协调推进数字浙江、美丽浙江、法治浙江、平安浙江、文化高地建设,更高水平全面推进浙江共同富裕和现代化建设大业。

三、突显"忠实践行":深刻理解用"八八战略"引领 浙江共同富裕和现代化先行的重大实践逻辑

　　"一个行动,胜过一打纲领。""八八战略"既是战略总纲,更是行动方略。行动不是靠喊出来的,而是靠拼出来、干出来的。浙江省委反复强调践行"八八战略",要突出"忠""实"两字。无论形势如何变化、发展到哪个阶段,浙江贯彻"八八战略"的战略方向坚决不能变、战略意志坚决不能移、战略定力坚决不能减。要始终秉持"干在实处、走在前列、勇立潮头",强化以年度评估为标志的"八八战略"抓落实机制,努力用实干和实绩不断彰显"八八战略"的实践伟力。

　　始终坚持一张蓝图绘到底。政贵有恒,治须有常。"八八战略"穿越时空的伟力来自一以贯之的定力。坚持以"八八战略"为总纲,一任接着一任干,必须以抓铁有痕、踏石留印和"钉钉子"的精神,坚定不移地照着"八八战略"指引的路子走下去。"八八战略"随着时代进步和实践深入,内涵更为深邃深刻,外延不断丰富拓展。要把忠实践行"八八战略"与学懂弄通做实习近平新时代中国特色社会主义思想融会贯通,以深入实施"八八战略"年度评估机制为抓手,形成体系化、全贯通、可衡量、闭环式的工作机制,用浙江改革发展新业绩新成就充分展示"八八战略"的真理光芒和时代价值。

　　始终坚持问题导向精准发力。马克思说,问题就是时代的声音。准确把握浙江所处的历史方位,及时回应关系浙江长远发展和全局的重大问题,是"八八战略"攻坚克难的基本逻辑。在推进浙江"两个先行"中,一方面要继续努力破解"先成长先烦恼"的症结,另一方面又要用好问题导向这个"瞄准仪",靶向发力,补齐短板弱项。当前尤其要聚焦高端人才不足、山区26县发展相对滞后、产业链发展具有风险、优质公共服务供给短缺等实际问题,拿出解决浙江不平衡不充分发展问题的整体方案,通过高质量发展努力实现共同富裕和现代化先行。

　　始终坚持以实战实效论英雄。空谈误国,实干兴邦。忠实践行"八八战略",尤其需要强调实干、注重实效、狠抓落实,用实战实效检验各方面工作水平。无论是全力稳住经济发展大盘还是推进绿色低碳发展,无论是数字化改革重大场景应用的开发还是疫情防控等重大风险闭环管控机制的完善,无论是点上的培育单项冠军企业还是面上的优化营商环境,都要追求真正"管用"

"实用""好用"的"硬核"成果,以真功夫实现稳进提质、除险保安,塑造变革、共同富裕示范,不断提升人民群众的获得感、幸福感、安全感、认同感。

始终强化"不走在前列也是一种风险"意识。浙江素有领风气之先的传统,做就要做成精品,干就要干成示范。省委反复强调"不走在前列也是一种风险",这是浙江贯彻"两个先行"必须牢牢把握的原则和要求。打造共同富裕美好社会、推进现代化先行的步子不走好,就辜负了习近平总书记对浙江"更进一步""更快一步"的重大要求和"继续发挥先行和示范作用"的殷切期望。科技创新、"招大引强"、现代产业体系建设、新旧动能转换等工作重视不够、推进不力,就会不断遇到技术"卡脖子"等问题,面临发展后劲丧失、转型升级乏力的困境。建设重大战略发展平台、优化重大基础设施、营造法治化国际化营商环境、加大优质公共服务供给,目的就是再造发展新优势,切实防范输掉竞争的风险。我们必须切实增强忧患意识,增强战略主动,抢抓发展先机,矢志不渝推动浙江发展始终走在前列。

四、突显"使命担当":深刻理解用"八八战略"引领浙江共同富裕和现代化先行的重大历史逻辑

从省域层面看,"八八战略"无疑是推进浙江发展、实现富民强省的战略总指引。但从浙江作为先行探路者的角度看,用"八八战略"引领共同富裕和现代化先行,代表了中国共产党人对人类社会发展和现代化建设新模式、新路径、新方式的全新探索。士当弘毅,任重道远。面对中国特色社会主义这一前无古人的伟大事业,我们要以更高站位、更宽视野,勇当先锋、勇立潮头,自觉扛起重大历史使命,充分展现新时代中国特色社会主义、中国式现代化道路和人类文明新形态在浙江的现实图景。

勇扛共同富裕示范区建设浙江使命。"国之称富者,在乎丰民。"高质量发展建设共同富裕示范区是习近平总书记、党中央着眼全局和长远作出的重大战略部署。要进一步深入学习习近平总书记关于共同富裕的系列重要论述,对标《中共中央、国务院关于支持浙江高质量发展建设共同富裕示范区的意见》和《浙江高质量发展建设共同富裕示范区实施方案(2021—2025年)》,突出"四个率先三个美",加快探索具有普遍意义的共同富裕新路子。尤其要打造高质量就业创业体系、扩中提低、山区26县整体跨越发展、共同富裕现代化基

本单元建设等十大标志性成果,积极构建共同富裕话语体系和实践体系,努力在先行探路共同富裕美好社会中积极贡献浙江经验和做法。

勇扛推进省域现代化先行浙江使命。争创社会主义现代化先行省是浙江在第一个百年交出高分答卷,并奋力向第二个百年奋斗目标迈进中提出的宏伟战略蓝图。不仅要为现代化总目标而努力,更要为数字赋能、产业体系、科技创新、农业农村、对外开放、省域治理、文化建设、生态文明、公共服务和人的现代化先行等"十个先行"而奋斗。不仅要用大手笔绘就现代化总图景,更要用工笔画精心打造未来社区、未来乡村等现代化基本单元。不仅要通过先行探索深化对现代化的规律性认识,更要通过创新实践不断推出制度成果、工作成果、理论成果,形成全新的现代化理念、方法、工具、手段、机制,努力为全国树好标杆、提供示范、作出表率。

勇扛探索人类文明新形态浙江使命。浙江是中华文明的重要发祥地,肩负着文明持续传承、发扬光大和开拓创新的历史重任。面对数字文明新时代,要切实扛起数字化改革起始地的使命,全面推进党建统领整体智治、数字政府、数字经济、数字社会、数字文化、数字法治和基层智治,着力打造数字中国示范区和全球数字化变革新高地。面对生态文明新时代,要强化浙江作为"绿水青山就是金山银山"理念发源地的使命,统筹"双控""双碳"等各项工作,着力让绿色成为浙江现代化先行中最动人的色彩。文化自信是最基本、最深沉、最持久的力量,探索人类文明新形态最根本的是要扛起新时代浙江的文化使命,突出浙学品牌建设,推进宋韵文化传世工程,打造浙派文化新标识,通过全域文化繁荣推进全民精神富有,用优秀文化凝聚浙江共同富裕和现代化先行的磅礴力量。

数字经济赋能现代产业体系

数字经济是继农业经济、工业经济之后的新经济形态，代表着新的生产力和新的发展方向，数字经济健康发展事关国家发展大局。党的十八大以来，习近平总书记高度重视数字经济发展，将其上升为国家战略。在 2021年中共中央政治局第三十四次集体学习时，习近平总书记强调要不断做强做优做大我国的数字经济，"充分发挥海量数据和丰富应用场景优势，促进数字技术与实体经济深度融合，赋能传统产业转型升级，催生新产业新业态新模式"。[①]党的二十大报告进一步强调"加快发展数字经济，促进数字经济和实体经济深度融合，打造具有国际竞争力的数字产业集群"。正是在党中央的高瞻远瞩、统筹部署下，中国数字经济发展取得了举世瞩目的成就，迸发出强大的活力。

浙江具有发展数字经济的战略优势和先发优势。习近平总书记在浙江工作期间，深刻认识并准确把握信息革命的时代潮流，提出在实施"八八战略"中，要坚持以信息化带动工业化，以工业化促进信息化，加快建设"数字浙江"。近二十年来，浙江坚持一张蓝图绘到底、一任接着一任干，努力推进数字经济的创新发展。从"数字浙江"到信息经济、数字经济"一号工程"，再到全面推进数字化改革的接续发展，浙江构建了以数字经济为引领的现代产业体系，为推动经济高质量发展贡献了浙江经验。这表明，习近平同志在浙江工作期间擘画的"数字浙江"建设蓝图，其前瞻性、正确性已经为实践所充分证明，其在赋能浙江奋进新征程中已经并仍将持续发挥重要指引作用。

---

① 《习近平在中共中央政治局第三十四次集体学习时强调 把握数字经济发展趋势和规律 推动我国数字经济健康发展》，《人民日报》，2021 年 10 月 20 日。

一、以数字经济为引领构建现代产业体系的理论逻辑

(一)"八八战略"是现代产业体系建设的根本遵循

现代产业体系是一种具有领先、竞争优势同时又面向未来发展的产业体系,它通过技术和制度的创新驱动,推动产业从传统向现代转型,对传统产业体系中发展成熟的、符合要素禀赋的产业进行转型升级,将适应新技术新要求的新兴产业发展为主导产业。[①] "八八战略"提出,"进一步发挥浙江的块状特色产业优势,加快先进制造业基地建设,走新型工业化道路。坚持以信息化带动工业化,推进'数字浙江'建设,用高新技术和先进适用技术改造提升传统优势产业,大力发展高新技术产业,适度发展沿海临港重化工业,努力培育发展装备制造业,全面提升浙江产业发展的层次和水平"。[②]

在"八八战略"的指引下,浙江明确了构建现代产业体系的四大要点:一是通过以信息技术为核心的先进技术驱动,技术创新是现代产业体系的核心驱动力,浙江把握第四次产业革命机遇,以信息技术提高浙江全要素生产率,突破土地、资本等要素资源的制约,真正实现经济发展方式的转变和现代产业体系的构建;二是培育壮大先进制造业,坚持依靠科技进步和创新,培育新兴高新技术产业,推动制造业企业向全球价值链高端攀升;三是新旧融合,用先进技术改造提升传统产业,丰富传统产业内容,改变传统产业商业模式,推进业务流程重组、生产要素重组,进而推动传统产业转型升级;四是发挥块状经济优势,依靠信息技术,以龙头企业带动中小企业,提升产业集群的能级,建设一批具有世界水平的产业集群。

(二)数字经济是现代化产业体系建设的关键支撑

数字经济是以数字化的知识和信息为关键生产要素,以数字技术创新为核心驱动力,以现代信息网络为重要载体,通过数字技术与实体经济深度融

---

① 芮明杰:《构建现代产业体系的战略思路、目标与路径》,《中国工业经济》,2018 年第 9 期。

② 习近平:《干在实处　走在前列——推进浙江新发展的思考与实践》,中共中央党校出版社 2006 年版,第 71—72 页。

合,不断提高传统产业数字化、智能化水平,加速重构经济发展与政府治理模式的新型经济形态。[①] 数字经济以数据为基本要素,以新型基础设施建设为底座,以大数据、人工智能、云计算、平台经济等为新业态新模式,进而升级产业基础能力、优化产业结构、提升产业现代化水平。对中国这样致力于打造现代产业体系的经济大国而言,发展数字经济已经成为经济增长的重要动力源泉、新旧动能转换的核心所在、转型升级的重要驱动力来源,也是在全球新一轮产业竞争中抢占制高点的必然要求。具体来说,发展数字经济对现代化产业体系建设的支撑作用体现在以下三方面。

升级产业基础能力。产业基础能力包含基本技术、基础设施、人力等因素,它们构成了产业升级进步的核心和产业进步的根本。[②] 因此,推进产业基础能力建设是发展现代产业体系的重要基础和保障。升级产业基础能力要做好以下几个方面的工作:一是新型基础设施建设。我国以 5G 网络、全国一体化数据中心体系、国家产业互联网等为抓手,建设"高速泛在"[③]、天地一体、云网融合、智能敏捷、绿色低碳、安全可控的智能化综合性数字信息基础设施,打通经济社会发展的信息"大动脉",为传统产业的转型升级、新经济新业态的蓬勃发展提供了强大的动力。二是人才培养体系建设。建立现代产业体系的一个重要的战略选项就是长期对全社会的人力资本进行投资。[④] 人才是技术的载体,更是创新创造的根本。要推动数字经济的快速发展,必然要加大基础教育投入、推动基础教育不断变革,从提高劳动者的知识水平、内在品质入手,培养劳动者的学习能力与创新能力。同时,以数字经济的快速发展助推人才结构的快速优化,新劳动力的供给将为新经济提供更优质的人力资源,进而推动传统产业的转型升级和新业态的不断产生。数字经济可以促进产业基础再造,通过创新提高技术水平、提升产业基础能力,同时丰富产业基础内容,为建

---

① 中国信息通信研究院:《全球数字经济新图景(2020 年)》,2020 年 10 月。

② 任保平,李佩:《以新经济驱动我国经济高质量发展的路径选择》,《陕西师范大学学报(哲学社会科学版)》,2020 年第 2 期。

③ "泛在网"即广泛存在的网络,它以无所不在、无所不包、无所不能为基本特征,以实现在任何时间、任何地点、任何人、任何物都能顺畅地通信为目标。在 2020 年 5 月 17 日举行的 2020 年世界电信和信息社会日大会上,时任工信部副部长陈肇雄透露,网络设施正在加速向"高速泛在"演进,我国光纤的用户渗透率已达 93%,4G 用户人数已达 12.8 亿,规模均为全球第一。

④ 刘明宇,芮明杰:《全球化背景下中国现代产业体系的构建模式研究》,《中国工业经济》,2009 年第 5 期。

设现代产业体系提供基础保障。

提升产业链现代化水平。现代化的产业链供应链包含三个维度：更足的创新能力、更强的数字化能力、更高的附加值。[①] 实现上述三个维度的目标，发展数字经济至关重要。一是数字经济的发展能够有效推动创新能力建设。数字经济作为全球研发投入最集中、创新最频繁、处于最前沿、应用最广泛、辐射带动作用最大的技术创新领域，已然成为经济创新发展的"主阵地"和关键引擎。二是数字经济的发展必然能够提升产业链的数字化能力。数字技术推动实体经济与新兴服务业深度融合，积极培育数字化、网络化的现代服务产业新业态，催生出新技术、新业态融合的生产性服务业，实现制造业与服务业良性互动，通过重构产业价值链体系来转换实体经济增长动力。三是数字经济的发展有助于提升产业附加值。以数据驱动、平台支撑、服务增值为主要特征的新型生产组织模式下的数字产业组织模式将先进技术和生产方式融入传统产业的各个环节，使产业链的分工边界得到了极大的改变、组织成本大幅下降、价值链分配发生转移[②]，通过重新构建产业的结构和规模，改变产业现有的商业框架，塑造产业边界，有效推进传统产业的优化升级。数字技术与传统产业加速融合，不断突破制造、供应、服务、运营各个链条中的发展瓶颈，通过技术水平的升级、供给质量的提升、供给效率的优化、服务项目的丰富、运营系统的改善，确保拉长产业链、强化创新链、提升价值链，实现以供给侧结构性改革为主线的更高效、更经济、更绿色的产业生态优化，打造产业竞争新优势，助力传统产业向价值链中高端发展，进而有效提升国家制造业的国际竞争力，使之加快融入制造业全球价值链。

优化产业结构。数字经济拥有诸如高创新性、高技术性、高安全性、高增长性、高融合性等技术和经济特性。新一代的数字技术不断更替，通过不断丰富产业内涵、拓展产业空间、催生产业新领域改善产业结构，成为产业升级的驱动力。[③] 一是丰富了产业发展内涵。在需求端，数字经济对原有的生活、服务形态赋予了新的内涵，催生了诸如网络支付、新零售、共享经济、平台经济等

---

① 中国社会科学院工业经济研究所课题组：《提升产业链供应链现代化水平路径研究》，《中国工业经济》，2021 年第 2 期。

② 李春发，李冬冬，周驰：《数字经济驱动制造业转型升级的作用机理——基于产业链视角的分析》，《商业研究》，2020 年第 2 期。

③ 张于喆：《数字经济驱动产业结构向中高端迈进的发展思路与主要任务》，《经济纵横》，2018 年第 9 期。

融合型新业态,满足了消费者的个性化需求;在供给端,数字技术极大地缩短了供给侧与需求侧的中间环节,提升了企业的研发、生产效率,促进了新产品与新业务的创造,引领产业的转型升级。二是拓展了产业空间。当传统领域与数字技术连接并进行重构后,将衍生出诸多新模式、新业态,有利于传统产业的转型升级,能推动传统产业的高质量发展。利用互联网平台以及大数据等技术可以更好地了解消费者需求,并从单一的产品向"产品+服务"的方向升级,提供满足消费者多样化需求的全面解决方案;基于智能制造推动制造换法,以柔性化生产有效满足消费者的个性化定制需求;基于智能产品构建起全生命周期的服务体系,通过监测、整理和分析产品使用中的数据提高企业服务附加值。[①] 三是催生了产业新领域。数字技术的市场化应用将大数据、知识转化为新型生产要素,进而催生众多战略新兴产业,尤其是高端制造业和高质量生产性服务业,推动产业结构升级。[②] 例如,数字技术带来的最大变化之一就是使信息快速流动和海量数据分析成为可能;而数据井喷式的增长,以及数据抓取、存储、挖掘、分析技术的发展,又进一步提升了对数据和信息的处理能力。以大数据分析、数据挖掘、数据交易为代表的新兴大数据产业蓬勃兴起,将成为经济发展的重要支撑。[③]

二、数字经济"一号工程"实施成效及基本经验

2017 年,浙江省委提出实施数字经济"一号工程",先后制定并实施了《浙江省数字经济五年倍增计划》《关于深入实施数字经济"一号工程"若干意见》《浙江省国家数字经济创新发展试验区建设工作方案》,通过多年的实践,成效明显,形成了以下标志性成果。

---

① 吕铁:《传统产业数字化转型的趋向与路径》,《人民论坛·学术前沿》,2019 年第 18 期。

② 戚聿东,褚席:《数字经济发展促进产业结构升级机理的实证研究》,《学习与探索》,2022 年第 4 期。

③ 吕铁,李载驰:《数字技术赋能制造业高质量发展——基于价值创造和价值获取的视角》,《学术月刊》,2021 年第 4 期。

(一)加速布局关键基础设施,全面升级数字基础设施

发展数字经济必须推进高速泛在、天地一体、云网融合、智能敏捷、绿色低碳、安全可控的智能化综合性数字信息基础设施,打通经济社会发展的信息"大动脉"。自从提出实施数字经济"一号工程"以来,浙江一直将新型基础设施建设作为发展数字经济的底座基石,加速布局5G网络、数据中心、下一代互联网(IPv6)、人工智能、工业互联网等新型基础设施。2020年浙江发布《浙江省新型基础设施建设三年行动计划(2020—2022年)》,投资万亿元加强新型基础设施建设,现已形成高速畅通、覆盖城乡、服务便捷的网络基础设施和服务体系。一是提升网络互联互通能力,以5G基站建设"一件事"集成改革为杠杆,布局打造国际一流、国内领先的5G基础设施。2019年4月,浙江为统筹保障5G基站建设印发了《浙江省人民政府关于加快推进5G产业发展的实施意见》,翻开了5G发展的新篇章。至2021年10月底,省内累计建成启用5G基站10.5万个,5G手机用户数2121.48万,实现5G县城及以上区域覆盖、重点乡镇和25%行政村覆盖。二是打造领先的基础设施智慧化融合应用,加快基础设施与日渐丰富的实际场景需求结合,打造一批融合应用,为管理体制和业态模式创新提供基础保障。实施"5G+"行动,深化"5G+工业互联网""5G+医疗健康"等重点领域融合应用,累计开展5G创新应用项目超过700个,其中98个项目入选工信部"5G+医疗健康"应用试点项目,入选数量位居全国第二。三是浙江制定《浙江省推动数据中心能效提升行动方案(2021—2025年)》,形成布局合理、技术先进、绿色低碳、算力规模与经济增长相适应的数据中心发展格局,为产业高质量发展提供先行性和基础性服务。截止到2021年底,阿里巴巴长三角智能计算基地、乌镇之光(桐乡)超算中心已经启动建设,浙江已累计建成各类数据中心193个、大型以上数据中心20个;国家(杭州)新型互联网交换中心建设推进迅速,累计接入企业81家、签约80家,舟山国际互联网数据专用通道正式投入运行,杭州、宁波获评全国首批网络带宽"千兆城市",不断筑牢推动高质量发展的"数字底座"。

(二)强化关键技术攻关,加速完善创新创业生态

技术创新是现代产业升级的核心驱动力,浙江集成政策、集中资源攻克各类关键科技,建设高能级平台,吸引优秀人才,提升产业技术创新能力。一是

加强技术攻关。2018年以来,浙江稳步推进城西科创大走廊创新策源地建设,加快之江实验室、阿里巴巴先进系统芯片省级产业创新中心等新型实验室体系建设,建立健全关键核心技术攻关"倒逼、引领、替代、转化"四张清单机制,实施数字技术重大科技攻关。二是加强高校以及科研院所等高能级平台建设。支持浙江大学、之江实验室、西湖大学、浙江清华长三角研究院、中国科学院宁波材料所、中国科学院肿瘤与基础医学研究所、北航中法航空学院、阿里达摩院等重点平台加快发展。其中,之江实验室被纳入国家实验室体系,阿里云芯片倚天710、云原生服务器"磐久"、之江实验室研发的"800G超高速光收发芯片与引擎技术"等具有全国领先水平的研究成果不断涌现,成果丰硕。三是加大人才引进力度。实施"鲲鹏行动"引才工程、"启明计划"、领军型创业创新团队引进培育计划,全省已组织2179名产业人才申报国家"启明计划"人才项目,申报数量居全国各省区市首位,入选数量位居全国前列。近年来,浙江广纳优秀人才,不断完善人才政策和服务体系,鼓励海内外高层次人才带项目、带技术在浙创业创新,形成了以浙大系、阿里系、海归系和浙商系为代表的创业创新"新四军",城市大脑、视频感知平台等入选国家新一代人工智能开放创新平台,11个设区市人才净流入率均为正,创业创新生态加速完善。

(三)新模式新业态层出不穷,数字产业集群快速成长

在数字产业发展的早期阶段,浙江涌现出以阿里为代表的创新型互联网公司,以电子商务、电子政务、网络媒体、网游动漫、网络技术、网络应用、网络管理等为重点领域,构建起极具特色的数字产业体系。近年来,浙江积极转变产业发展模式,积极提升技术实力,深耕数字安防、云计算、跨境电商、数字贸易等产业,为数字产业由应用驱动型向技术、数据驱动型转变提供了强大推力,取得了明显成效。一是积极培养新模式新业态。拓展5G、人工智能、云计算、大数据、物联网等新技术的应用场景,激发跨境电商、直播电商、数字贸易等新业态活力。稳步推进跨境电商综试区建设和51个产业集群跨境电商发展试点建设,2021年全省网络零售额2.52万亿元,增长11.6%;持续推进"店开全球"专项行动,新增出口活跃网店3.1万家,跨境电商出口增长39.3%,实现跨境电商综试区11市全覆盖。2021年实现数字贸易额5279亿元,同比增长21.8%。推动数字自贸区建设,杭州片区开展新型离岸转口贸易付汇业务、全省首个知识产权证券化项目等试点,形成多项"杭州首创"成果,加快推进浙江自贸区国际数据交易中心建设。加快建设新兴金融中心,积极争取在杭州

等地开展数字人民币试点,累计 9 个金融科技创新监管试点项目入盒测试,全面启动亚运会支付服务环境建设。二是做大做强数字产业。组织实施人工智能、5G、集成电路、软件等产业提升行动,落实"一链一方案"推进机制,组织实施产业链协同创新项目。至 2021 年,浙江已拥有数字安防、集成电路、网络通信、人工智能及云计算、光伏等 6 个超千亿级产业集群,规模仍在快速增加中。2021 年 1—9 月,浙江省数字经济核心产业增加值 6306 亿元,同比增长14.3%,增速比全省生产总值高 3.7 个百分点,占生产总值的比重为 11.9%,同比提高 1.2 个百分点。浙江省数字经济核心产业软硬结构更趋优化,核心制造业实现营业收入 1.59 万亿元,首次超过信息服务业。

(四)"产业大脑＋未来工厂"赋能实体经济转型,"制造＋服务"开辟工业转型新业态

浙江深化新一代信息技术与制造业融合发展方式,充分发挥数字技术对经济发展的放大、叠加、倍增作用,促进产业提质增效。针对实体经济规模小、技术水平低、转型升级困难的特点难点,浙江以数字化为牵引,建设覆盖全产业链的数字平台,带动传统制造业转型升级。一是建设智能工厂和"未来工厂",推进智能装备研发和产业化,提升智能成套装备集成水平和数字技术应用能力。二是发展"制造＋服务"新业态新模式,建成启用全国首个服务型制造研究院,推动大型制造业企业利用工业互联网实现内部管理和生产的数字化管控,鼓励中小企业利用工业互联网云平台进行研发设计、生产管理、运营优化以及学习工业知识,实现业务系统向云端迁移,加快数字化、网络化、智能化改造。三是支持软件企业、工业企业、科研院所等开展合作,培育一批面向特定行业、特定场景的工业 App 产品,形成一批工业互联网整体解决方案,从生产设备联网、核心业务系统上云、供应链上云等方面加大工业互联网应用创新力度。立足杭州湾产业带优势,打造中国(杭州)工业互联网小镇、长三角(杭州)制造业数字化能力中心等各类平台,富集产业,发展生态,以应用牵引为导向,建立平台赋能服务商、服务商服务中小企业的"1＋N"工业互联网平台体系,拓展平台的服务能力和范围。到 2021 年,浙江省累计建成应用工业机器人 13.4 万台、智能工厂(数字化车间)423 家、未来工厂 32 家,企业生产效率提高 47.8%、能源利用率提高 16.3%、运营成本降低 20.4%;"1＋N"工业互联网平台体系培育省级工业互联网平台 285个,开发、集成工业 App 超 6 万款。推广"上云用数赋智"集成应用,45 万家

企业深度上云用云；全国首个服务型制造研究院正式启用，新增国家级服务型制造示范项目 16 个、示范城市 2 个，数量均居全国第一。

(五)产业基础再造工程深入实施，"链长＋链主"协同打造标志性产业链

为维护产业链安全稳定，推动区域块状特色产业做大做强，针对产业链的痛点、堵点进行补链、延链、强链，加快构建"头部企业＋中小企业"产业链生态圈，浙江率先在全国范围内实施"链长制"。一是通过做好"九个一"机制（一个产业链发展规划、一套产业链发展支持政策、一个产业链发展空间平台、一批产业链龙头企业培育、一个产业链共性技术支撑平台、一支产业链专业招商队伍、一名产业链发展指导专员、一个产业链发展分工责任机制和一个产业链年度工作计划），"巩固、增强、创新、提升"产业链。二是根据自身产业优势和短板，计划打造数字安防产业链、集成电路产业链、网络通信产业链、智能计算产业链、生物医药产业链、炼化一体化与新材料产业链、节能与新能源汽车产业链、智能装备产业链、智能家居产业链和现代纺织产业链等十大标志性产业链。在实施产业基础再造和产业链提升工程打造标志性产业链过程中，形成了"断供断链风险排摸→进口替代→产业链协同创新→国际合作→核心技术攻关→分类备份"的工作闭环，建成产业链上下游企业共同体 57 个。三是组织实施人工智能、5G、集成电路、软件等产业提升行动，落实"一链一方案"推进机制，组织实施产业链协同创新项目，推进数字安防、集成电路、网络通信、智能计算等标志性产业链和数字产业集群建设，目前已拥有 6 个超千亿级产业集群。"链长制"的推广是浙江针对国际国内经济社会发展的新变化做出的积极应对，反映了全省上下对于牢固产业链基础、抢抓科技革命机遇、抢占全球产业格局有利位置的坚定决心。

(六)企业码、碳效码先后上线，数字经济治理能力持续提升

数字经济系统建设是浙江数字化改革的重要支柱，通过业务流程再造、数据流动规则制定、数据与各种资源要素融通应用、数据循环贯通、政府与市场边界的厘清来实现"让数据懂业务""让数据守规则""让数据有价值""让数据闯市场""让数据架桥梁"，从而实现政府治理能力升级。浙江围绕提升政府服务、促进企业高质量发展，上线运行了以企业码和碳效码为代表的一系列重大应用并使其发挥作用。一是企业码开启数字化服务中小企业新模式，市场主

体活力全面激发。作为民营企业大省,数量庞大的中小企业是浙江经济的支柱力量,如何高效、快捷地为广大中小企业服务成为浙江的重要课题。浙江集成 54 个省级部门、542 项企业公共信息数据,建立企业标签库、智能中台和标签数据共享机制,开发"企业码"为中小企业提供"一站式"服务。通过全省统一入口的惠企政策平台,浙江在全国首创"一指减负"数字化改革场景应用,实现"一指查询、一指评估、一指办理、一体推进、一指评价",让企业知道"减什么""减多少""怎么减",为企业减负 2793 亿元,惠及企业 5997 万家次,"浙里办"企业码"一指减负"应用累计访问量 457 万次,企业五星好评率 99.98%。二是工业碳效码推动部门协同治碳、行业精准控碳、企业主动减碳。2021 年 9月 26 日,浙江工业碳效码场景应用正式上线。依托国网新能源云数字经济平台,浙江把电力、经信、统计等相关部门的数据归集起来,梳理提取出企业的电、煤、气、热等 39 类数据,形成碳排放量、碳排放强度、能耗总量、能耗强度四大核心指标,通过这些指标对规模以上工业企业进行碳效综合测算,并形成对应碳效等级评价结果,以达到科学、精准测算规模以上工业企业的碳排放量和碳效水平的目标。目前全省有 4.2 万家规模以上工业企业接入平台并获得专属碳效码,占规上工业企业总数的近九成。

三、以数字经济为引领构建现代产业体系的路径优化

面向现代化先行省总体要求以及对标国际、国内先发地区,可以看出浙江数字经济存在数字产业竞争力不突出、产业数字化转型不充分、发展不平衡、规范发展机制不健全等问题。为了解决这些问题,浙江需要围绕"三区三中心"建设定位,以数字产业化、产业数字化、治理数字化、数据价值化、数字普惠化为重点,构建与数字时代生产力发展相匹配的生产关系,提升数字经济竞争力,促使传统产业构建具有国际竞争力的现代产业体系。

(一)建设数字科技高效供给体系培育未来产业

一是打造高能级数字产业创新平台。以之江、湖畔等重点实验室为抓手,加快建设数字科技创新中心;大力支持浙江高校发展数字科技"双一流"学科和进行相关学科群建设;谋划建设人工智能、量子传感、工业互联网等重大科学装置及验证平台;推进省级以上产业创新中心、制造业创新中心、

技术创新中心、工程研究中心建设。二是加强数字科技基础研究和关键核心技术攻关。聚焦智能计算、新一代通信与智能网络、新一代智能芯片、量子科技等重大科学问题和人工智能、集成电路、区块链等关键核心技术,深入实施基础研究专项和产业关键技术攻坚工程,形成一批标志性创新成果。三是构建创新生态。实施"产学研用金、才政介美云"十联动[①],推动省级产业创新服务综合体数字化服务全覆盖;做大做强国家级区域"大众创业、万众创新"示范基地,打造一批省级以上孵化器和众创空间。四是布局未来产业。谋划发展量子通信、量子精密传感测量、量子计算、量子芯片等产业;攻关类脑计算,加快类脑计算芯片、计算机和机器人产业化;发展柔性传感器、柔性射频电子标签、柔性显示器件、柔性电池等产业,积极参与和引领下一代移动通信网络技术的开发和标准制定。

(二)实施传统产业全方位全角度全链条改造

一是在制造业领域,加快推进智能制造。以工业互联网为支撑,以数据资源为核心,综合集成产业链、供应链、资金链、创新链,融合企业侧和政府侧,贯通生产端与消费端,构建产业大脑,为企业数字化转型、产业生态建设、经济治理提供集成开放的赋能平台。二是以数字化为牵引全面推动传统服务业转型升级。推动区块链、大数据与金融深度融合,争取数字人民币的应用试点,加快金融领域的转型升级;以未来社区建设为契机,推动生活型服务业的数字化转型,通过数字技术与社会服务相结合,实现快速、精准、便捷、品质化、个性化的生活服务。三是顺应"新国货浪潮",面向青年网民打造一批"新浙货"。发挥电商优势,立足服装鞋帽、家电家具、箱包、玩具等传统优势产业以及消费升级趋势推动 C2M(顾客对工厂)模式,打造直播电商产品产业带,推动浙江造、浙江产"卖全国""卖全球"。

---

① "产学研用金、才政介美云"十联动指的是创新创业的各类主体和要素融通创新、协同创新的一个生态系统。具体来说,"产"是指以企业为主的产业化活动;"学"是指以高校为主的教学活动;"研"是指研究开发或科技创新活动;"用"是指科技成果的转化运用;"金"是指科技金融的深度融合;"才"是指科技人才团队的引进培育;"政"是指政府的公共创新服务体系;"介"是指科技中介服务;"美"是指美好的创新创业生态环境;"云"是指以"互联网+"、大数据、云计算为代表的信息技术应用。参见《浙江发布〈"十四五"规划名词解释〉一起来了解》,https://www.zj.gov.cn/art/2021/7/28/art_1229463129_59123730.html。

(三)加强数据资源开放共享与创新应用

一是健全数据产权制度体系。厘清数据的类型及权力边界,对不同类型的数据,能够明确界定范围的,要进行严格区分,归属到具体类型,再根据具体数据类型的性质赋予其不同的数据权利。综合考虑经济效率和公共属性,以数据安全有序流动为基准,激发数据资源价值为目标,界定数据产权归属。二是建立数据价值评估体系。根据数据的来源行业、类别、属性等建立数据价值评估体系,为数据开放共享及流通提供基准,从而提高数据要素参与价值创造的效率,为数据要素市场发展营造公平合理的环境。三是进一步完善制度机制。建立高效的数据开放机制,尽快完成数据图谱,明确不开放数据、有限开放数据和公开开放数据的具体清单。着眼于服务经济社会发展,抓场景应用,推动数据真正按需求共享,推动民政、人社、教育等重点基础领域的数据共享开放。四是探索数据要素流通体系。研究数据产品与服务的所有权、使用权、收益权,引导市场主体开展数据交易。应用区块链、数据安全沙盒、隐私计算等技术,推动数据所有权和使用权分离,培育开发利用数据的产品、产业体系,完善数据创新应用服务生态。

(四)推动区域数字经济协同发展

一是统筹全省布局,强化体制机制创新协同。立足浙江省及各地区资源禀赋和经济基础,做好数字信息基础设施和经济社会发展规划、国土空间规划、城市控制性详规等规划的衔接,明确不同地区、功能板块的职能和发展方向。探索适用于数字信息基础设施的投资、建设及评估标准,建立和完善跨部门、跨地区、跨行业的协同推进机制,统筹政策保障体系。二是加快后发地区、农村地区的信息基础设施建设。提升网络设施水平、完善信息终端和服务供给,加快传统基础设施的数字化转型。统筹发展数字乡村与智慧城市,加强先发与后发、城市与农村之间的信息资源整合共享与利用。三是推进形成从局部地区先发到全域蓬勃发展的新态势。鼓励后发地区、农村地区在数字经济新业态新模式中寻找新机遇。探索创新区域合作发展新模式,促进区域、城乡资源要素双向流动。四是提高全民数字素养和技能,鼓励老百姓从被动的接收者、使用者变为主动的建设者、创新者,积极参与数字经济的创新发展。

(五)积极参与数字经济国际合作

一是充分发挥世界互联网大会作为"中国与世界互联互通的国际平台和国际互联网共享共治的中国平台"的作用,围绕提升影响力、感召力、引领力的要求,系统推进大会品牌建设,着力提升大会国际参与度,用足用好大会溢出效益,使大会政治效应、经济效应和专业效应相统一。二是加快打造数字贸易高能级发展平台,积极参与数字丝绸之路,推动数字贸易领域国际新规则的建立和输出,建设数字贸易规则先行区。推动新型基础设施互联互通和"城市大脑"、移动支付等走向"一带一路",扩大双向贸易和投资。三是围绕数字经济、数字社会、数字政府建设建立规则、形成制度、完善法律法规,提出浙江方案,发出浙江声音,促使全球数字治理体系更加公正合理,更加平衡地反映大多数国家、地区的意愿和利益。

(六)提高数字经济治理体系和治理能力现代化水平

一是强化数字治理中数字技术的应用。全面推动平台企业规范发展,推动行业自律,利用全国网络交易监测、"浙江公平在线"等平台,建立完善风险监测模型,实施对平台垄断和不正当竞争等行为的智能监测。支持平台企业守正创新,形成既有活力又有秩序的数字经济生态圈。二是依托数字经济系统提升政企协同能力,激发数据要素价值。强化"产业大脑"建设运营、政企数据交换共享,探索社会数据市场化运营机制,研究数据产品与服务的所有权、使用权、收益权,引导市场主体开展数据交易,培育开发利用数据的产品、产业体系。三是强化网络安全、数据安全治理体系。构建网络安全指挥、制度、技术、运营、监管五大体系,推动实现业务规划与安全规划同步、业务体系构建与安全体系构建同步、应用技术发展与安全技术发展同步、业务能力提升与安全能力提升同步。建立健全数据安全管理制度,探索建立企业全生命周期数据的分类分级保护制度,强化数据安全保护。

作者:周　凌(中共浙江省委党校)

"经略海洋"战略推动向海图强

　　海洋是我国经济社会发展的重要战略空间,在社会主义现代化建设全局中的地位和作用日益突出。党的十八大报告明确将"建设海洋强国"上升为国家战略,党的十九大报告进一步强调"坚持陆海统筹,加快建设海洋强国",党的二十大报告更加全面地指出"发展海洋经济,保护海洋生态环境,加快建设海洋强国",我国的海洋开发进入国家战略引导下的稳步梯次发展道路。作为海洋经济的重要空间载体,沿海城市在海洋强国战略中发挥着重要作用。

　　从"发展海洋经济"到建设"全球海洋中心城市"再到"加快海洋强省建设",浙江不断深化海洋经济发展战略,在探索新的海洋城市发展模式方面走在前列,为加快建设海洋强国打造浙江样板。习近平同志在浙江工作期间高度重视海洋强省建设工作,将"发展海洋经济"作为"八八战略"的重要内容之一。在新的历史条件下,浙江准确把握世界经济发展趋势,着眼于海洋强国及海洋强省战略需要,提出并不断丰富宁波联动舟山推进海洋中心城市建设的战略构想,为引领浙江海洋经济高质量发展确立了新的方向。2017 年 5 月,《全国海洋经济发展"十三五"规划》提出了推进"全球海洋中心城市"建设的目标任务,为沿海枢纽城市的未来发展绘出广阔的畅想空间;2022 年 6 月,浙江省第十五次党代会报告写入"推动宁波舟山共建海洋中心城市"的目标,强调"宁波-舟山港加快建设世界一流强港","加快海洋强省建设,把宁波舟山海域海岛作为重中之重",并提出要"努力建设国家经略海洋实践先行区",提出"深入实施科技兴海战略,构建'一岛一功能'海岛特色发展体系和现代海洋产业体系,加快提升全球大宗商品资源配置能力"等系列举措。这表明,扎实推进海洋强省建设、推动宁波舟山共建海洋中心城市是浙江奋进新征程过程中一项非常重要的工作。

一、全球海洋中心城市的内涵及主要功能

"全球海洋中心城市"这一概念来源于 2012 年挪威海事展和奥斯陆海运机构联合发布的《全球领先的海事之都》研究报告,北京大学张春宇将该报告中"The leading maritime capitals of the world"的提法翻译为"全球海洋中心城市",《全国海洋经济发展"十三五"规划》中引入了这一概念,认为它代表了一种新的海洋城市发展战略。"全球领先的海事之都"的概念主要侧重于港口航运和海事服务,没有涵盖海洋产业体系、海洋科技创新以及海洋生态环境等因素,在表达力方面具有一定的局限性。因此,国内学者认为,不能简单地将"全球领先的海事之都"与"全球海洋中心城市"等同起来,应该在借鉴其概念及评价体系的基础上,进一步将其与国家战略结合起来加以拓展、深化。

尽管目前尚未形成关于全球海洋中心城市的统一定义,但学术界基本认同以下两点:其一,从继承性的角度看,港口航运和海事服务仍然是全球海洋中心城市参与全球资源配置的重要支柱;其二,从超越性的角度看,在海洋强国的战略视野下,全球海洋中心城市还承担着发展海洋经济,在更高层次上参与全球分工、推动海洋综合开发、参与全球海洋治理的战略使命。在此基础上,本文对全球海洋中心城市做如下概括:全球海洋中心城市是拥有优越的区位条件和海洋资源优势,在海洋经济、国际贸易、科技创新、海洋生态以及全球海洋治理等领域发挥重要作用并具有全球影响力的城市。

全球海洋中心城市的功能主要体现在以下四个方面:

一是引领海洋经济发展。不断提升海洋综合开发能力,大力发展海洋经济是海洋强国战略的重要内容。在海洋科技日益进步、海洋开发能力大幅提升的背景下,海洋经济成为我国经济新的增长点。全球海洋中心城市拥有完善的现代产业体系,与国际市场联系紧密,集聚了大量人才、科技、信息、资本等高端要素,是进一步优化陆海生产力布局、发展海洋经济的重要空间载体。

二是参与全球资源配置。作为国际航运枢纽,港口航运和海事服务是全球海洋中心城市的基本功能。依托发达的航运网络、辐射全球的交易平台和金融体系,全球海洋中心城市能够集聚庞大的货流、商流、资金流、信息流和船流,并利用其贸易网络引导各种资源在全球市场大规模、大范围流动,从而体现参与全球资源配置的强大能力。

三是参与国际产业分工。全球海洋中心城市濒临海洋,运输条件优越,与国际市场联系便利,拥有组织工业生产、开展国际贸易的突出优势。在此基础上,全球海洋中心城市利用在全球范围内集聚生产要素和生产资料的强大能力,能够深度参与全球分工,借助国际国内资本培育起发达的产业集群,从而在全球产业链、供应链和价值链中占据重要地位。

四是参与全球海洋治理。随着世界经济的发展以及国际格局的演变,海洋开发利用、海洋环境保护、海洋安全维护、海洋划界等全球性海洋问题日益突出。在建设海洋强国和"21世纪海上丝绸之路"的战略背景下,全球海洋中心城市能够发挥其国际影响力,积极开展国际海洋合作交流,在发展海洋科技、保护海洋生态环境、提供海洋公共产品、传播海洋文化等方面发挥重要的作用,有效推动了全球性海洋问题的解决,为人类科学利用海洋做出了应有的贡献。

二、宁波舟山建设全球海洋中心城市的
实践探索与发展经验

21世纪,人类进入了大规模开发利用海洋的时代。浙江始终把发展海洋经济摆在突出位置,从建设"海洋经济大省"到"海洋经济强省"再到"海洋强省",海洋经济发展战略逐步深化。宁波、舟山、温州、台州、嘉兴等沿海城市坚持陆海联动、港城融合,以规划为先导,以科技创新和体制创新为动力,以港口建设和临港工业为重点,不断提升海洋综合开发能力,着力打造海洋产业集群,深度参与全球产业分工,在全球产业链、供应链和价值链中的地位大幅提升,国际影响力显著增强,为打造全球海洋中心城市奠定了坚实的基础。

改革开放以来,浙江秉持"自强不息、坚忍不拔、勇于创新、讲求实效"的精神,形成了以块状产业集群为支撑、政府与市场高效协作、内生发展动力强劲的"浙江模式"。进入21世纪后,随着经济的快速增长,浙江产业结构低级、增长方式粗放、生产要素短缺、环境污染严重等结构性矛盾也逐步显现,浙江进入了增长方式的转变期和各项改革开放的攻坚期。2003年,时任浙江省委书记习近平同志在深刻分析浙江所面对的宏观形势、系统总结浙江发展经验的基础上提出了面向未来的"八八战略",为浙江实现全面协调可持续发展指明了方向。发展海洋经济、建设海洋经济强省是"八八战略"的重

要内容之一,其出发点在于充分发挥浙江的海洋资源优势,进一步拓展浙江经济发展的战略空间,培育新的经济增长点,探索一条具有浙江特色的陆海联动发展道路。

在此背景下,宁波、舟山等沿海城市的战略地位日益提升。2011 年 3 月,国务院批复《浙江海洋经济发展示范区规划》,明确提出构建"一核两翼三圈九区多岛"的海洋经济总体发展格局,宁波、舟山两市成为浙江海洋经济发展示范区的核心区。2011 年 6 月,浙江舟山群岛新区经国务院批准成立,成为我国第一个以海洋经济为主题的国家级新区。2018 年 11 月,宁波海洋经济发展示范区成功获得国家批复。2020 年 3 月,浙江《2020 年海洋强省建设重点工作任务清单》出炉,进一步明确宁波、舟山联动建设全球海洋中心城市的战略目标。在系列国家战略的推动下,宁波、舟山等沿海城市迎来重要的战略机遇期。

在全面开启建设社会主义现代化国家新征程、构建新发展格局的重要关口,在国际环境日趋复杂、我国转向高质量发展的大背景下,宁波、舟山加快建设全球海洋中心城市具有重要的战略意义。一是有利于充分发挥宁波、舟山的区位优势,进一步扩大对外开放,集聚全球高端要素,确立其在国内国际双循环中的枢纽地位,助力新发展格局;二是有利于充分发挥宁波、舟山的港口优势,加快建设世界一流强港,打造大宗资源储运加工交易中心,增强全球资源配置能力,保障国家产业链供应链安全;三是有利于充分发挥宁波、舟山的海洋资源优势,构建现代海洋产业体系,提升海洋综合开发能力,推动浙江海洋强省建设。

(一)宁波舟山建设全球海洋中心城市的实践探索

宁波、舟山两市区位优势突出、海洋资源丰富。浙江全省海域面积约 26 万平方千米,宁波市海域面积 8356 平方千米、舟山市海域面积 2.08 万平方千米,合计占 11.21%;全省可规划建设万吨级以上泊位的深水岸线 506 千米,其中 385 千米集中在宁波、舟山海域;全省海岛总数 4350 个,其中舟山市共有岛屿 2085 个,占 47.93%。宁波、舟山两地坚持以海兴市、以港强市,积极探索海洋综合开发模式,海洋经济在地区经济中的占比逐年提高,海洋强市建设取得巨大成效。

第一,以陆海统筹为导向优化生产力空间布局。习近平同志指出:"纵观世界经济发展的历史,一个明显的轨迹,就是由内陆走向海洋,由海洋走向世界,走向强盛。"①改革开放的过程中,浙江逐步从资源小省发展为经济大省,但总体上还局限于陆域经济,海洋资源优势未得到充分发挥。支持宁波、舟山等海洋城市着力调整海洋产业结构、完善基础设施、加快港口建设,对于浙江统筹陆海经济、优化生产力空间布局意义重大。2002年以来,浙江省着力调整海岛地区、沿海城市及内陆区域之间的关系,促进陆海联动发展。一方面,加大沿海公路网、港口基础设施建设力度,推动宁波、舟山港口资源整合,构筑陆海双向交互的运输体系,大幅提升沿海港口对内陆区域的辐射带动作用;另一方面,着力优化区域空间布局,支持宁波、舟山建设海洋经济发展示范区、群岛新区和自贸试验区,大幅提升海洋城市的战略地位,构建陆海之间一体化发展、高效协同的格局。这些举措极大地增强了陆海间的资源互补性和产业关联性,促进了区域生产力的均衡发展。2002年以来,舟山等沿海城市经济快速发展,作为全国海洋经济占比最高的地级市之一,舟山市生产总值增速连续多年居浙江乃至全国前列。

第二,以港口为依托增强全球资源配置能力。港口是宁波和舟山最大的优势所在,港口建设事关浙江发展大局,是浙江的战略重点。② 宁波、舟山的港口历史悠久,是"海上丝绸之路"的始发港。改革开放为宁波、舟山港口的发展创造了历史性机遇。1980年,宁波提出了建设现代港口城市的目标。1992年,宁波正式提出"以港兴市、以市促港"的发展思路。同一时期,舟山地方发展战略也开始从"渔港景"向"港景渔"调整,把建设"东方大港"作为长远目标。进入21世纪,随着我国工业化水平的提高,国际贸易大幅增长,港口进入快速发展的黄金期。为打造国际航运枢纽和世界一流强港,在习近平同志的推动下,浙江省委省政府做出了整合沿海港口资源、推进宁波-舟山港一体化发展的重大战略决策。2005年,宁波、舟山港以"统一规划、统一品牌、统一开发、统一管理"的方式实现一体化。2015年,两港正式合并为"宁波-舟山港",实现了以资产为纽带的实质性一体化。在此基础上,宁波、舟山两地统筹港口规划建设,优化港口功能和空间布局,形成了以大宗商品中转和集装箱运输为核心的港口运输体系。同时,宁波-舟山港进一步规划建立了以铁矿砂、油品、煤炭、

① 习近平:《干在实处 走在前列——推进浙江新发展的思考与实践》,中共中央党校出版社2006年版,第216页。
② 习近平:《干在实处 走在前列——推进浙江新发展的思考与实践》,中共中央党校出版社2006年版,第482页。

粮油为主的大宗商品储运中转系统;加快建设江海联运服务中心,成为连接长江黄金水道与"21世纪海上丝绸之路"的枢纽;积极发展大宗商品交易,推动跨境人民币结算和大宗商品跨境贸易。2017年,宁波-舟山港成为全球首个货物吞吐量超过10亿吨的超级大港,截至2021年末,其货物吞吐量已连续12年保持全球第一,宁波-舟山港的"硬核"力量显著增强。

第三,以临港工业为重点培育现代海洋产业体系。建立门类齐全、结构合理、科技含量高、附加值高的现代海洋产业体系是发展海洋经济最重要的抓手,也是全球海洋中心城市发挥先导作用的主要依托。随着改革开放的深入推进,利用海洋资源禀赋和港口优势,发展临港重化工业对于浙江打造先进制造业基地、推动产业升级、调整经济结构意义重大。宁波、舟山等沿海城市深入贯彻"八八战略",把发展临港工业作为重中之重。2002年以来,舟山把握国际船舶产业转移的机遇,大力发展船舶制造、船舶修理、船配生产,培育起具有国际竞争力的船舶产业集群,造船完工量等指标连续多年占据全国11%以上的份额,成为我国重要的船舶工业基地。宁波、舟山依托港口优势先后培育出镇海、鱼山等大型石化基地,并以"油头化尾"全产业链发展为导向进一步向乙烯、芳烃、合成化工、精细化工和新材料等领域延伸。截至2021年,宁波、舟山分别形成年加工原油2300万吨、4000万吨的产能,宁波-舟山成为我国沿海七大石化基地之一。同时,宁波、舟山还充分挖掘在海洋资源、海洋文化等方面的优势,全方位推动各领域海洋产业发展,形成了远洋渔业、海水养殖、近海捕捞等与水产品精深加工相互配套的现代海洋渔业集群。两地的金融保险、航运信息、代理服务、燃料油加注、船舶集群供应与修理等产业迅速发展,成为我国重要的航运服务基地。两地还统筹湾区空间规划,明确海岛功能定位,大力发展海洋旅游业,打造国际海洋旅游目的地;布局海洋电力、海洋生物、海洋装备制造、海水综合利用等海洋新兴产业,进一步拓展海洋经济发展空间。

第四,以对外开放为抓手大力发展开放型经济。海洋经济是开放型经济,建设全球海洋中心城市必须以对外开放为必要条件。改革开放初期,浙江省依托优越的区位条件,利用国际国内两个市场、两种资源实现了经济的高速增长。宁波、舟山是浙江省对外开放的窗口。1984年,宁波成为我国14个沿海开放城市之一;同时,舟山港作为国家一类开放口岸正式对外开放。2001年,随着我国加入世界贸易组织,宁波、舟山等城市大规模承接国际产业转移,国际贸易迅速增长,对于拉动地方经济发挥了巨大作用。2013年之后,我国经济发展进入新常态,对外开放从商品要素流动型开放向制度型开放转变。宁波、舟山以港口为依托积极参与"一带一路"建设,开通290多条国际航线,连接全球200多个国家和地区的600多个港口,构筑起辐射全球的国际贸易网络。同时,宁波、舟山共同承担了建设浙江自由贸易试验区的战略任务,对外开放水平进一步提升。在新的起点上,宁波、舟山瞄准打造畅通国内大循环、联通国内国际双循环战略枢纽的目标,以贸易投资自由化便利化为核心推动制度创新,以油气全产业链为重点建设全球资源配置基地,加快建设新型国际贸易中心、国际航运和物流枢纽、先进制造业集聚区,着力构建具有国际竞争力的营商环境,成为新时期我国对外开放的新高地。2017年以来,两地累计形成制度创新成果335项,其中全国首创达到113项;油气储备能力占到全国1/5,保税燃料油加注量跃居全球第六,在探索开放型经济新体制方面走在了前列。

第五,以海洋科技和生态文明为保障推动海洋综合开发。海洋综合开发是一项复杂的系统工程,涉及海岛、岸线、海域、矿产、海洋生物等各类资源的经济利用,既受到海洋管理体制的影响,也受到海洋科学技术发展水平和生态环境等因素的制约。长期以来,受科技水平限制,浙江等沿海地区的海洋开发都是以简单的资源利用为主,产业结构单一、资源利用率较低、发展方式粗放。作为浙江海洋经济发展的核心区,宁波、舟山在建设海洋中心城市、发展海洋经济的过程中突出科技与生态两大元素,在探索海洋开发新途径方面进行了积极的尝试,取得了显著成效。为了深入实施科技兴海战略,推动海洋开发向立体性、综合性开发转变,宁波、舟山分别启动了"全球智造创新之都""智汇群岛·创新舟山'5313行动计划"等创新战略;着力打造浙江大学海洋学院、浙江海洋大学、宁波大学等一批海洋高等教育平台;与中国科学院、中国海洋研究所等国内科研机构合作建设海洋科技创新平台;支持企业加大研发投入,推动产学研高效协同。通过这些举措,初步构建起支撑海洋经济高质量发展的科技创新体系。同时,宁波、舟山还高度重视海洋生态,把保护海洋环境作为发展海洋经济的底线,统筹湾区经济、海洋经济和城市发展,深入推进"美丽宁波""海上花园城市"建设;严格实施海洋功能区划,采取分类管控、逐岛定位等方式对海岛海域的开发进行科学精准规划;坚持陆海统筹和联防联控,加强海洋污染防治;实施伏季休渔、渔农民转产转业、减船转产等一系列行动,修复海洋生态。经过不懈努力,近海海域的生态环境得到明显改善,海洋开发与生态文明建设实现了良好的协调。

（二）宁波舟山建设全球海洋中心城市的主要经验

改革开放以来，宁波、舟山不断强化全省域海洋意识、沿海意识、开放意识，坚持以海兴市、以港强市的发展思路，陆海联动，先行先试，基本形成了以港口为依托，以现代海洋产业体系为主干，以科技创新为动力的发展格局，探索出了一条具有浙江特色的海洋经济发展道路，具有国际竞争力的现代海洋城市已具规模。其发展经验主要体现在以下几个方面。

第一，战略导向方面，坚持经略海洋，突出发展主线。

在不同的发展阶段，宁波、舟山始终坚持经略海洋的战略导向，突出海洋经济这一发展主线，将区域发展诉求与国家战略需要紧密结合，形成了系统的战略布局；在新的历史条件下，宁波、舟山坚持统筹海洋强省、大湾区、宁波都市圈、舟山群岛新区、江海联运服务中心和自由贸易试验区战略，根据宏观环境和客观条件的变化不断优化发展思路，实现了战略引领和目标驱动。

具体来说，宁波、舟山坚持将资源禀赋、制度创新和科技创新作为海洋经济发展的内生发展动力，同步推进海洋开发、改革开放、科技进步、生态保护，全面提升海洋综合开发能力；发挥政府的战略引导作用和市场在资源配置中的决定性作用，遵循市场规律和产业发展规律，适时调整产业结构，推动海洋经济从粗放发展向高质量发展转变；以开放促改革，以改革促发展，依托港口发展开放型经济，将发展海洋经济与体制机制创新紧密结合，对标国际一流城市不断优化制度环境，着力增强集聚国内外生产要素的能力；把区位优势、海洋资源优势和民营经济优势作为发展海洋经济的重要前提，推动海洋产业集群化发展，以全产业链发展为主要方向引导海洋产业结构优化调整。

第二，发展举措方面，坚持规划引领，突出项目带动。

宁波、舟山为了实现建设海洋经济强市和世界一流强港的战略目标，坚持以规划为先导，引领海洋经济科学发展。将海洋产业、港口建设、海洋管理体制改革等重大问题列入地区五年规划，持续推进海洋开发。着眼宏观政策和区域发展目标，制订港口、临港工业、海洋渔业、海洋旅游、海洋新兴产业等系列专项规划，加强各类规划之间的衔接，注重规划的执行。在规划落实方面突出项目带动，尤其是突出重大基础设施和产业项目对海洋经济的支撑作用。围绕"大平台""大通道"建设，完成港口设施、大陆连岛、油气管线、铁路上岛、大陆引水等一大批重大基础项目，彻底改变了舟山等海岛地区的发展环境。及时把握国际产业转移和国家重化工业布局调整的机遇，布局发展石化、能源、钢铁、临港装备等一批重大产业项目,形成了投资强度大、技术含量高、带动能力强的新兴海洋主导产业。

第三,海洋开发方面,坚持综合开发,突出港口建设。

宁波、舟山拥有海岛、岸线、滩涂、海洋生物、海洋能、海洋矿产等丰富资源。合理开发海洋资源对于海洋经济可持续发展具有重要意义。长期以来,宁波、舟山坚持推动海洋综合开发,从管理体制、法规体系、利用方向、开发方式等方面着手完善海洋综合开发体制机制,为科学用海、科技兴海提供了有力保障。

具体而言,浙江省委省政府和宁波、舟山等沿海城市的党委政府不断加强海洋综合管理,创新海洋综合行政执法体制,构建起"综合执法＋联合执法＋指挥平台"三位一体的海洋行政执法模式;建立健全海洋管理法律法规体系,制定了地方海洋功能区划、海岛保护规划、岸线利用与保护规划、海洋特别保护区管理条例等一批涉海管理文件及法规;推动经营性用海等海洋生产要素市场化改革,探索海域海岛使用权储备交易制度;规范海岛海域的开发利用,根据海岛特点明确其主体功能和开发利用方向,形成了港航物流岛、临港产业岛、海洋渔业岛、海洋旅游岛和生态保护岛相互配套的海岛开发体系;将港口建设作为海洋开发的重点方向,以集装箱物流和大宗商品中转为主要功能,统筹宁波、舟山两地的港口空间布局,根据各港区的航运条件分别推进重点发展港区、优化发展港区和特色发展港区的建设,有效提升了港口对海洋经济的引领作用。

第四,区域关系方面,坚持区域协同,突出联动发展。

从建设全球海洋中心城市和国际航运枢纽的角度看,宁波、舟山必须立足于更加广阔的发展空间才能充分发挥自身的辐射带动作用,形成更加强大的全球影响力。因此,加强与省内乃至长三角、长江经济带主要城市的经济合作,构建全方位协同的良好区域关系,是宁波、舟山拓展港口腹地的必然选择。

在浙江省委省政府的支持下,宁波、舟山大力推动区域协同发展,将陆海联动、区域联动作为重点,形成了三个层面相互作用、相互支持的新型区域关系。在长江经济带、长三角经济圈层面,与上海合作共建洋山深水港区,与重庆、南京、武汉等长江沿线城市合作共建江海联运港口联盟,有力促进了上海国际航运中心和江海联运服务中心建设,港口的辐射范围进一步向长江中下游延伸;在浙江省层面,以宁波-舟山港为主体整合全省港口资源,形成"一体两翼多联"的港口发展格局,并与"大通道""大平台""大湾区"相衔接,推动沿海与内陆、港口与腹地在物流、产业布局、要素流动等方面联动发展;在宁波、舟山两市层面,以建设宁波都市圈、联动建设全球海洋中心城市等重大战略为统领加强城市的全方位协作,进一步深化两市在港口建设、产业布局、开放发展、基础设施互联互通、科技创新、公共服务等领域的合作,将甬舟一体化发展向纵深推进。

三、新时期宁波舟山建设全球海洋中心城市的路径优化

当前,我国已进入高质量发展阶段,经济发展面临的环境日益复杂。在新的时代背景下,建设全球海洋中心城市对于深入实施海洋强国战略、加快构建新发展格局、建立现代经济体系具有重大现实意义。宁波、舟山必须着眼国内国际两个大局,统筹安全与发展,进一步强化海洋意识、沿海意识和开放意识,超前谋划,系统推进,以海洋经济高质量发展为主题,以港口航运为重点,加强区域协同,进一步提升都市圈的能级和辐射带动能力,力争成为具有较强国际影响力的海洋中心城市。

一是大力推动港口功能迭代升级。宁波-舟山港已经形成较大发展规模,港口硬力量显著增强,但总体来看,目前的港口功能主要在于商品货物以及大宗资源的中转运输,现代航运服务发展不充分,在全球资源配置方面的控制力仍有待提升。在新的发展阶段,应以港口功能迭代升级为重点,从两个方面着手进一步推动港城融合、联动发展。一方面,依托港口的资源集聚能力优化重化工业布局,在发展石油炼化产业的基础上向化工中间体、新材料产业延伸,培育石化全产业链,形成以重化工业为骨干的临港工业体系,并以临港工业的产业关联性和经济驱动力为基础,扩大城市规模,实现城市功能多元化,助推宁波、舟山成为新型的加工增值港口城市;另一方面,在扩大港口规模的基础上加快完善航运服务体系,以"夯实低端、做强中端、突破高端"为导向,大力发展船舶管理、燃料油加注、物料供应、船舶保税维修、船员服务等国际海事服务,建设国际海事服务基地;提升工业产品和资源能源的国际中转能力,构建以东南亚地区为主、面向全球产业链供应链的综合物流网,打造国内国际双循环枢纽;推动高端航运服务开放发展,培育航运交易、信息、金融保险、法律等高端服务业,建设大宗商品交易平台,积极开展跨境贸易和投资;在此过程中,扩大人民币在相关结算业务中的使用面,提升海洋中心城市的商贸服务和资

源配置能力。

二是全面增强海洋经济综合实力。提升海洋综合开发能力和治理水平、推动海洋经济高质量发展是建设全球海洋中心城市的内在要求。结合前期基础和自身条件,宁波、舟山应以建立更加完善的现代海洋产业体系为目标,加强区域间协调联动、统筹产业空间布局,共同探索我国海洋综合开发的新模式。具体来说,应积极开展跨区域协同创新,共同建设海洋科技研究载体和服务体系,共享创新资源,突出临港工业这个重点,加强规划对接和产业政策的衔接,按照优势互补、差异化发展的原则,协同打造世界级临港产业集群;推动跨地区发展石化全产业链,协同打造浙东沿海石化产业带,加快推动船舶企业整合,培育民营大型造船集团,进军液化天然气船、超大型油轮、邮轮游艇、海工装备等高端产品领域,促进船舶与海工装备制造产业高端化发展;大力发展"海洋牧场"和远洋渔业,提升水产品精深加工能力,建设国际水产品交易市场,推动海洋渔业全产业链发展。统筹全市旅游资源,点线面集合,推动海岛旅游、游船观光、景区资源组合集成,依托都市圈打造区域旅游产品;着眼新一轮科技革命和海洋强国战略需要,布局海洋电力、海水综合利用、海洋生物、深海探测与海洋资源勘探开发等一批未来海洋产业的中试基地和孵化平台,积极培育战略性海洋产业。

三是加快形成高水平开放格局。开放发展,是浙江从资源小省变身经济大省的关键词,而东部沿海省份的地理条件则在转变过程中发挥了关键作用。在践行新发展理念、构建新发展格局的时代背景下,浙江需要以提升海洋中心城市的全球资源配置能力和国际影响力为目标,推动海洋经济高水平对外开放,促进全省域高质量发展;必须坚持对内对外双向开放相结合,明确自身在"一带一路"、《区域全面经济伙伴关系协定》、长三角一体化、长江经济带等中的新定位,加强与"一带一路"沿线港口的合作,扩大国际贸易物流圈,建设国内国际双循环枢纽。宁波、舟山应积极实施自贸试验区全面升级战略,加大改革创新力度,提升营商环境的国际竞争力,积极谋划建设自由贸易港;要着眼于更高水平的制度型开放,积极探索大宗商品跨境贸易、跨境电商、跨境结算和人民币国际化的机制,推动海事服务开放发展,积极引入国际航运服务机构,加快培育航运金融保险、航运经纪、航运信息、船舶代理等高端航运服务业;还要积极推进长三角一体化的国家战略,不断深化区域合作,加大与上海、江苏、安徽等地特别是沿海港口城市的联动开放、协同发展力度,推进洋山、衢山、六横、金塘等毗邻区共建共享,共建市际产业合作园区;加强港口合作,使港口企业间形成更加紧密的资本纽带联系,优化港口布局,形成分工协作的世界级港口群。

四是着力提升海洋城市发展能级。着眼于建设宁波都市圈,以一体化发展为导向深化城市间经济、社会、生态、科技等各领域合作,提升城市发展能级与核心竞争力。充分发挥宁波作为中心城市的辐射带动作用,促进宁波的资本优势、产业优势、技术优势与舟山的海洋资源优势紧密结合,在港口合作的基础上开展全方位的产业合作,构建合理的产业分工架构。优化产业空间布局,加强产业平台的协同性,推动宁波万亿级石化产业集群与舟山国际石化基地跨地区合作,以市场为导向实现产业链供应链对接,差异化发展国际航运服务。进一步完善铁路、公路、桥梁、管线等基础设施建设,加快城市间互联互通,打造甬舟"1小时交通圈",提升城市间的经济联系和一体化水平。完善城市功能布局,提升城市品质,以海洋产业、科技创新、海洋生态为内核培育都市圈的活力源,形成以宁波为中心、舟山为副中心、特色城镇为节点的城市体系,凸显海洋城市宜居宜业的特色,大幅提升都市圈的要素集聚能力。破除地区间的行政壁垒,探索海岛、海域、岸线等资源共享共建的途径,推动公共服务跨区域共享。加大开放力度,放宽外籍人员入境、就业限制,吸引各类国际机构入驻,增强对国际要素的吸引力,提升城市的国际形象和海内外影响力。

作者:顾自刚(中共舟山市委党校)

"两个健康"护航民营经济发展

非公有制经济的健康发展和非公有制经济人士的健康成长,不仅是重大经济问题,也是重大政治问题。党的十九大报告中,习近平总书记明确提出:"构建亲清新型政商关系,促进非公有制经济健康发展和非公有制经济人士健康成长。"党的二十大报告再次强调了坚持"两个毫不动摇"和"两个健康",并重申了"坚持把发展经济的着力点放在实体经济上"。

民营经济是浙江发展的金名片,是浙江经济的最大特色和最大优势,民营企业家是浙江最宝贵的资源和最宝贵的财富。对浙江而言,"两个健康"重要论述的意义非凡,为新时代民营经济高质量发展指明了前进方向、提供了根本遵循。在"两个健康"的呵护下,浙江民营经济从先发机制优势迈向全面改革创新,从低端劳动密集加工步入高端智能制造,从传统政商关系转向新型政商关系,开创了"续写创新史,实现新飞跃"的新局面。温州作为中国民营经济的先发地,主动担负起打造"两个健康"先行示范区的任务。经过一系列的改革实践,温州"两个健康"先行区创建工作实施的 189 项改革举措 100% 落地,80% 以上取得明显的阶段性成效,其中 58 项在全国或全省推广,生动诠释了新时代"两个健康"重要论述的实践意义和时代价值。

一、"两个健康"全力守护民营经济高质量发展

非公有制经济是我国经济的重要基础、国家税收的重要来源、技术创新的重要主体、金融发展的重要依托和经济持续健康发展的重要力量,在稳定增长、促进创新、增加就业和改善民生上发挥着重要作用。[①] 作为非公有制经济

---

① 杨卫敏:《习近平关于非公经济领域"两个健康"思想研究》,《江苏省社会主义学院学报》,2017 年第 1 期。

的中坚力量,民营经济在经济社会发展中具有"五六七八九"特征,即贡献 50%以上的税收、60%以上的国内生产总值、70%以上的技术创新成果、80%以上的城镇劳动就业、90%以上的企业数量。可见,民营企业家及其关联群体对国民经济发展贡献巨大,也是党执政的重要基础,他们合理有序的政治参与对党的执政安全乃至政治安全具有非常重要的意义。

从历史逻辑来看,我们党对非公有制经济的认识经历了逐渐成熟的过程。相关研究表明,作为非公有制经济的主要力量,民营经济经历了从社会主义"异己力量"到"必要和有益补充",再到社会主义市场经济的"重要组成部分",进一步上升到我国经济社会发展"重要基础"的升华过程,民营企业家也被重新认识为"自己人"。[①] 改革开放以来,党中央提出在"健康"范畴内妥善处理好非公有制经济发展和非公有制经济人士成长问题。党的十五大报告指出,"对个体、私营等非公有制经济要继续鼓励、引导,使之健康发展"。2000 年 12 月,第十九次全国统战工作会议进一步指出,应本着团结、帮助、引导、教育的方针,着眼于非公有制经济健康发展和非公有制经济人士健康成长。以上是党和国家层面首次提出"两个健康"概念,但对于什么是"两个健康"、"两个健康"的标准是什么、如何促进"两个健康"等问题尚未有科学论述,仍有待在实践中进一步深化理论认识。

党的十八大以来,伴随经济新常态,非公有制经济发展面临着资源要素瓶颈约束、产业亟待转型升级、经营环境变化等问题,非公有制经济人士成长也面临着社会仇富、私有财产不安全感、违法违规经营"潜规则"等引发的困境,直接影响了我国经济发展动力转换和产业结构优化升级等。非公有制经济的健康程度直接关系到整个经济体的健康情况。因此,习近平总书记从坚持和发展中国特色社会主义、促进民营经济高质量发展的战略高度,系统性地提出了非公有制经济领域的"两个健康"理论,为新常态下非公有制经济的发展提供了坚强有力的科学指引。

从理论逻辑来看,"两个健康"重要论述是一个辩证统一的有机整体,两者相辅相成、不可偏废。非公有制经济是相对于公有制经济而言的经济形式,非公有制经济人士是从事非公有制经济的自然人主体。其中,人是最活跃、最根本的因素,非公有制经济人士健康成长是非公有制经济健康发展的前提;同样

---

① 张菀洺,刘迎秋:《开拓政治经济学中国话语新境界——中国民营经济理论的创新发展》,《中国社会科学》,2021 年第 6 期。

地,非公有制经济是非公有制经济人士开拓事业的载体,其健康发展是非公有制经济人士健康成长的重要基石,两者关系如同船和水手的关系,水手正确行船才能使船持续劈波斩浪,坚固的船体方可确保行稳致远。

从结构层面看,非公有制经济健康发展、非公有制经济人士健康成长为一体两翼关系,二者统一于营商环境。营商环境是一个地区经济软实力的重要体现,也是提高地区竞争力的重要内容。一方面,营商环境对非公有制经济健康发展具有重要影响。营商环境是个系统概念,主要包括法治环境、市场环境、政务环境和基础设施等方面,好的营商环境能够为非公有制经济健康发展提供坚实的制度保障、公平的竞争空间、高效的政务服务和优质的基础设施。另一方面,营商环境为非公有制经济人士健康成长提供了天然"土壤"。优质的营商环境能够促进非公有制经济人士健康成长,特别是能激发和保护企业家精神,从而让企业家能够更加有效地从事生产经营活动。此外,政商关系也是营商环境的重要内容,构建亲清新型政商关系,对于促进新时代政商之间的良性互动、合作共赢、共同发展具有重要意义。

从质效层面看,非公有制经济健康发展必然要求高质量发展。在百年未有之大变局和复杂严峻的国内外形势相互叠加的背景下,非公有制经济需要紧跟时代步伐,根据中央大政方针适时做出调整,科学应对各种风险,方能在未来的竞争中立于不败之地。当前,我国非公经济特别是民营经济大多仍处于经营粗放型、资源依赖型、能源消耗型等低技术、低水平发展阶段。新常态下,我国经济发展速度转为中高速,产业结构由中低端转向高端,增长动力由要素驱动、投资驱动转向创新驱动。这就要求民营企业要从低端产业向战略新兴产业、从低技术含量向高技术含量、从粗放式发展向集约式发展转型,加快实现高质量发展。在"两个健康"理论的指导下,非公有制经济需要坚持守正创新。守正就是在重大原则问题和立场上要做到旗帜鲜明;创新即在生产技术、管理方式、市场开拓、品牌打造等方面要积极进取,勇于打破常规,寻找发展新动能。

从动力层面看,非公有制经济人士健康成长的动力之源在于企业家精神。习近平总书记强调,要用企业家精神来武装非公有制经济人士特别是民营企业家,并进一步指出,企业家精神是市场活力的源头,积极调动企业家精神就等于激活了市场活力的根源。非公有制经济人士利益诉求复杂、价值追求多元,思维方式和行为方式也各不相同,特别是年轻一代非公有制经济人士,文化层次大都较高,国际视野开阔,受西方文化影响较深,社会主义核心价值观不够坚定,对我国的政治制度和发展道路也存在比较模糊甚至错误的认知,导致其进一步发展企业的信心不足、动力不够,创业创新的激情也在衰减。基于此,培育新时代企业家精神,就是要以《中共中央国务院关于营造企业家健康成长环境 弘扬优秀企业家精神 更好发挥企业家作用的意见》为根本遵循,构建以"理想信念"(理性精神)为基础、"创新能力"(实践精神)为核心、"社会责任"(使命精神)为指向的"理性—实践—使命"三位一体精神追求,鼓励并引导广大非公有制经济人士筑牢理想信念、提升创新能力、承担社会责任,在正确的轨道上为国家建设和社会发展做出应有的贡献。

二、温州创建新时代"两个健康"先行区的实践探索

改革开放以来,温州率先推行市场化改革,大力发展民本经济、市场经济、实体经济,成为我国民营经济重要发祥地,形成了举世瞩目的"温州模式"。温州民营经济从无到有、从小到大,先后经历了蓬勃兴起(1978—1992年)、二次创业(1993—2002年)、跨越发展(2003—2012年)和转型前行(2012年以来)四个阶段,规模总量不断扩大,在经济社会中发挥着举足轻重的作用。与全国民营经济"五六七八九"的贡献相比,温州民营经济对本地的贡献基本上达到了"九九九九九",即民营企业数量占温州企业的99.5%,民营经济对地区生产总值的贡献超过90%,工业增加值占总额的91.5%,从业人员占总数的92.9%,税收收入占总数的90%。与之同步的是,温州企业家秉持"敢为人先又善识大势、商行天下又崇文重教、守信重诺又尚德崇仁、抱团互助又开放包容"的文化基因,坚持商行天下,孕育了遍布全球的温商群体,编织了联通全球的温商网络,形成了"敢为人先、特别能创业创新"的温州企业家精神。

进入21世纪以来,温州民营企业逐步遇到产业层次、产品档次、技术水平总体偏低,以及企业管理方式相对落后、自主科技创新能力相对薄弱等问题,加之政策执行中"玻璃门""弹簧门""旋转门"现象时有存在,在"市场的冰山、融资的高山、转型的火山"的重压下,企业经营面临重大挑战,地方经济出现了严重的"脱实向虚"现象。特别是2008年世界金融危机爆发以后,温州作为全国民营经济的先发地区,先行遭遇了区域经济转型升级的阶段性阵痛,特别是随着"创一代"的逐步谢幕,温州企业家精神也产生了一定的衰退,创业人才青黄不接。因此,对温州而言,推动民营经济持久、健康、高质量发展,推动温州

企业家精神在代际传承中不断升华,是一个事关温州前途命运的时代命题。

在这样的大背景下,温州积极探索创建新时代"两个健康"先行区。在中央统战部、全国工商联和浙江省委省政府的指导下,温州深入研究民营经济发展的历史和现状、基础和潜力、优势和短板,制定总体创建方案。从现实需求来看,温州既有创业创新氛围浓厚、企业家群体较大、市场主体活跃、改革探索持续深入的基础优势,也有经济结构转型升级最紧迫、民营经济创新发展最迫切的现实需要,这为创建"两个健康"先行区提供了得天独厚的条件。经过精心准备和积极争取,温州于 2018 年 8 月经中央统战部、全国工商联批准,创建全国唯一的新时代"两个健康"先行区。以新时代"两个健康"理论为根本遵循,紧紧围绕全国工商联交付的"五个先行先试"目标任务,温州创造性地开展了一系列促进"两个健康"的改革探索,初步搭建起了创建"两个健康"先行区的话语体系、目标体系、工作体系、政策体系和评价体系。

(一)开展"两个健康"立法探索,抢占话语高地

一是开展全国首部"两个健康"地方立法。积极推动创建工作从实践层面向制度层面跃升,率全国之先完成"两个健康"地方立法工作。自 2022 年 1 月 1 日起实施的《温州市"两个健康"先行区建设促进条例》,系统总结了温州"两个健康"改革创新经验并以立法形式将其固化提升,以经验入法,提升示范效应,以法规保障优化"两个健康"发展环境。二是打造民营经济制度和理论创新策源地。依托温州的民营经济研究基地,强化与国家级智库的常态化、长效化合作机制,充分发挥民主党派作用,多渠道深化新时代"两个健康"理论创新和民营经济制度研究,努力使温州成为全国新时代"两个健康"理论研究的阐释高地和实践创新策源地。三是定期举办中国(温州)新时代"两个健康"论坛。在全国工商联、浙江省政府的大力支持下,定于每年 11 月 1 日在温州高规格举办新时代"两个健康"论坛,独家发布《万家民营企业评营商环境报告》等,搭建全国民营经济发展交流、沟通平台,打造新时代"两个健康"创建温州品牌。

(二)构建"两个健康"目标体系,明确工作路径

在创建新时代"两个健康"先行区启动后,温州紧紧围绕"五个先行先试"总目标,逐项、逐级予以分解,构建层级化、立体化目标体系。秉持"打基础、挖

潜力、扬优势、补短板"原则,分别将"引领民营经济高质量发展""创造一流营商环境""弘扬优秀企业家精神"等先行先试领域目标具体化、清单化,强化"推新政、破堵点、创亮点"导向,建立"5＋146＋X"目标体系,并出台先行区创建80条新政和146项具体责任清单。同时,按照"月月有举措,季季有亮点,半年有总结,年年出成果"的思路,对全年的重点工作做出系统谋划,明晰推进路径,制订工作行事历;按照职能划分,把目标责任清单上的项目分类归口到相应责任单位,有效传导责任和压力,确保每一个目标、每一项任务都能落到实处;在重要的时间节点组织系列活动,始终保持良好的创建氛围。

(三)完善"两个健康"推进机制,强化执行落实

一是将项目化管理理念融入先行区创建各环节,创新搭建全链条工作推进体系。纵向上,温州将"两个健康"作为牵引性、全局性、龙头性工作,建立市委书记挂帅的领导小组,每一个县(市、区)均成立党委书记任组长的组织架构,通过"一把手"工程定位,使各方力量步调统一地落实党中央、国务院和省委、省政府的各项决策部署。横向上,全链条构筑高效的组织运行方案,迭代优化"一办和八个工作组"架构,并实现实体化办公。建立例会、工作流转、督查考核、信息通报和市县联席会议等五大制度,实现"清单谋划、落地实施、绩效评估、深化迭代"的项目闭环管理。二是建立条线沟通对接机制。全国工商联专门开辟供温州直接反映先行区创建问题的渠道,全程指导温州工作;温州搭建省市"两个健康"联动推进机制,对创建工作中的突破性、探索性举措,尽最大努力争取上级指导和支持;建立县(市、区)"6个1"工作机制,即1个专人负责、1个团队推进、1张清单统筹、1场活动造势、1批亮点支撑、1个机制巩固,形成"一盘棋"全阵地推进格局。

(四)推动"两个健康"精准服务,确保制度实效

一是聚焦民营经济高质量发展,提供精准政策制度供给。实施科技创新首位战略,聚焦"塔尖重器",赋能民营经济高质量发展,上线温州科技大脑,发布实施科技新政30条,落地创新链产业链融合发展、创新资源统筹一体化等机制,探索"三定向"研发转化、科研经费"包干制"等改革,让更多科技成果从实验室走进应用市场。强化小微园建设,制定园区产业导向,明确园区产业定位,严格落实园区建设管理服务水平10条刚性措施,推出"四限"政策,使之成

为"小而专、小而高、小而好"的企业成长、产业培育平台。"全生命周期"推进企业上市,实施"卸下包袱、共担风险、精准服务"三大硬招,开辟企业上市"绿色通道",设立上市风险共担基金缓解企业资金压力。完善土地利用绩效评估和产业项目合同履约管理,提高土地利用率和产出率。设立人才工作专项资金,优化人才落户、住房、子女入学、配偶就业、医疗等的服务保障措施。

二是"尊商、护商、爱商",打造企业家盛产地、成功地和向往地。温州率全国之先由市人大常委会按程序将每年11月1日设为"民营企业家节",给企业家以礼遇和尊荣;出台全国首个企业家参与涉企政策制定的规范性文件,刚性规定凡是与企业有关的政策出台,必须征求企业家意见;统筹整合全市涉企培训教育资源,首创亲清政商云学堂;构建教育基地体系化、机制常态化、活动联动化的"三位一体"工作新格局,组织企业家参与"红色理想信念"培训;引入管理人制度、债权人会议制度等基本破产制度,首次探索债务豁免、失权复权等个人破产中独有的制度理念;建立企业家紧急事态应对制度和重大涉企案件风险报告制度;实施"青蓝接力培养行动",举办"青蓝新学"集中培训、年轻一代民营经济人士理想信念教育主题研修班;建立新生代企业家挂职锻炼制度。

三是全力营造稳定、公平、透明、可预期的一流营商环境,最大限度激发市场主体创业创新活力。以数字化改革推动政务环境提速提效。开展产业政策重构,上线惠企政策"直通车",助力企业便捷地获取政府奖补资金;集成办事服务、涉企服务、政策服务、咨询服务、投诉服务等多域场景化应用,开发"两个健康"综合应用,最大限度方便企业办事;开发"帮企云"平台,为助企服务开辟"云上通道";完善"企业开办全程网上办"平台,全面推行企业开办"一表通、当日结、零成本";推广"为侨服务全球通",将"最多跑一次"改革向在外温州人延伸拓展。组织实施"融资畅通工程",引"金融水浇实体田"。召开银企银项对接签约会,发起"六不"倡议,有效降低民营企业信贷利率;通过"年审制""分段式""增信式"等无还本续贷模式创新,化解企业融资"过桥"风险;落地全国首个技术产权证券化产品,成功开辟技术产权金融化新路径;创新共有厂房按份额抵押融资模式,解决共有产权抵押难题;建立融资担保基金和上市企业稳健发展支持基金,帮助暂时遇到困难的企业走出发展困境。推出政商交往"正面清单""负面清单"和清廉民企建设"引导清单";设立"企业维权接待日",搭建民营企业维权服务平台。全面推行涉企柔性执法,制定"涉企免罚目录"。

(五)建立"两个健康"评价体系,促进"评建贯通"

一是率全国之先制定"两个健康"评价指标体系,并使之逐步上升为国家标准。制定民营经济健康发展评价指标体系,填补民营经济统计和监测空白,以有效引领民营经济高质量发展;制定民营企业家健康成长评价指标体系,精准反映民营企业家健康成长情况,填补民营企业家政治画像空白,为民营经济统战工作提供鲜活样本。二是建立创建成效定期评估制度。委托第三方专业机构开展评估工作,推进"评建贯通",不断优化完善先行区创建内容、政策举措和工作机制。组织"两个健康"述政、县(市、区)经验交流、"赛马比拼"等活动,邀请企业家参与评价。及时梳理总结典型实践案例,定期发布促进"两个健康"的正面典型,通报破坏营商环境的负面典型。三是加强执法检查。定期开展《温州市"两个健康"先行区建设促进条例》落实情况检查,同步开展"5+146+X"目标责任清单落地"回头看"活动,督促各地各部门细化落实,确保"两个健康"立法形成引领效应。

从目前来看,温州创建新时代"两个健康"先行区的阶段性成效如下:

一是企业家发展信心明显提振。创建工作开展以来,率全国之先以地方立法形式设立"民营企业家节",建设世界温州人家园,实施企业家参与涉企政策制定等一批对企业家"高看一眼、厚爱三分"的创新举措,快速拉升非公有制经济人士的政治地位,温州企业家信心指数从创建前2018年的124提升至2021年的135;企业景气指数从2018年的122提升至2021年的133,企业家守实业、精主业的信心和意愿更足了。

二是企业家安全感显著提升。创建工作开展以来,公布包含4397条内容、涉及749项行政处罚事项的"涉企免罚目录";建立新时代"两个健康"法治研究中心,在产权保护、经济犯罪刑事合规等方面形成长效机制;开展知识产权"蓝色护航",构建"企业需求+法律研究+司法实务"三位一体的法治保护研究体系,为正泰、森马等知名品牌打假,金额累计超3亿元,打假成效连续8年居全省第一;实施涉企"挂案"大清理行动,累计清理涉企"挂案"231件,涉及企业323家,帮助民营企业挽回经济损失2.16亿元。一系列执法方式的优化探索,不仅给市场主体提供了"容错"空间,还规范了自由裁量权、稳定了市场预期、降低了犯罪率。据最新统计,温州破坏市场经济秩序类的犯罪案件数相较创建前的2018年下降20.14%;职务侵占、合同诈骗等5类重点涉企案件占经济犯罪案件总数比重从创建前2018年的13.3%降至8.2%。

三是亲清政商关系加速形成。创建工作开展以来,累计深入企业收集问题2.1万个、化解率98%;推出政商交往"正面清单""负面清单"和清廉民企建设"引导清单",开展"反对不按规则办事行为承诺",实施民营企业减负20条,建立55家民企纪委、22个清廉民企示范点、1.2万个企业效能监测点,为民营企业挽回经济损失累计5亿元;开展常态化"理旧账、破难点",每年对政府原因造成的企业历史遗留问题进行排摸和分类化解,帮助有关企业卸下历史包袱,轻装上阵再出发。截至目前,232个旧账问题全部得到化解;建立政府失信记录,构建政务失信责任追溯和惩戒机制,落实政务失信100%治理,不因政府换届、领导调整而产生违约、毁约等现象,杜绝"新官不理旧账"。系列促进亲清政商关系的改革探索,既能改变"找熟人办事"的传统依赖,又能解决服务企业时"过度关爱"等问题,营造了风清气正的政商交往生态。创建工作开展以来,温州没有发生过一起影响较大的"官商勾结腐败"事件。

四是民营经济发展呈现新气象。温州地区生产总值从创建前全国第35位提升至前30位。得益于"两个健康"先行区深入创建,在不确定性增加、经济明显承压的背景下,温州市场主体数量从创建前2018年的96万户逆势增长至2021年的120万户,在册企业占比达到31.6%,冲破疫情影响,实现量质并举;上市企业3年数量翻番;20项与民营经济发展紧密相关的重要指标得到有力提振,创新驱动跑出加速度,产业升级步入快车道,对外开放构建新格局,民营经济发展呈现新气象。

五是营商环境持续优化。营商环境连年进步,营商环境榜单排名从创建前的全国第27名跃升至2021年的全国第2名。积极消除国有私营区别,拓展民营企业参与领域,招大引强、温商回归、增资扩产势头强劲。2021年制造业贷款余额和民营经济贷款余额分别较创建前的2018年增长50%和55%。特别是2020年新冠疫情发生以来,温州反应迅速,率先分析疫情对民营企业生存发展造成的影响,针对性推出"温28条""工业10条""市场纾困15条""继续纾困22条"等17个抗疫惠企政策。先行区创建工作开展以来,累计为企业减负1000亿元,温州减负降本和惠企政策满意度分别居全省第一和第二。

三、持续开创"两个健康"时代新篇章

习近平总书记在浙江工作时,对温州有一个很大的期望,就是希望温州把创新史继续写下去,探索新的规律,创造新的业绩,写出新的经验,为全省带好头,也为全国做示范。牢记习总书记的殷殷嘱托,温州主动思考和探索"两个健康"这个新的时代课题,努力先行一步为新时代"两个健康"发展做出示范,具体在以下几方面进行发力:

一是把握营商环境优化这一关键变量。优化营商环境是促进"两个健康"的关键变量,也是提升地方政府治理体系和治理能力现代化水平的重要突破口和主抓手。一要坚持以企业体验为根本检验标准,按照"国际可比、对标世行、中国特色"原则,构建区域营商环境评价指标体系,充分发挥评价的标尺功能。二要着力提升政府办事和运行效率,深化"放管服"改革,优化政务环境,推动更多事项集成办理,提升政务服务标准化水平。三要围绕基础设施、功能性配套设施、公共交通、人才发展、生态环境建设等领域,加强公共服务均等化建设,着力补齐民生短板。四要强化法治思维,提升政策协同性,打造透明化的市场环境。五要推进创新环境改革,培育创新创业土壤,提高创新公共服务水平,加强产学研协同创新,强化知识产权保护。六要提升金融服务效率,加大普惠金融推广力度,进一步破解中小微企业"融资难、融资贵、融资繁"等难题。七要提升司法效率,营造良好的法治环境,尽量减少诉讼对企业正常生产及经营造成的不利影响,用好数字化手段,努力做到"立案一次不用跑"。

二是融入共同富裕建设这一崭新场景。共同富裕是社会主义的本质要求,是中国式现代化的重要特征。因此,要在理论上厘清共同富裕与"两个健康"的内在关系;在实践上推动共同富裕与"两个健康"协同发展,用高水平的"两个健康"促进全体人民共同富裕。一要用民营经济高质量筑牢共同富裕之基。树立大质量发展观,以卓越的绩效模式为牵引,构建高质量发展战略,实施质效提升工程,推动企业内部各质量要素有序联动,在高质量发展中持续"做大蛋糕"。二要大力弘扬优秀企业家精神,全方位打造共同富裕实践新范式。强化社会捐赠与公益慈善工作,深度参与社会民生、乡村振兴、社会求助等共同富裕相关领域;探索设立"共同富裕专项计划",主动参与共同富裕和可持续社会价值创新等工程。三要打造新时代文化高地,争做"精神生活富裕"

标杆。锚定共同富裕、现代文明、行业特质等三维价值坐标,系统构建企业文化体系;强化党建引领,建立全方位、立体化的宣导体系,确保企业文化内化于心;建章立制,用制度展现企业文化的刚性约束力;培育企业家高尚的道德情操和健康向上的生活情趣,使其以良好形象赢得社会尊重,在精神上发挥正向引领作用。

三是推进理论成果深化这一永恒课题。按照理论与实践双向互促、螺旋上升的认识规律,不断深化新时代"两个健康"理论研究。一要加强对新时代"两个健康"理论的整体性系统性学理性研究,深刻揭示出"两个健康"的内在机理和底层逻辑。二要认真回答好"两个健康"标准为何等元问题。在实践探索的基础上,要明确界定出"两个健康"的有效边界,科学构建判定非公有制经济发展、非公有制经济人士成长是否健康的量化标准,并将其上升为"两个健康"国家标准,使之成为衡量、指导"两个健康"实践的有效标尺。三要及时全面地分析总结"两个健康"实践探索的有益经验,并加以系统化、理论化,不断丰富和完善新时代"两个健康"理论内涵。

作者:周义邦,白佳琦(中共温州市委党校)

山海协作缩小区域差距

党的十九大报告指出,新时代我国社会主要矛盾已经转化为人民日益增长的美好生活需要和不平衡不充分的发展之间的矛盾。不平衡不充分发展的重要表现之一便是区域发展不协调,成为高质量发展和共同富裕道路上的绊脚石。因此,党的十九大报告明确指出实施区域协调发展战略,党的二十大报告更是进一步强调"深入实施区域协调发展战略"。在党的二十大精神的指导下,协调发展的格局定会不断取得新突破。

探索建设共同富裕先行示范区的浙江,必须要在协调发展上做出表率。但不可否认的是,由于先天禀赋不同,各地区推动共同富裕的基础和条件存在较大差别,尤其山区 26 县和浙江沿海经济发达县(市、区)在产业基础、交通设施、营商环境与要素资源等很多方面存在较大差异。因此,立足比较优势,沿着"山海协作"的路子,浙江逐步推动山区 26 县经济从外源推动到内源驱动,从地区生产总值到生态系统生产总值,从以海泽山到山海共生,在新时代"山海经"中寻找缩小差距的密码。这是全面落实习近平总书记关于共同富裕的重要论述精神,贯彻新发展理念,加快缩小山区与全省发展差距,推动山区实现共同富裕的重大举措。浙江省内各区域应本着"因地制宜"的原则,强化顶层政策设计,精准贯彻落实"一县一策",全面激发山区 26 县的发展活力、创新力、竞争力,补齐全省实现共同富裕的短板,开启山区高质量发展共同富裕新征程。

一、加快山区 26 县高质量发展是践行"八八战略"的必然要求

习近平同志在浙江工作期间十分重视山区发展,在"八八战略"中,他明确提出要"进一步发挥浙江的山海资源优势,大力发展海洋经济,推动欠发达地

区跨越式发展,努力使海洋经济和欠发达地区的发展成为我省经济新的增长点"。① 浙江作为建设共同富裕示范区的先行者,区域协调发展是浙江的独特优势,也是进一步推动共同富裕的主攻方向。而要缩小区域差距,超常规推动山区 26 县"极速前进",其关键在于通过释放政策红利、挖掘资源禀赋、关联带动区域优势产业等强有力手段,充分盘活山区 26 县潜在的生态资源禀赋与国家战略发展资源,努力推动山区迈向现代化和共同富裕。

"八八战略"蕴含丰富的辩证思维,聚焦发挥优势与补齐短板,为推动山区县跨越式发展提供了重要的战略指引。"八八战略"强调要"进一步认识和把握自身的优势,强化现有优势,发掘潜在优势,努力把原有的劣势转化为新的优势"。② 多年来,历届省委省政府通过制定出台"山海协作""欠发达乡镇奔小康""低收入群体收入倍增计划"等政策举措,扶持山区县经济发展,努力使山区 26 县在提升发展能力的基础上成为浙江新的经济增长点。例如,丽水遂昌原本处于浙江山区县发展位次的末位,但自 2019 年开始探索最美生态、绿色科技、数字经济与美好生活深度融合的山区县跨越式发展新路径以来,开辟出数字生态经济新赛道,将"浙南林海"的优势最大限度地发挥出来,经济发展成效显著,实现了从末位向前列的跃迁赶超发展。浙江山区 26 县具有独特的地理区位,要继续沿着"八八战略"指引的路子,按照"先富带动后富"的发展理念,创新实施山海协作升级版。鼓励沿海发达县(市、区)进行产业帮扶,引导产业外扩,持续拓展其与山区县的合作共建领域,多层次、多维度念好新时代"山海经",加快构建陆海统筹、山海互济的发展新格局。同时,要从浙江全局发展的角度出发,集全省之力整合资源,按照"一县一策",为每个县量身定制发展方案和政策"工具箱",着力支持山区县打造高能级产业新平台,走出科技研发创新、数字化改革和绿色低碳发展的融合聚变之路,厚植特色优势、放大潜能的快速裂变之路,山区基本经济形态重塑优化的全面蝶变之路。

做大做强山区县县域经济,是实现共同富裕的基本保障。县域经济是社会全面发展的基石,县域经济强,城乡居民收入增长就快。全面共同富裕必须牢牢把握县域经济发展。一方面,浙江山区县山多地少,可供开发的土地资源

---

① 习近平:《干在实处　走在前列——推进浙江新发展的思考与实践》,中共中央党校出版社 2006 年版,第 72 页。

② 习近平:《干在实处　走在前列——推进浙江新发展的思考与实践》,中共中央党校出版社 2006 年版,第 73 页。

较为紧缺,一定程度上制约了县域经济发展;且县域内产业发展参差不齐,县域经济需要围绕当地特色产业展开,集中有限的资源力量,重点打造拳头产品与拳头产业。如永嘉县泵阀产业转型提升、天台县轨道交通及汽车零部件产业提升发展等。另一方面,浙江大部分山区县存在产业链条短、附加值低、融合度不高、带动力不强的发展桎梏,需要关注产业在核心经济圈与县域地区间的有序转移,并在交通设施、产业项目、资金、人才、干部激励等方面加大支持力度。各县域应该根据"宜工则工、宜农则农、宜商则商、宜游则游"原则,精准承接转移产业,打造当地优势产业集群。如温州平阳围绕工业做强做大县域经济,2021年平阳规上工业总产值突破 500 亿元大关,第三产业增加值达288.24 亿元,同比增长 11.8%,成为山区县发展的领头羊。与此同时,应针对山区 26 县劳动力、土地成本相对比较低,同时空气质量、水文环境比较好,比较适宜一些特定行业的龙头企业、链主企业单个环节发展需求的特殊情况,引进合适的企业,使双方达到双赢。比如互联网巨头阿里巴巴进驻遂昌县、娃哈哈分部进驻文成县等,充分体现出浙江山区县在发展县域经济过程中具备的自身独特的产业优势。因此,山区 26 县在发展壮大县域经济过程中,应当结合自身的区位条件、资源禀赋,主动从周边发达地区以及外部经济圈招引能够在本地落地生根的重大产业项目,使政策支持与产业发展配套,以此为核心打造县域经济产业链,继而形成多产业组团相互协调发展的强县域经济发展模式。引进龙头企业、链主企业布局山区 26 县,不再是单向救助,而是充分调动双方资源优势,实现珠联璧合、产业共赢。例如橡塑制品产业是天台的主导产业之一,2021 年产值占全县工业总产值的 17.9%,截至 2021 年底,全县 194家规上企业中有 60 家是橡塑制品企业。为进一步补链强链,天台引进龙头企业三力士和双箭橡胶,形成了分工明确且能产业优势共享的橡胶企业联盟,产业发展的综合效应日益显现。综上,发达的县域经济是浙江山区 26 县实现高质量发展与共同富裕的物质条件,山区县各项工作应该围绕发展县域经济展开,集中配置优势资源,通过大力发展县域经济来做大"蛋糕",推动实现共同富裕。

全方位赋能山区县区域协调发展,是实现共同富裕的必由之路。从资源要素来看,人力资源、交通区位、经济政策、技术创新、建设用地等多重因素,制约了浙江一些山区县发展,造成山区县与其他地区的经济发展差距拉大。想要扭转这一局面,就需要全方位赋能山区县区域协调发展。要在《浙江省山区26 县跨越式高质量发展实施方案(2021—2025 年)》的基础上,进行顶层设计,关注全省产业在核心经济圈和县域地区间的有序转移,并在交通基础设施改善、产业项目投资落地、扶持发展资金、金融支持、人才培育与引进、干部激励等多方面进行政策赋能,提升山区县的优势资源统筹能力、产业项目发展能力、留人用人能力以及公共技术服务能力。不断加大对外开放力度,改善县域产业发展的营商环境,积极谋划设立以省级经济开发区为主的开放平台,招引好项目、大项目,引入国内外先进技术、人才、企业、管理经验等,集聚更多优质资源,实现跨越式发展。从协调发展的基础条件来看,浙江沿海发达地区基础条件优越,产业大项目集聚,对人才、土地、资金等核心资源要素的虹吸效应越来越强,而山区资源要素配置不足的劣势愈加凸显,这就需要政府从全省一盘棋的大局考虑,通过查漏补缺对山区县进行要素资源、政策与金融服务等方面的精准扶持,对综合条件最差和土地资源最缺乏的山区县予以额外补助,提升资金和土地指标帮扶的精准性。比如由省域层面统筹解决山区县"飞出地"新增建设用地指标和占补平衡指标,支持点状布局、点状征地、点状供地等。

二、加快山区 26 县高质量发展是破解不平衡不充分问题的应有之义

2020 年习近平总书记在浙江考察期间,强调要在发展不平衡不充分问题上率先突破。浙江山区 26 县的土地面积占全省的 45%,人口总数占全省的 24%,但是地区生产总值在全省占比不到 10%,整体经济社会发展水平低于全省平均水平,2020 年人均生产总值为 61363 元,为全省的 61.3%、全国的 85.2%;而且浙江山区县中的文成、磐安、庆元、松阳、泰顺、常山、景宁、衢江、开化等 9 地城镇居民人均可支配收入甚至低于全国平均水平,这些地区城乡收入的大幅提升是缩小全省收入差距水平的关键。2021 年,山区 26 县完成固定资产投资 2958 亿元,比上年增长 11.8%,增速比全省高 1.0 个百分点。其中,工业投资、工业企业技术改造投资分别增长 22.8% 和 16.6%,增速比全省分别高 5.0 和 2.7 个百分点。与此同时,2021 年山区 26 县全体居民、城镇居民和农村居民人均可支配收入分别为 42139 元、53710 元和 27619 元,比上年增长 10.9%、9.8% 和 11.1%,增速比全省高 1.1、0.9 和 0.7 个百分点,城乡居民收入差距有缩小趋势,但总体差距仍旧较大。要破解山区发展不平衡不

充分问题,着力提高山区 26 县内生发展动力,就有必要具体分析山区 26 县存在的最突出问题与困难,具体如下:

一是参与长三角一体化区域分工合作程度不够高。浙江山区 26 县在地理区位上受地形地貌的客观因素制约,往往远离都市经济核心区,更倾向于生态资源的保护开发利用与点状、片状产业的独立组团发展,承接工业制造业企业的能力较弱,很难享受到发达地区产业外溢带来的经济发展福利,而工业制造业的产业链条长、产值规模大、区域关联度高,这就使得山区县往往错失区域一体化发展过程中的产业协同发展效应。从浙江山区 26 县产业发展情况(如表 1 所示)来看,山区县的产业发展具有典型的地域特色。例如文成的侨家乐产业、龙泉的"竹茶菌蔬"产业、云和和景宁的木质玩具产业等,这些产业根植于地区人文资源与优越的自然资源,不具有外部可复制性与可扩展性,通过产业关联发展融入长三角一体化区域协同发展的难度大。另外,山区县工业制造业普遍未形成集群优势,而且大多属于传统制造业。例如松阳的不锈钢产业、江山的门业、缙云的金属制品产业、天台的机电与橡塑产业等,虽然具备形成县域主导产业的基础能力,但是产业在国内外的比较优势不明显,很难在中短期内通过内生发展实现跨越式增长,需要依靠长三角一体化协同发展的工业体系的大力扶持,借助外部资源推动实现外延式发展。

表 1　浙江山区 26 县产业发展情况

地区	产业
淳安县	水饮料、生态旅游、大健康
文成县	特色农业、全域旅游、侨家乐
泰顺县	生态旅游、"旅游+"
永嘉县	生态制造业、文旅休闲、数字
苍南县	商贸市场、清洁能源、数字
平阳县	传统制造、网络零售、"五色经济"
磐安县	休闲旅游、中医药、传统制造、建筑
武义县	电动工具、智能门锁、氟新材料
衢江区	加工制造产业、商贸物流
柯城区	传统制造、传统服务

地区	产业
常山县	特色农业、传统制造、养老
开化县	国家公园、生态康养
龙游县	特种纸、新材料
江山市	门业、网络零售、旅游
天台县	机电、橡塑、生物医药、全域旅游
仙居县	甾体药物、木制品、生态农业、旅游
三门县	橡塑、清洁能源、零配件、湾区港口
莲都区	生态工业、高端制造、"旅游＋"
龙泉市	"竹茶菌蔬"、瓷、剑
缙云县	金属制品、机床、健康医疗与装备
遂昌县	数字、农村电商、新材料
松阳县	民宿、茶、不锈钢
景宁县	茶业、幼教木玩、休闲与文创
青田县	钢铁、石雕、农产品深加工
云和县	木制玩具、生态产业、特色农业
庆元县	竹木、食用菌、铅笔、文旅

　　山区26县的产业基础薄弱,要借助长三角一体化协同发展带来的产业梯度转移、外部投资输入、技术引进、人才流入等改造提升自身发展动能。山区县的新产业、新业态,例如淳安的大健康、永嘉的数字经济、江山的网络零售、遂昌的农村电商等仍处于起步阶段,还有很多地区没有形成新业态,需要借助外部资金去激活山区县新经济发展模式的内在动能,实现"从无到有"与"从小到大"的蜕变,培育形成新的经济增长点,这是山区县实现高质量赶超发展的重要路径。

　　二是产业基础较薄弱与主导产业带动力不强,难以形成强县域经济。浙江山区26县普遍存在生态价值大、生态资源品质高和产业高端要素集聚力弱的矛盾。例如淳安县全域生态系统生产总值2021年超过2300亿元,但是却没有与之相匹配的产业发展主体,全县仅有1家A股上市企业——浙江康盛股份有限公司,相关的产业储备项目较少,无法充分挖掘其潜在的生态资源优势。同时,山区县存在建设用地配套能力与土地资源盘活难的突出问题,产业散乱,实力不强,缺少重大主导产业,而且生产效益不高。县域大部分工业企业为简单的机械化生产,只有较少实现了智能化数字化生产,技术不高、创新能力不强、发展质量偏低。另外,县域创新投入强度和平台体系建设需进一步完善,在高新技术企业、省级科技型中小企业、省级企业研发机构培育上,存在后续梯队不足、培育乏力等现象,创新平台尤其是高能级平台缺乏。在以上综合因素的制约下,山区 26 县经济上升空间很难打开,县域经济发展尚未出现强劲势头,如表2所示,仅有温州的平阳县和衢州的柯城区生产总值规模突破500 亿元,永嘉县 2021 年的地区生产总值增速仅为 4.0%;另外,仙居、青田、松阳、文成、庆云、景宁等地生产总值增速低于全省与全国平均增速,发展动能偏弱,庆云、景宁等地的地区生产总值规模尚不足 100 亿元,出现了经济体量小与经济增速低的双重发展压力,处于山区 26 县的末尾。这些地区县域经济发展落后,严重阻碍了城乡居民收入同步提升。推进全省更高水平的共同富裕,应重点强化落后山区县的县域经济发展。

表 2　2021 年浙江山区 26 县生产总值及其增速

全省排名	所属城市	县(市、区)	2021 年地区生产总值/亿元	实际增速/%
51	温州市	平阳县	600.51	9.8
52	衢州市	柯城区	595.54	8.1
58	温州市	永嘉县	486.34	4.0
59	丽水市	莲都区	453.53	8.9
64	温州市	苍南县	399.62	8.3
65	衢州市	江山市	365.75	8.5
67	台州市	天台县	339.55	9.8
68	台州市	三门县	319.50	8.6
69	金华市	武义县	313.25	10.6
71	衢州市	龙游县	288.02	9.5
72	台州市	仙居县	282.84	5.1
73	丽水市	缙云县	273.93	9.9
74	丽水市	青田县	272.99	6.9
75	衢州市	衢江区	269.73	8.7
77	杭州市	淳安县	255.17	5.2
78	衢州市	常山县	187.58	9.8

续　表

全省排名	所属城市	县（市、区）	2021 年地区生产总值/亿元	实际增速/%
79	衢州市	开化县	169.44	8.5
80	丽水市	龙泉市	161.76	6.9
81	丽水市	遂昌县	153.00	12.0
82	金华市	磐安县	133.86	8.1
83	温州市	泰顺县	132.41	6.2
84	丽水市	松阳县	129.08	5.4
87	温州市	文成县	116.52	5.7
88	丽水市	云和县	98.06	9.6
89	丽水市	庆云县	85.16	4.6
90	丽水市	景宁县	80.67	5.5

三是要素资源集聚力不强，自我造血发展能力有待提升。浙江山区县产业分布的独特性与地域性特征，使得其产业链偏短，产业规模偏小，导致在申报省级"新星"产业群、制造业高质量发展示范星级园区等培育试点时，因产业规模不足无法入选；数字化、智能化水平总体偏低，数字经济、人工智能等新经济新动能培育较难；产业性投资后劲不足，大项目、好项目少，这就使得山区 26 县集聚优势要素资源的能力不强。从土地资源支撑来看，"三区三线"调整令空间规划指标进一步收紧，山区县的特色生态产业平台和"产业飞地"均面临着城镇开发边界调整的问题；同时，省里严控建设用地指标，要求建设用地"零新增"，对于山区县来讲，压力很大。从能耗指标保障看，受能耗总量指标制约，山区县在产业项目落地时将受到用能平衡的困扰。从人才资源保障来看，受限于城市发展能级和综合配套水平，山区县的高端人才平台建设仍然滞后，对各类高素质人才吸引力不强，留才环境相对优势不足，外地专业技术人员留驻山区县长期发展的意愿还不是很强。由于经济发展水平落后，山区县对人才的吸引力不足，高层次、创新型产业人才和教育、医疗、文化、体育等方面的专业技术人才相当紧缺。另外，山区县创新发展能力有待加强，高端产业培育能力不足，高新技术企业、科技型中小企业等创新主体不多，研发投入不高，基础弱、底子薄、人才少，自生发展能力和内生增长动力羸弱。在以上这些因素的制约下，山区县难以发展新产业与新业态，很难在短期内形成新的经济增长点，难以形成自我造血能力。

三、"一县一策"是超常规推动山区县
高质量发展的关键举措

针对浙江山区26县高质量发展所面临的最为迫切的现实问题与困难,要在坚持"共性问题协同解决"与"个性问题专策解决"原则的基础上,根据山区26县在资源禀赋、产业基础、自然人文环境等方面的差异,提出有针对性的实践方法,设计"一县一策"精准帮扶与赋能政策,助力26县实现跨越式高质量发展。当前围绕共同富裕的阶段性发展目标,应着重通过区域协同、产业发展、基础设施完善与营商环境改善等措施推进山区26县跨越式高质量发展。

一是多措并举借力发展,积极融入长三角一体化发展。长三角区域是我国经济最活跃的区域之一,浙江山区26县要主动拥抱四省边际城市群、杭州都市圈,推进开放大通道、大平台、大环境建设,全方位融入长三角一体化,利用抱团发展模式,消除山区县县域内的集体经济薄弱村。例如自2019年以来,遂昌县已在长三角地区的上海市、嘉兴市南湖区、绍兴市下辖的诸暨市等地建立并运营"产业飞地""科创飞地""人才飞地"。另外,山区县应在基础设施、产业创新、资源要素、平台建设、生态环保、公共服务等领域全方位融入长三角,抢抓长三角一体化高质量发展战略机遇,聚焦延链补链强链、引资引技引智,高质量承接长三角地区的产业转移,为县域经济发展注入强劲动力。

二是完善落实省域统筹机制,推动山海协作全面发展。推动山区26县高质量发展,要进一步完善省域统筹机制,创新实施山海协作升级版,念好新时代的"山海经",加快缩小地区发展差距,这是加快山区经济发展的有效手段。例如位于山区的衢州龙游和位于沿海经济带的杭州萧山结成产业互动发展"亲戚",围绕公共设施和产业发展,萧山以资金帮扶为前置手段扶持龙游关联产业发展,进而建立关联度高的产业发展链。根据浙江省经信厅发布的相关文件,浙江应以产业链延链补链为小切口,探索实施"一企一县",引导发达地区1—2家龙头企业与山区26县企业建立"1+N"产业链延链合作,实施一批产业链协同项目。同时,鼓励发达地区与山区县结对建设"飞地"小微企业园,引导山区26县在发达地区建设一批科创和数字经济"飞地"。目前,已累计建设各类"飞地"30个以上,实现省级小微企业园山区26县全覆盖。同时,强化陆海统筹、山海互济,促使山海协作结对双方聚焦平台共建、产业共兴、项目共

引,实现山海资源要素精准对接、合作共赢;优化调整山海协作结对关系,全省 50 个经济强县结对帮扶山区 26 县。尤其是要强化龙头企业的结对帮扶作用,龙头企业具有资金、技术、品牌和人才等方面的优势,而山区 26 县拥有资源、土地等方面的优势,最佳帮扶方式是使两者有机结合,实现优势互补。

三是做强县域主导产业,实现"大带小"产业关联发展。主导产业的形成与发展是由要素禀赋、政策扶持、战略发展导向、产业积淀等多种因素综合催化的,在中长期内保持区域比较优势。山区县要巩固提升发展县域主导产业,既要深耕本土优势,实现"从有到优",也要有创新思路,寻求"无中生有"。例如:丽水缙云将短途交通产业列为该县主导产业,2021 年,其短途交通产业实现规上产值 53.2 亿元,比上年增长 65.8%;衢州龙游则将目光聚焦在碳基新材料,招引了省内两家"链主"企业,并吸引一批产业链延伸项目落地。同时,要大力发展特色优势产业,会同省级相关部门实施"一县一策",做强"一县一业",引导山区 26 县因地制宜培育 1—2 个具有地方特色的主导产业或支柱产业,支持淳安水饮料、永嘉泵阀、武义五金制品、龙游特种纸、江山门业、仙居医药、三门橡胶、龙泉汽车空调、云和木制玩具、缙云机械装备和遂昌金属制品等发展成为百亿级特色优势产业,力争山区 26 县规上工业增加值增速高于全省平均水平。

四是优先扶持落后山区县赶超发展,缩小省域空间内的发展差距。浙江山区县中的文成、磐安、庆元、松阳、泰顺、常山、景宁、衢江、开化等 9 地面临着地区生产总值总量低、增速慢的窘境。对这些重点扶持发展的山区县,要强化重大产业项目支撑。精准对接符合地方特色产业发展需求的央企、国企,有效提升产业能级,依托"一带一路"建设,积极对接境外企业,支持县内企业开展境外投资。推动落后山区做大做强县域经济,需要重点考虑区位条件、资源条件、产业和人才基础等因素,大城市郊区、边远山区与沿海地区采取的发展模式是不一样的。比如,一些区县可能本身就具备某种产业基础,一旦获得支持就能够形成规模经济效益。总之,山区县产业发展一定要突出自身特色,发挥地区优势,通过"扶优扶强"挖掘自身发展潜力,在优势产业的带动下实现赶超发展。例如衢州开化发展传统优势产业茶产业,加快推进龙顶茶一、二、三产融合及全产业链建设,目前已新建高标准生态茶园 2 万余亩、标准化茶厂 16 家,龙顶品牌价值达 29.04 亿元。同属生态发展类山区县的金华磐安挖掘绿色潜能,推进中药材、特色农业等产业发展,以发展农家乐助推乡村旅游,带动全县 1/5 人口就业。同时,在扶持发展政策上适当倾斜,比如浙江实现山区 26 县省级开发区全覆盖,金融扶持增加山区县发展所需的社会融资规模。

五是完善基础设施，打通经济循环的交通和信息大通道。浙江山区县重大交通基础设施短板仍然存在，高铁、通用机场等重大项目仍未实现全落地覆盖，干线公路网络不够完善、等级较低，尚未完全融入省内"一小时交通圈"，县域内断头路、瓶颈路仍然存在，城、湖、田还未高效串联，城乡公交一体化工作还未启动等突出问题，导致山区县很难参与长三角一体化区域协同发展。因此，要充分发挥山区26县的优质资源优势，应该尽快推进交通、信息化基础设施建设，让高速公路、城际轨道和国省干道等多层次的交通网络覆盖山区26县偏远地区，改善交通、网络通信等条件；加快推进杭温、杭台、衢丽、金甬等铁路项目建设，积极推动甬台温福、杭丽、温武吉等铁路项目前期工作，着力补齐山区26县基础设施短板；加快建设全面覆盖山区26县乡镇以上地区和有条件行政村的"双千兆"网络基础设施，有序推进行政村以上地区5G网络布局建设，实现5G基站乡镇以上地区全覆盖，5G网络重点行政村全覆盖；加快推进低功耗广域网在山区26县农村地区的部署和覆盖，支持重点农业企业综合利用5G、4G窄带物联网和光纤等技术，打造适合农业物联网发展的良好生态体系。

六是因地制宜谋划产业发展，助力形成超常规发展动能。山区县承接长三角、上海、省内四大都市圈辐射，存在地理空间距离较远的实际困难，造成外部高端资源和优质要素流入难、留住难的问题。而山区26县自身产业发展内在动力又不足，必须借助外部需求与先进地区的产业梯度转移强化区域产业发展的向心度。应着力做强26县主导产业和补齐基础设施短板，推动26县认真谋划1—2个特色生态主导产业，着力做大做强一批"一县一业"，每县打造1—2个特色产品"金字招牌"，形成一批山区特色文旅"金名片"。基于做强主导产业发展，应在《浙江省山区26县跨越式高质量发展实施方案（2021—2025年）》的基础上，结合《关于进一步加强山海协作结对帮扶工作的指导意见》，适当给予山区县政策倾斜与政策帮扶，因地制宜引导山区县结合自身产业发展禀赋重点打造主导产业。比如淳安的绿色产业、衢江的多式联运枢纽物流产业、常山的"常山三宝"生态农业以及景宁的畲族文化产业等。同时，产业发展是推动山区县超常规发展的最大动能，也是缩小地区贫富差距的最有效手段之一。浙江在推动全域共同富裕的进程中，应重点施策引导山区26县主导产业发展，集中有限资源扶持落后地区产业，以产业发展助力共同富裕先行。

作者：邢　震，夏梁省，崔圣为（中共台州市委党校）

扩中提低平衡收入差距

党的二十大报告指出:"分配制度是促进共同富裕的基础性制度。"实现共同富裕的关键是要处理好公平与效率的关系,实现社会收入的橄榄型分配。在人类社会发展历程中,每个发展阶段都有与之相应的社会结构。中国的社会结构一直处于剧烈的转型与深刻的调整之中。从全面小康社会到共同富裕美好社会,浙江持续推进"扩中""提低"标志性改革,率先形成橄榄型社会结构,朝全体人民共同富裕的目标迈进。这一点,从中央对浙江高质量发展建设共同富裕示范区的支持意见,到浙江的实施方案,再到各地市的行动方案,都已明确。对浙江而言,在高质量发展建设共同富裕示范区的新发展阶段,率先基本形成以中等收入群体为主体的橄榄型社会结构,努力成为地区、城乡和收入差距持续缩小的省域范例,不仅是省域的发展目标,也是一个为全国社会结构形态调整探路的重大历史使命。

一、重新认识橄榄型社会结构:内涵与特性

社会结构是一个国家或地区的基本社会形态,是观察分析这个国家或地区社会状况、社会发展水平的重要维度。[①] 社会结构现代化是人类社会走向现代化的一个核心命题。社会学常常使用结构图形的方法来分析社会结构[②],橄榄型社会结构就是社会结构现代化的一个理想目标。此外,常被学者们用来描述社会结构形态的还有"金字塔型""哑铃型""土字型""倒丁字型""钻石型""洋葱型""圭字型"等。对社会结构基本形态及其特征进行描述分析,是中国

---

① 陆学艺:《当代中国社会结构》,社会科学文献出版社 2010 年版,第 9 页。
② 李强:《当代中国社会分层》,生活·读书·新知三联书店 2019 年版,第 18 页。

社会分层研究者最感兴趣的一个议题。① 这些图形不仅直观地呈现了社会结构形态的外在特征,还蕴含着丰富的社会内涵。理解橄榄型社会结构的发展目标,首先需要透过外在的表征,深入其肌理,去探寻这一形态的基本特性。

对于"橄榄型社会结构",在中央领导讲话文稿或各级党委政府的文件中,有着不同的表述,有的称为"橄榄型分配结构",有的称为"橄榄型分配格局",有的则直接简称为"橄榄型社会"。例如,面对收入分配和贫富差距日益扩大的严峻问题,2010 年,时任国务院总理温家宝在《求是》杂志发表文章指出,要"逐步形成中等收入者占多数的橄榄型分配格局"。② 2013 年 2 月国务院批转的《关于深化收入分配制度改革的若干意见》提出的具体目标是"扶贫对象大幅减少,中等收入群体持续扩大,'橄榄型'分配结构逐步形成"。2013 年 11 月,党的十八届三中全会通过的《中共中央关于全面深化改革若干重大问题的决定》进一步提出,要"扩大中等收入者比重,努力缩小城乡、区域、行业收入分配差距,逐步形成橄榄型分配格局"。橄榄型分配结构的概念尽管在社会学领域很常见,但这是第一次正式写进中央文件。③ 2021 年 8 月,习近平总书记在中央财经委员会第十次会议上阐述扎实推动共同富裕的总体思路时提出,要"扩大中等收入群体比重,增加低收入群体收入,合理调节高收入,取缔非法收入,形成中间大、两头小的橄榄型分配结构"。④ 2021 年 11 月党的十九届六中全会通过的《中共中央关于党的百年奋斗重大成就和历史经验的决议》中指出,"我们努力建设体现效率、促进公平的收入分配体系,调节过高收入,取缔非法收入,增加低收入者收入,稳步扩大中等收入群体,推动形成橄榄型分配格局"。2021 年 5 月,《中共中央、国务院关于支持浙江高质量发展建设共同富裕示范区的意见》在发展目标中明确提出,到 2025 年,"以中等收入群体为主体的橄榄型社会结构基本形成,全省居民生活品质迈上新台阶"。2021 年 7 月,《浙江高质量发展建设共同富裕示范区实施方案(2021—2025 年)》在"全面细化落实发展目标"中提出,要"率先基本形成以中等收入群体为主体的橄榄型社会结构"。此后,在浙江各地市出台的高质量发展建设共同富裕行动计划(或行动方案)中,都提出了率先形成或基本形成以中等收入群体为

---

① 李春玲:《我国阶级阶层研究 70 年:反思、突破与创新》,《江苏社会科学》,2019 年第 6 期。

② 温家宝:《关于发展社会事业和改善民生的几个问题》,《求是》,2010 年第 7 期。

③ 李培林:《中产阶层成长和橄榄型社会》,《国际经济评论》,2015 年第 1 期。

④ 习近平:《扎实推动共同富裕》,《求是》,2021 年第 20 期。

主体的橄榄型社会结构的发展目标①,杭州则在行动计划中直接提出了"以中等收入群体为主体的橄榄型社会加快形成"的发展目标。②

尽管上述表述在用词上略有差异,但无论是橄榄型分配格局,还是橄榄型社会结构,抑或直接称为橄榄型社会,都共同指向了社会结构调整中最为核心的两个问题,即中等收入群体的扩大和收入差距的缩小。换句话说,这些表述都蕴含着两个共同的目标,即提升社会阶层结构的稳定性和收入分配结构的公平性。其中,社会结构、分配结构和橄榄型这三个概念的内在关系是我们首先要厘清的。

社会结构是指一个国家或地区占有一定资源、机会的社会成员的组成方式与关系格局。③ 其中,"资源"是社会结构的基本要素,其中包括组织资源、经济资源和文化资源这三种最主要的决定性资源,而"机会"指的是社会成员获得这些资源的可能性。而分配结构正是在一定的社会结构背景下,各种"资源"和"机会"按照相应的分配制度、分配原则和分配方式在不同的利益主体之间的分配状况。收入作为具有决定性意义的经济资源,是分配结构中最核心的要素,因而,分配结构的优化基本上是围绕如何调整、优化收入分配结构而展开的。而调整和优化收入分配结构的目标就是"扩大中等收入群体比重,增加低收入群体收入,合理调节高收入,取缔非法收入",最终"形成中间大、两头小的橄榄型分配结构"。

"橄榄型分配结构"虽然是从强调优化收入分配结构入手,但通过调整不

---

① 例如:《宁波高质量发展建设共同富裕先行市行动计划(2021—2025年)》在主要任务中提出要"打造合理、有序、活力的橄榄型社会结构,成为收入分配制度改革的先行市";《温州打造高质量发展建设共同富裕示范区市域样板行动方案(2021—2025年)》提出的发展目标是"率先形成以中等收入群体为主体的橄榄型社会结构";《嘉兴深化城乡统筹 推动高质量发展 建设共同富裕示范区的典范城市行动方案(2021—2025年)》中提出的愿景目标是"基本形成以中等收入群体为主体的橄榄型社会结构";《金华高质量发展推进共同富裕先行示范实施方案(2021—2025年)》中提出的发展目标是"以中等收入群体为主体的橄榄型社会结构基本形成";等等。

② 参见:《杭州争当浙江高质量发展建设共同富裕示范区城市范例的行动计划(2021—2025年)》。

③ 社会结构是社会学理论和实践分析中的一个核心概念,有关社会结构的概念界定与理论流派之间的争论不少见于社会学专业书刊之中,其中既有涉及西方社会结构理论演变的争辩,也有针对中国社会结构变迁的实证研究,在此不赘述。本文采用"新社会结构学派"的开创者陆学艺先生的定义。参见陆学艺:《当代中国社会结构》,社会科学文献出版社2010年版,第10页。

同收入群体在社会中所占的比重,最终改变的是整个社会的结构形态,形成一种相对公平和稳定的橄榄型社会。众所周知,改革开放以来,国家允许和鼓励一部分人、一部分地区先富起来,最终走向共同富裕,但在实际的收入分配和财富分配过程中,却造成了贫富差距的两极分化等一系列日益严峻的社会不平等问题。因此,在当下扎实推动共同富裕的新阶段,形成橄榄型社会结构不仅具有十分深刻的内涵,还越发具有必要性和紧迫性。相对于金字塔型(或哑铃型)社会结构而言,橄榄型社会结构是中等收入群体占主体的社会结构,处于两端的阶层比重相对缩小,各阶层群体之间的不平等程度也相对较小,它强调的是通过改变不合理的分配制度,不断缩小收入分配差距,保障分配结构的公平正义,系统性重塑整个社会的阶层结构形态,促进社会的健康有序发展,从而避免结构紧张带来的社会冲突和失衡。

因此,橄榄型社会结构作为一种理想的社会形态,是一种防止贫富两极分化的收入分配格局。[①] 但它不仅仅是收入分配意义上的理想结构,而且也是社会发展方向上的转型升级,是一种与共同富裕美好社会相匹配的社会结构形态。换言之,实现共同富裕,关键是要形成与之相匹配的橄榄型社会结构。橄榄型社会结构除了在经济方面具有避免导致贫富两极分化的重要功能之外,在政治、社会和文化心理等各个领域都具有特定的功能。从政治功能来说,以中等收入群体为主体的橄榄型社会结构是最安全和最稳定的社会结构。从社会功能来说,橄榄型社会结构能够提供良好的社会流动性,保持较强的社会活力,促进社会良性循环。从文化心理功能来说,橄榄型社会结构是最有发展潜力的社会结构,能够增强社会流动的信心,提升社会成员的幸福感、获得感、安全感。

概括地说,橄榄型社会结构具有韧性、弹性和延展性更好三个特性。所谓韧性更好,是说橄榄型社会结构发生脆性断裂的可能性较小,相对于金字塔型社会结构,它能够在重大冲击面前保持社会的稳定性。所谓弹性更好,是指橄榄型社会结构能够保持较大的流动性和较强的活力,社会整合和修复能力也较强。所谓延展性更好,是指橄榄型社会结构不是向内收缩或压缩的,而是向外均衡拓展的,相对来说具有更为广阔的社会发展空间。这些特性也正是橄榄型社会区别于其他社会结构形态的关键所在,也是共同富裕美好社会结构形态的题中应有之义。

---

① 李培林,张翼:《建成橄榄型分配格局问题研究》,《江苏社会科学》,2014 年第 5 期。

二、从金字塔型向橄榄型过渡:机遇与挑战

我国当前正处于开启全面建设社会主义现代化国家新征程、向第二个百年奋斗目标进军的战略机遇期,浙江也正处于争创社会主义现代化先行省、高质量发展建设共同富裕示范区的关键阶段。然而,不管是全国层面还是省域层面,目前都还没有能够全面形成橄榄型社会结构。从全国情况来看,党的十八大以来,我国经济社会发展取得了巨大的进步,国内生产总值、人均国内生产总值和居民人均可支配收入分别由 2012 年的 53.86 万亿元、3.98 万元、1.65 万元,增长到 2021 年的 114.37 万亿元、8.09 万元、3.51 万元[1],各项社会建设事业也取得了长足的进步,中等收入群体规模相较过去有了很大的增长。据统计,过去 10 年我国中等收入群体比重由 1/4 左右提高到 1/3 左右。[2]但是,与我国的人口规模相比,中等收入群体规模仍然过小,离理想的"橄榄型"结构还有很大差距。[3]

从浙江来看,过去 10 年,全省生产总值、人均生产总值分别由 2012 年的 3.44 万亿元、6.11 万元,增长到 2021 年的 7.35 万亿元、11.30 万元,人均生产总值已高于世界银行划定的高收入经济体标准线,居民人均可支配收入 2021 年达到 5.75 万元,仅次于上海和北京,是全国平均水平的 1.64 倍,城、乡居民收入分别连续 21 年和 37 年居全国各省区第一位。[4] 在探索解决发展不平衡不充分问题方面,浙江也取得了明显成果,具备了从金字塔型向橄榄型社会结构过渡的基础条件。据统计,2021 年浙江省中等收入群体不断壮大,家庭可支配收入 10 万—50 万元群体比例达 72.4%,20 万—60 万元群体比例达 30.6%,比上年分别提高 3.2 个和 3.8 个百分点。低收入农户人均可支配收入达到

---

① 数据来源:《中国统计年鉴》数据库,https://data.stats.gov.cn/easyquery.htm? cn=C01。

② 数据来源:中共中央宣传部,http://www.news.cn/politics/2022-05/12/c_112864-5375.htm。

③ 龚维斌,张林江等:《当代中国社会结构(2010—2020)》,社会科学文献出版社 2021 年版,第 7 页。

④ 数据来源:浙江省统计局,《浙江省第十四次党代会以来经济社会发展成就之共同富裕篇》,http://tjj.zj.gov.cn/art/2022/5/7/art_1229129214_4921137.html。

16491元,年家庭人均可支配收入9000元以下现象全面消除。山区26县居民人均可支配收入提高到全省平均值的73.2%。① 但是,地区差距、城乡差距、收入差距仍然是制约浙江形成橄榄型社会结构的因素。

当前,综合国内外发展形势来看,浙江的社会结构调整与优化迎来了新的历史机遇,特别是围绕共同富裕示范区建设而出台的一系列支持政策,为省域层面缩小三大差距、形成橄榄型社会结构注入了一股更加强劲的动力。习近平总书记指出:"现在,已经到了扎实推动共同富裕的历史阶段。"② 而促进全体人民共同富裕是一项长期艰巨的任务,需要选取部分地区先行先试、做出示范,高质量发展建设共同富裕示范区是党中央、国务院赋予浙江的光荣使命。相对于其他省份来说,浙江本身在体制机制、产业发展、人文环境、区域协同、山海协作、城乡一体化等方面就具有一定的比较优势。2021年下半年以来,随着共同富裕示范区建设的扎实推进,来自中央各部委的政策"礼包"和省里各部门陆续汇集的公共政策工具箱,无疑给浙江缩小三大差距和解决社会不平等带来了更多的政治资源和更好的条件。例如,《中共中央、国务院关于支持浙江高质量发展建设共同富裕示范区的意见》中不仅提出了给多支持性的政策举措,而且还明确了浙江到2025年"以中等收入群体为主体的橄榄型社会结构基本形成,全省居民生活品质迈上新台阶"的发展目标。财政部、民政部等20个国家部委(单位)也通过专项政策、合作协议、试点批复等形式支持共同富裕示范区建设。③ 可以说,共同富裕已经成为我们这个时代最响亮的一个主题,尤其是对肩负共同富裕示范区建设任务的浙江来说,在如此重大的时代主题的引领下,在密集的外部政策的支持下,社会结构从金字塔型向橄榄型转变已是大势所趋。

然而,我们必须清醒地意识到,分配结构和社会结构的调整不是一朝一夕的事,它在客观上是一项浩大而艰巨的改革任务。政策的出台与支持的确破

---

① 数据来源:浙江省统计局,《浙江省第十四次党代会以来经济社会发展成就之共同富裕篇》,http://tjj.zj.gov.cn/art/2022/5/7/art_1229129214_4921137.html。

② 习近平:《扎实推动共同富裕》,《求是》,2021年第20期。

③ 例如:财政部专门出台了《支持浙江探索创新打造财政推动共同富裕省域范例的实施方案》,提出5方面18条支持举措,鼓励浙江开展相关探索。中国人民银行、中国银行保险监督管理委员会、中国证券监督管理委员会、国家外汇管理局等四部委也联合浙江省发布了《关于金融支持浙江高质量发展建设共同富裕示范区的意见》,指出优先将金融支持共同富裕相关改革试点任务赋予浙江,指导支持浙江率先探索实践等。

解了很多难题,但它仍是推动社会结构变革的外部力量,在社会结构转型过程中,内生动力亦不可或缺。事实上,社会结构的现代化转型是一个系统性的转型,也是一个整体性的社会形态更新工程,这既需要外在的推动力量,也需要内在的支撑力量。客观上说,浙江目前面临社会结构转型的内在支撑力量不够均衡、社会结构与经济结构的发展不够协调等问题。社会结构是由社会基础要素结构(人口结构)、社会整合结构(家庭结构、社会组织结构)、社会空间分布结构(城乡结构、区域结构)、社会生产生活结构(就业结构、收入分配结构、消费结构)和社会阶层地位结构等多个子结构组成的复杂体。从结构—功能理论的视角来看,社会结构的内部子结构之间,社会结构与外部的政治、经济、文化等结构之间,都要达到一定的协调均衡,才能推动社会发展。除国家干预与市场调节之外,社会结构转型也是影响资源配置与经济发展的"另一只看不见的手"。[1] 如果结构之间存在紧张关系,或者发展相对滞后,那么"这只手"就发挥不了更大的作用,反而会制约社会结构的现代化转型,具体言之,有以下几点。

第一,当前浙江社会结构在一定程度上还存在着紧张或矛盾的状况。十多年前,清华大学教授李强采用社会经济地位指标测量全国就业人口,发现了一个巨大的处在很低社会经济地位的群体。他用倒丁字型来描述当时的社会结构,并认为倒丁字型结构所造成的结构紧张,可以用来描述和解释中国社会的种种社会矛盾和社会问题。所谓"结构紧张",是指由于社会结构的不协调,社会群体之间的关系处在一种对立的、矛盾的或冲突的状态下,或者说,社会关系处于一种很强的张力之中。在此种状态下,社会矛盾比较容易激化,社会问题和社会危机比较容易发生。[2] 有学者指出,从中国社会发展和变迁的具体现实出发,社会结构紧张表现为两种因素交互作用的复杂结果,一是急剧现代化过程中所产生的内生性的结构矛盾;二是与国际接轨过程中直接衍生出晚期现代性总体化和普遍化的结构矛盾。[3] 十多年过去了,随着中国城镇化率的大幅度提高,社会结构虽然已经发生了很大变化,结构紧张也有了很大程度的缓解,特别是浙江作为全国经济社会最发达的省份之一,人口结构和就业结构

① 李培林:《另一只看不见的手:社会结构转型》,《中国社会科学》,1992年第5期。
② 李强:《"丁字型"社会结构与"结构紧张"》,《社会学研究》,2005年第2期。
③ 渠敬东,周飞舟,应星:《从总体支配到技术治理——基于中国30年改革经验的社会学分析》,《中国社会科学》,2009年第6期;李汉林,魏钦恭,张彦:《社会变迁过程中的结构紧张》,《中国社会科学》,2010年第2期。

已与十多年前不可同日而语,但从当前浙江的发展情况来看,结构紧张状况和一些结构性的矛盾仍然存在。如,从人口结构来看,截至 2021 年末,浙江 65 岁及以上人口为 926 万人,占总人口比重的 14.2％,根据国际通行标准,浙江人口结构已经进入深度老龄化状态,这将对劳动力资源供给、产业结构转型升级、社会资源配置方向等方面产生多重影响。从就业结构来看,2020 年浙江省就业人口主要集中在制造业、批发和零售业、建筑业这三大产业,三大产业的就业人口分别达到就业总人口的 35％,15％和 11％。这三大产业虽然创造了大量就业机会,但都属于传统的劳动密集型产业,劳动报酬相对较低,其集中较多就业人口,限制了中等收入群体的扩大。[①] 从收入结构来看,居民收入来源主要以工资性收入为主。据统计,2014—2020 年,全省工资性收入在居民收入中的占比在 57％以上;财产性收入占比较低,仅为 10％左右。农村居民收入来源更加单一,尤其是财产性收入远远低于城镇居民。[②] 从消费结构来看,浙江城乡居民人均生活消费支出近年来增长比较快,在全国排名比较靠前,恩格尔系数也较低(2020 年为 28.51％,说明总体生活水平比较高),但在迈向共同富裕的历史进程中,不仅要提高城乡居民的物质生活水平,还要提升其精神生活消费水平,而浙江人均教育文化娱乐支出占生活消费支出的比重 2020 年仅为 9.23％,作为发展型消费的精神文化生活消费占比远远低于生存型消费的占比(如居住支出的占比 2020 年高达 28.79％)。[③] 可见,城乡居民消费结构还存在不合理之处。

第二,当前浙江社会结构的发展还存在着滞后于经济结构发展的问题。经济结构和社会结构是一个国家和地区最基本的结构,两者犹如鸟之双翼、车之双轮,只有协调均衡、共同发力,才能更有效地促进社会发展。改革开放以来,我国经济结构和社会结构都发生了剧烈变化,但两者并没有齐头并进,由于资源配置机制不合理等原因,社会结构与经济结构发展脱节,社会结构调整远远滞后于经济结构调整。早在 2010 年,社会学家陆学艺先生就已做出一个重要论断,即中国的社会结构大约滞后于经济结构 15 年。[④] 他领衔的课题组

---

① 王祖强:《培育壮大中等收入群体,加快形成橄榄型社会结构》,《政策瞭望》,2022 年第 3 期。

② 王祖强:《培育壮大中等收入群体,加快形成橄榄型社会结构》,《政策瞭望》,2022 年第 3 期。

③ 数据来源:2021 年《浙江统计年鉴》。

④ 陆学艺:《当代中国社会结构》,社会科学文献出版社 2010 年版,第 3 页。

测算,彼时我国经济结构已经达到工业化中期水平(有些指标已经达到工业化后期水平),但社会结构却仍处于工业化初期水平,城乡结构、就业结构、消费结构、社会阶层结构等方面的发展水平都滞后于经济结构,两者存在结构性偏差,且偏差较大。在浙江,经济结构与社会结构不协调发展也表现得较为明显。从经济总量和国民收入水平来看,根据国际货币基金组织(IMF)的数据,2021年经济总量上万亿美元的国家有18个,浙江已达1.14万亿美元(7.35万亿元),在这18个经济体中可以列第16位;浙江人均生产总值超过1.76万美元(11万元人民币),已跨过世界银行划定的高收入经济体标准线(1.27万美元)。从工业化发展阶段来看,有学者指出,当前浙江多个指标已达到"后工业化"水平,已经形成了"三、二、一"的产业结构,"十四五"期间,浙江处于从工业化后期向后工业化时期过渡的阶段。[①] 从城市化发展阶段来看,2021年浙江常住人口城市化率已达到72.7%,按照国际一般规律,已由城市化中期向后期过渡,大致与工业化后期的水平保持一致,目前处于比较稳定和缓慢增长的阶段。总体来看,在过去的发展历程中,工业化和城市化的快速发展,的确在很大程度上推动了浙江经济结构的调整与发展。但是,社会结构并不会自然地与经济结构同步调整,相较于经济建设的快速推进,社会建设的进程和社会结构的调整还相对滞后。特别是在公共服务方面,教育资源、医疗设施、托育服务、养老服务和文化基础设施等还存在较大配置问题,城乡之间、区域之间差异非常显著,各类社会保障政策间的统筹协调依然不够,难以满足多元化的保障需求,山区26县在这些方面的短板更为突出。社会结构调整要跟上经济发展的步伐,还有很长的一段路要走。

三、扩大中等收入群体规模:目标与路径

共同富裕不是少数人的富裕,而是多数人的富裕。共同富裕的实现必须形成以庞大的中等收入群体为基础的橄榄型社会结构,而橄榄型社会结构的形成是一个社会系统性和整体性的变革。率先实现从金字塔型社会结构到

---

① 史晋川:《浙江将率先建成现代化强省》(第二届浙江省高质量发展智库论坛专家学者发言摘登),《浙江日报》,2020年7月27日。

"中间大、两头小"橄榄型社会结构的转型,需要在产业结构、就业结构、职业结构、收入分配结构和教育结构等多个方面率先实现转型,才能形成中等收入群体占社会绝大多数的稳定社会结构。中等收入群体的规模和质量,很大程度上决定了共同富裕的实现程度。扩大中等收入群体的规模,提升中等收入群体的质量,本身就是一个破解发展不平衡不充分、实现经济社会均衡协调发展的过程。在迈向共同富裕的新阶段中,中等收入群体不仅本身就是共享发展成果的获益群体,而且其规模不断扩大的过程,"也是提高劳动参与率和增进社会性流动的过程、贫困人口脱贫致富的过程、人民群众不断扩大劳动和其他要素收入及财产性收入的过程,以及基本公共服务保障水平和均等化程度不断提高的过程"。[1]

因此,从中央到浙江,再到各个地市,基本上都把扩大中等收入群体规模作为重要政策目标。如在《浙江高质量发展建设共同富裕示范区实施方案(2021—2025年)》中已明确提出到2025年率先基本形成以中等收入群体为主体的橄榄型社会结构的目标,并对中等收入群体的比重提出明确量化指标,即"中等收入群体规模不断扩大、结构持续优化、生活品质不断提升,家庭年可支配收入10万—50万元的群体比例达到80%、20万—60万元的群体比例力争达到45%"。[2] 杭州提出到2025年"居民人均可支配收入达到8.5万元,中等收入群体规模力争实现倍增,家庭年可支配收入10万—50万元的群体比例达到85%、20万—60万元的群体比例力争达到50%"。[3] 嘉兴也提出到2025年"家庭年可支配收入10万—50万元的群体比例达到81%、20万—60万元的群体比例力争达到45.5%"。[4] 问题的关键在于,各地如何实现扩大中等收入群体这一目标?

要扩大中等收入群体,首先需要明确界定中等收入群体概念。对于这一概念,学界看法不一,尤其在用什么样的指标来衡量中等收入群体规模这一问

---

[1] 蔡昉:《实现共同富裕必须努力扩大中等收入群体》,《经济日报》,2020年12月7日。

[2] 参见:《浙江高质量发展建设共同富裕示范区实施方案(2021—2025年)》。

[3] 参见:《杭州争当浙江高质量发展建设共同富裕示范区城市范例的行动计划(2021—2025年)》。

[4] 参见:《嘉兴深化城乡统筹 推动高质量发展 建设共同富裕示范区的典范城市行动方案(2021—2025年)》。

题上多有争议。① 通常认为,所谓中等收入群体,一般是指那些收入处于全社会中等水平、就业相对稳定、生活相对宽裕的群体。② 尽管各地实施方案和学术界通常使用收入指标来考量中等收入群体规模,但正如上文所言,中等收入群体的内涵并不局限于经济收入层面。李培林认为,从社会学视角来看,中等收入阶层不仅是一个反映收入水平的概念,而且也是一个反映生活质量、收入分配、城乡结构、职业结构和国情差异的概念。③ 他在一份研究报告中将中等收入群体定义为"白领"中具有一定专业技术或者管理权限的收入较高的人群。也就是说,中等收入群体首先是包括脑力劳动者和半体力劳动者在内的"白领",职业范围涵盖国家机关、党群组织和企事业单位负责人、专业技术人员、办事人员和商业服务业人员等等;其次,该群体为收入相对而言较高的群体。④ 可以说,中等收入群体是一个以收入为基础但又超越收入意义的综合性概念。⑤ 因此,要扩大中等收入群体,提高城乡居民的收入是前提和基础,但并不能仅仅停留在提高收入层面上,其中涉及的是整个社会结构的系统性调整。除了收入分配结构调整等重大举措之外,浙江探索构建橄榄型社会结构的重要路径,还包含以下几点。

一是需要顶层设计和精准"扩中"政策,这是引领社会结构系统性变革的关键。《中共中央、国务院关于支持浙江高质量发展建设共同富裕示范区的意见》从加大人力资本投入力度、帮扶有劳动能力的低收入群体、保障不同群体发展机会公平、完善评价激励机制、完善各方面人才顺畅流动的制度体系等多个方面,提出"实施扩大中等收入群体行动计划,激发技能人才、科研人员、小微创业者、高素质农民等重点群体活力"。⑥《浙江高质量发展建设共同富裕示范区实施方案(2021—2025年)》更详细地提出了中等收入群体规模倍增计划,

---

① 例如,有绝对标准与相对标准之争、家庭指标与个人指标之争、单一指标与多元指标之争等,基于不同指标估算出的中等收入群体规模有很大的差别。

② 李培林,朱迪:《努力形成橄榄型分配格局——基于2006—2013年中国社会状况调查数据的分析》,《中国社会科学》,2015年第1期。

③ 李培林:《社会学视野中的中等收入阶层》,《湖南师范大学社会科学学报》,2003年第4期。

④ 上海研究院社会调查和数据中心课题组,李培林,朱迪:《扩大中等收入群体,促进消费拉动经济——上海中等收入群体研究报告》,《江苏社会科学》,2016年第5期。

⑤ 林晓珊:《新型消费与数字化生活:消费革命的视角》,《社会科学辑刊》,2022年第1期。

⑥ 参见:《中共中央、国务院关于支持浙江高质量发展建设共同富裕示范区的意见》。

明确要"健全扶持中等收入群体后备军发展的政策体系,加大人力资本投入,激发技能人才、科研人员、小微创业者、高素质农民等重点群体增收潜力,让更多普通劳动者通过自身努力进入中等收入群体"。[①] 在此基础上,浙江率先制定出台了《浙江省"扩中""提低"行动方案(2021—2025 年)》,统筹考虑产业、就业、职业、收入、消费、城乡结构,以扩大中等收入群体、提高低收入群体收入为目标,构建促就业、激活力、拓渠道、优分配、强能力、重帮扶、减负担、扬新风八大路径,实施技术工人、科研人员、中小企业主和个体工商户、高校毕业生、高素质农民、新就业形态从业人员、进城农民工、低收入农户、困难群体九大人群激励计划,加快推进"扩中""提低"。[②] 这些方案中的政策设计,从中央到地方逐步聚焦特定群体,政策措施逐渐细化,构成了扩大中等收入群体的制度支撑体系。尤其是针对九大特定目标群体实施的"精准扩中"政策,改变了过去粗略式的"扩中"方式,将有力提升这些群体的收入水平,拓展这些群体的发展空间。

二是需要进一步实施就业优先战略,持续优化就业结构,提高就业质量,扩大就业规模。就业是最大的民生,但是,近两三年来,由于受国际贸易复杂形势和新冠疫情叠加影响,全省稳定和扩大就业工作面临巨大压力和挑战。一方面,浙江产业转型升级、技术进步对劳动者技能素质提出了更高要求;另一方面,浙江在城镇化进程中还有大量农村劳动力需要转移就业,农民工、高校毕业生等重点群体就业任务艰巨,规模性失业风险和结构性就业矛盾不容忽视。实施就业优先战略,就是要坚持把促进就业放在经济社会发展的优先位置,深入实施新时代浙江工匠培育工程和技工教育提质增量行动,突出保障重点群体就业,大力支持灵活就业,扩大就业容量,提升就业质量,健全新就业形态劳动者权益保障机制,健全统一规范的人力资源市场体系,率先消除户籍、地域、身份、性别等影响平等就业制度的障碍。《浙江省"扩中""提低"行动方案(2021—2025 年)》提出健全城乡一体化就业服务体系,大力开展以县乡为单位的劳动力余缺调剂,通过支持困难地区特别是山区 26 县务工人员依托产业平台、山海协作"飞地"实现跨地区流动就业,实施农业龙头企业下沉计划吸纳农民就近就业等一系列扎实举措来着力解决就业结构性矛盾。为服务、保障稳经济、兜民生底线,《浙江省民政厅关于印发服务保障稳经济兜民生底线

---

① 参见:《浙江高质量发展建设共同富裕示范区实施方案(2021—2025 年)》。

② 参见:《浙江省"扩中""提低"行动方案(2021—2025 年)》。

20 条措施的通知》从加强养老护理队伍建设、开发社会工作岗位、引导高校毕业生到社区就业、支持福利彩票销售站点发展等方面提出了积极开拓就业岗位的具体措施。此外,要加快打造现代服务业体系和国际消费中心城市,加快文化创意产业、金融信息服务业、旅游会展和现代商贸等重点服务业的发展,持续增加中等收入群体的就业和发展机会。

三是需要进一步畅通向上流动通道,让更多低收入群体能够实现阶层跃升。2020 年在十三届全国人大三次会议记者会上,李克强总理强调,中国有 6亿中低收入及以下人群,他们平均每个月的收入也就 1000 元左右。也就是说,现阶段的中国依然还是一个低收入群体占主体的国家,且这种状况在短期内很难完全改变,低收入群体构成了金字塔型社会结构中的庞大底座。形成橄榄型社会结构的关键,就是要降低这一底座的比重,进而扩大中等收入群体的比重。2021 年 8 月,习近平总书记在中央财经委员会第十次会议上指出:"要防止社会阶层固化,畅通向上流动通道,给更多人创造致富机会。"①从"扩中"的对象来说,最根本的就是要构建体现社会公平正义的社会规则,破除阶层固化的藩篱,让庞大的底层群体能够有更多更公平的机会改变命运,实现阶层向上跃升。因此,在橄榄型社会结构的构建中,"提低"是"扩中"的基础和关键,或者说,"提低"就是为了"扩中",只有让更多的低收入群体上升为中等收入群体,才能有效"扩中"。《浙江省"扩中""提低"行动方案(2021—2025年)》也已明确提出要全面建立新时代社会救助体系,加强困难群体救助,坚持把强化兜底保障作为"扩中""提低"的有效支撑,健全低收入群体精准识别机制,实现困难群体精准识别和应救尽救,这也是从全面建成小康社会迈入共同富裕美好社会的必由之路。

四是需要加大力度保护当前的中等收入群体,即"扩中"的同时要"保中",防止因为经济下行等因素而导致的中等收入群体向下流动。我国经济当前面临着需求收缩、供给冲击、预期转弱等三重压力,再加上国际局势变化等不确定性风险影响,中等收入群体面临巨大冲击。尽管浙江省中等收入群体规模近年来逐渐扩大,占比也在提升,但实际上,中等收入群体本身是一个非常脆弱的群体,他们抗冲击能力较弱,很容易因为失业、疾病、房贷压力、自然灾害、社会冲突或政策变动等原因,退回到低收入群体,甚至因此致贫或返贫,大量中小企业主在国际贸易环境恶化的背景下纷纷破产就是一个例证。一旦中等

---

① 习近平:《扎实推动共同富裕》,《求是》,2021 年第 20 期。

收入群体的社会经济地位出现下滑,收入来源与生活环境变得不稳定,其内在不满情绪就将高涨,会给社会稳定带来不良影响。因此,保护已有的中等收入群体,巩固"扩中"成果,防止他们跌入社会底层,至少应该被摆在与"扩中"和"提低"同等重要的位置。

作者:林晓珊(中共浙江省委党校)

加快打造"整体智治"现代政府

党的十八大以来,以习近平同志为核心的党中央着眼信息时代发展大势和国内国际发展大局,为我们擘画了数字中国建设的宏伟蓝图,数字经济、数字社会、数字政府三大领域建设不断加快,以数字化转型整体驱动生产方式、生活方式和治理方式变革取得了显著成效。显然,数字化技术也已经以不同方式和程度"嵌入"政府治理的各种场景之中,成为政府现代化转型过程中的关键变量。2022年4月,习近平总书记在主持中央全面深化改革委员会第二十五次会议时强调,要把数字技术广泛应用于政府管理服务,推动政府数字化、智能化运行,为推进国家治理体系和治理能力现代化提供有力支撑。党的二十大报告进一步强调,要加快建设数字中国。这一系列重要论断深刻阐明了数字政府建设对于实现国家治理现代化的重大意义。从建设"数字浙江"到"最多跑一次"改革再到建设数字政府,浙江以变革型组织实现由"制"到"治"再到"智"的转变,率先打造"整体智治"现代政府,为推进国家治理现代化提供了省域范例。

一、从效能革命到"整体智治":政府现代化转型的实践进路

党政机关如何在信息化和数字化的浪潮中把握机遇、主动变革、顺应时代潮流,一直是历届浙江省委省政府所要回答的重大问题。早在2002年,时任浙江省委书记习近平同志在湖州考察调研时就曾强调要继续深化行政审批制度改革,简化审批手续和办事程序,切实减少审批环节,推行"一门式""一站式"服务和网上审批,创造优良的服务环境。随后,习近平同志在省十届人大一次会议上做出了建设"数字浙江"的重要决策,进一步加快了浙江推进政务信息化建设的进程。

2003年9月,浙江省政府发布了《数字浙江建设规划纲要(2003—2007)》,其中提出要切实加强应用系统建设,发展电子政务,提升政府管理效能。从这些决策部署中可以看到,浙江开始在互联网信息化时代探索如何利用技术工具创新推动政府精简高效运转。随后,全省各地掀起了以优化服务流程和推进行政审批制度改革为主要内容的政府效能革命。以绍兴上虞成立行政服务中心为标志,浙江各地针对传统政府科层组织架构中的部门间各司其职、条块分割明显、横向协同不畅等弊端,从业务梳理、物理集中、服务优化等方面不断再造、升级行政审批服务流程。到2008年,浙江全省所有县(市、区)都组建了集中、公开、透明的行政审批服务中心,集中审批基本实现。同时,浙江大力推动"审批事项集中到位、审批权限授权到位"改革,推进办事流程、办事模式不断优化,行政审批服务的效率得到明显提升。

在"数字浙江"战略的引领下,浙江大力推进信息化与工业化全面融合的发展道路,2010年全省信息化发展指数位居全国前列。在此背景下,政府管理和公共服务的信息化网络化水平也大幅提升。2014年,浙江开始实施"云优先"战略,建设电子政务"一朵云",为全省电子政务和公共数据的整合、交换奠定了坚实基础。同时,浙江以"四张清单一张网"为引领不断深化全省统一的"互联网+政务服务"架构,省—市—县(市、区)—乡镇(街道)—村(社区)五级联动的浙江政务服务网逐步建成。"四张清单一张网"是指厘清行政权力清单、推行政府责任清单、实施企业投资负面清单和推行专项资金管理清单,以及打造浙江政务服务网。这一改革进一步理顺了政府上下级之间和横向部门之间的权力关系,凸显了服务型政府建设的价值理念,同时促使信息技术与权力结构两个变量发挥正向的交互作用,为地方政府治理体系与治理能力现代化建设提供了更具系统性和时代性的解决方案。

为进一步夯实政府现代化转型的基层治理架构,浙江于2016年出台《关于加强乡镇(街道)四个平台建设完善基层治理体系的指导意见》,为完善基层治理体系、提升基层治理能力做出顶层设计。"四个平台"按照模块化综合管理的原则,运用矩阵化管理理念,将乡镇(街道)和县级部门派驻机构承担的职能相近、职责交叉和协作密切的日常管理服务事务进行归类,形成了综治工作、市场监管、综合执法和便民服务四个功能性工作平台。因此,"四个平台"建设不仅瞄准了基层社会治理的难点、痛点,更通过统筹基层条块力量优化行政资源配置,构建了权责清晰、功能集成、扁平一体、运行高效和执行有力的基层治理体制,促进了基层治理专业化、智能化和精细化水平的提升。

2017年,浙江为进一步提升企业群众到政府部门办事的体验感和满意度,又在全国率先推进"最多跑一次"改革,按照"群众和企业到政府办事最多跑一次"的理念和目标,以与企业和人民群众生产生活关系最密切的领域和事项为切入点,聚焦省级100个办事高频事项,大力推进办事事项标准化和数据归集共享。至2017年底,省级100个办事高频事项的1699个数据共享需求基本实现了"全打通、全归集、全共享、全对接",政务服务"一张网""一窗受理""一证通办"的模式基本形成。"最多跑一次"改革既具有鲜明的政治导向价值,是以人民为中心发展思想的生动实践,同时又是浙江在当时制度环境和技术条件下进行政府自身改革的最优选择。政治价值和技术理性的内在耦合是这项改革能够推进和深化的重要驱动力。①

通过"最多跑一次"改革,政府自身的数字治理能力得到大大强化,政务流程的数字化再造得以推动,部门间异构系统的兼并融通得到了加强,政务数据的公开共享得到了强化,数字技术在生产生活中得以更广泛应用。2018年,浙江印发《浙江省深化"最多跑一次"改革推进政府数字化转型工作总体方案》,正式提出推进政府数字化转型,建设数字政府。政府数字化转型的主要任务是梳理部门核心业务,在此基础上打破部门内部、部门之间的业务壁垒,实现数据跨部门、跨层级、跨地区共享,推动政府履职的流程再造,推动横向部门之间、纵向省市县之间的"最多跑一次"改革取得实质性突破,为建成"掌上办事之省""掌上办公之省""掌上治理之省"打下坚实基础。2020年,浙江进一步提出要聚焦系统融合、综合集成,以场景化的多业务协同应用为抓手,实现政府改革从点到面、从部门分隔到整体协同的螺旋式推进,最终目标是打造"整体智治"的现代政府。

从上述实践路径可以清晰看到,浙江政府的现代化转型大致经过了以简政放权及行政审批制度改革为主要内容的政府效能革命,以厘清政府横向部门间及纵向层级间权责边界为主要内容的"四张清单一张网"改革,以促进基层政府治理能力提升为主要内容的乡镇"四个平台"建设,以优化政务服务办事流程及推动政府履职流程再造为主要内容的"最多跑一次"改革,以推动政务数据共享、多业务协同和数字赋能为主要内容的政府数字化转型,以及以打造多元应用场景、推动多跨协同及重塑治理形态为主要内容的"整体智治"改

---

① 易龙飞:《"最多跑一次"改革:政治价值与技术理性的内在耦合》,《中共杭州市委党校学报》,2019年第1期。

革等主要阶段。从这一实践链路来看,浙江政府的现代化转型正在不断迈向以数字化驱动、整体性建构、系统性重塑、集成性改革为主要趋势的新阶段与新形态。

二、"整体智治"现代政府的理论溯源

"整体智治"这一概念是整体性治理与智慧化治理的有机融合,与系统工程理论、整体性治理理论及数字治理理论的发展密切相关,为政府未来的治理形态描绘了一幅理想图景。

一是源于系统工程理论。系统工程思想是钱学森先生晚年的重要理论建树和思想结晶。经过 40 余年的推广、应用和发展,系统工程已经从概念走向理论、从理论走向实践,衍生出了军事系统工程、农业系统工程、社会系统工程、教育系统工程、法治系统工程等众多分支学科,渗透到社会的各个领域。[①]钱学森认为,系统是由相互作用和相互依赖的若干组成部分结合成的具有特定功能的有机整体。开放复杂巨系统是系统的最高层次,结构复杂且具有开放性、复杂性、层次性、整体性等特征。[②] 层次性原理意味着系统的高效运行在很大程度上取决于系统是否层次分明,各子系统是否各司其职。整体性原理则说明了系统要素之间的相互关系及要素与系统之间的关系,应以整体为主进行协调,局部服从整体,使整体效果达到最优。在钱学森看来,社会系统就是一种特殊的开放复杂巨系统。基于开放复杂巨系统的特征,国家治理和政府管理也要坚持整体性、协同性、规范性的思维模式。[③] 首先,国家治理所追求的最终目标是整体效应的最大化,为此应达到政府治理、市场治理、社会治理、各区域治理等子系统和谐共生、互补配合、协调统一的状态;其次,从治理尤其是核心子系统政府治理的纵向结构来看,应在各司其职的基础上统一于所从属的上一层次治理系统,形成层次性网状结构;再次,从治理的横向结构来看,各治理主体应通过协调与合作形成拉动效应,实现相互赋能、互利共赢、全局

① 盛懿,汪长明:《钱学森系统工程思想的时代价值》,《学习时报》,2020 年 6 月 10 日。
② 钱学森:《基础科学研究应该接受马克思主义哲学的指导》,《哲学研究》,1989 年第 10 期。
③ 钱学森,孙凯飞,于景元:《社会主义文明的协调发展需要社会主义政治文明建设》,《政治学研究》,1989 年第 5 期。

优化;最后,从治理的技术路径来看,应充分运用大数据、云计算、物联网等现代信息技术,形成人—机结合、人—网结合、以人为主的治理方式。这些理念和要求都为"整体智治"概念的形成提供了直接借鉴。

二是源于整体性治理理论。在"后工业社会"时代,面对大量跨界域社会复杂问题和政府组织结构分化造成的治理碎片化之间的矛盾,提升整体性治理效能开始成为政府治道变革和公共管理实践的核心命题。[①] 针对公共服务和治理的碎片化,以英国学者佩里·希克斯为代表的整体性治理学派认为,影响政府整体性功能发挥的首要因素是政府内部的部门主义及功能裂解,协同与整合是政府未来的发展方向,他们提出了治理层级、治理功能和公私部门等三大治理层面的整合。治理层级的整合是指地方政府、区域政府、中央政府乃至国际组织之间的整合;治理功能的整合是指政府部门之间的功能性整合;公私部门的整合是指在政府部门、私人部门和志愿组织之间建立伙伴关系。整体性治理不仅强调政府整体性运作和各部门之间的协调,还注重政府与第三方部门和企业的合作,几方共同完成公共服务的提供,进而通过为公众提供满足其需要的、无缝隙的公共服务,达至整体性治理的最高水平。[②] 对于政府而言,由于社会专业分工的存在和科层组织体系所具有的特点,治理实践常常会表现为有分工但缺乏协同,从而导致治理过程中出现条块化、碎片化等倾向,而整体性治理理论为政府在治理实践中打通和整合部门职能,使群众和企业办事从"找部门"转变为"找政府",使政务服务方式从"碎片化"转变为"一体化"等提供了一个合理的分析框架。因此,整体性治理理论倡导并追求的治理形态就是通过治理主体之间的整合与协调,更加有效地处理公众所关注的问题并满足其需求。这种理想治理形态在治理结构上具体表现为政府组织间的跨部门横向合作,政府层级间的纵向合作,政府决策、执行和公共服务供给过程中的紧密合作,公私部门之间伙伴合作等。

三是源于数字治理理论。数字治理理论是在整体性治理理论基础上结合数字时代而产生的,其代表人物帕特里克·邓利维等在 2006 年出版的《数字时代的治理》一书中系统地阐述了该理论的主要观点、可行性以及未来发展模式。邓利维认为,数字治理理论的核心在于服务的重新整合,整体协同、大家

---

① 周志忍,蒋敏娟:《中国政府跨部门协同机制探析:一个叙事与诊断框架》,《公共行政评论》,2013 年第 1 期。

② 竺乾威:《从新公共管理到整体性治理》,《中国行政管理》,2008 年第 10 期。

参与的决策方式以及电子行政运作的广泛数字化。① 数字时代的到来使得数据与信息技术成为治理的重要依据和重要工具,数据库和信息系统的应用打破了公私部门之间以及私人部门之间纵向和横向的信息壁垒,促进了治理主体之间信息和知识的共享,从而破除治理的碎片化倾向,促使各治理主体能够以更低成本、更高效率进行重新整合,共同参与公共治理。邓利维在其后续研究中进一步主张公共部门应加强对大数据、云计算等新一代数据处理技术的应用,推动数字时代的协同公共服务发展,并不断丰富公共部门公共管理系统的"工具箱",进而构建公共部门扁平化的管理机制,促进权力运行与共享,逐步实现还权于社会、还权于民。② 数字治理理论为数字化时代的政府治理模式创新提供了基本的理论依据,其在治理机制上强调广泛、深度地应用信息技术和数据处理技术,在数字虚拟空间畅通政府内部沟通协调机制和政府与社会之间的协商对话机制,进而建立在线协同机制,形成问题导向、需求导向的治理联盟体或共同体,最终推动政府的跨界协同治理和整体性建构。③

三、"整体智治"现代政府的技术支撑

过去几十年间,由信息化革命带来的一系列新兴技术已经深刻地嵌入国家治理和政府管理的实践过程中,技术正在成为我们当下分析政府改革的一个关键变量。通过上文对于"整体智治"这一概念的理论溯源可以看到,建设"整体智治"的现代政府有两个关键的要义,一要通过政府跨部门的数据共享、业务协同和流程再造来应对政府治理的碎片化倾向,加快打造权力运转无缝隙的整体性政府;二要通过现代信息技术工具来赋能政府的社会治理和公共服务,全面提升政府治理现代化的水平。因此,"整体智治"的达成在政府自身组织变革与职能优化的基础上,离不开一系列技术工具的支撑,包括整体性政府的技术架构、政府权力运行的统一化信息化平台、便于数据跨部门与跨地域

---

① DUNLEAVY P,et al. *Digital era governance：IT corporations，the state，and e-government*[M]. Oxford：Oxford University Press,2006.

② DUNLEAVY P, et al. New public management is dead：long live digital-era governance[J]. *Journal of public administration research and theory*，2006(3)：467-494.

③ MANOHARAN A P,et al. Globalization and worldwide best practices in e-government[J]. *International journal of public administration*，2021(6)：465-476.

传输的政务数据交互系统、政府职能履行的可视化操作系统、维护政府智慧化运转的安全保障技术,等等。

一是以物联网提升政府事件感知的效能。物联网基本思想的形成最早可以追溯到 20 世纪末期美国麻省理工学院自动识别中心所提出的网络无线射频识别系统,这一系统可以把各种物品通过信息传感设备与互联网连接起来,从而对所连接的物品实现智能化的识别和管理。随着技术和应用的发展,物联网这一概念的内涵和应用领域不断得到拓展。作为一个新兴的信息技术领域,物联网开始成为各个国家争相布局的新型战略性技术与产业。在我国,2010 年国务院的政府工作报告中首次明确提出将加快物联网的研发应用纳入战略性重点产业振兴计划。按照一般的界定,物联网主要是通过信息传感设备,按照约定的技术协议将任何物品与互联网相连接,进行海量数据的搜集、交互和通信,其本质是在互联网基础上延伸和扩展的网络,从而进一步实现世间万物的数字化与网络化。[1] 这一技术的发展和逐步成熟对政府部门改善公共管理和社会服务具有重要意义。首先,物联网可以实现政府对于社会运行的全面感知,可以利用广泛分布的传感器、二维码等捕获各种数据,在此基础上对于社会运行的各种风险因素进行进一步识别与研判;其次,物联网可以实现政府对于各种数据的实时监测和共享,利用互联网对于万事万物的广泛连接,依托数据传输网络可以进行各类信息的实时调取和传递;最后,物联网可以实现政府对于社会运行中发生的各类事件的主动锁定和智能处理,帮助政府将自动生成的海量感知数据和信息进行汇总和分析,大大提升政府主动式服务、精准化研判和智能化决策的能力。因此,依托广泛的物联网,政府对于社会事件的感知效能以及与此相关联的信息挖掘能力能够得到强化,这一过程包括信息的感知与获取、信息的传输、信息的处理以及信息的施效等。政府通过对数据信息的感知、传输和处理来解决实际问题,发挥数据信息的实际效能。总之,现实物理空间和虚拟数字空间通过物联网的完美融合正在重新定义政府对于社会的管理模式和对于公众的服务模式,让整体性和智慧化的治理真正成为可能。

二是以数据中台的研发支撑政府内部流程再造。数据中台这一概念的出现和应用,与阿里巴巴集团在开展电子商务业务过程中的技术创新密不可分。

---

[1] 孙其博,刘杰,黎羴等:《物联网:概念、架构与关键技术研究综述》,《北京邮电大学学报》,2010 年第 3 期。

目前,理论界和实务界对于"数据中台"这一概念的理解和界定并不十分一致,数据中台的核心逻辑架构、数据中台与前台及后台的关系、数据中台与大数据的关系等成了各方描述数据中台过程中的几个核心内容。按照阿里巴巴集团的界定,数据中台是基于大数据计算存储平台的包括所有数据资源、数据研发管理、数据资产管理的综合体,是整个组织统一的数据资源池、核心的数据驱动力。[①] 很显然,数据中台并不是传统意义上的数据库或数据仓,数据中台所囊括的数据是多元的,其不仅包括结构化的数据,还包括更多的未经过清洗处理的非结构化数据。而且,建立数据中台的最终目的并不是存储数据,而是融合整个业务流程的全生命周期数据,打通不同部门之间的数据隔阂,建立统一的数据传输标准,最终实现基于数据的运营和管理。对于数字政府建设而言,做为数据发挥价值的关键,以跨部门的数据共享为基础的数据挖掘利用一直以来都是一个瓶颈。数据中台不仅涉及数据的共享交换,也涉及对于数据要素的管理,包含从数据的汇集、数据的清洗、数据标准的统一到数据服务的生成这一个较为清晰完整的数据生态圈。因此,数据中台与传统数据仓最大的不同就在于其在汇聚数据的基础上,进一步实现了共享推送数据和深度挖掘数据,真正发挥出了数据作为信息化时代最重要生产资料的应有价值。通过数据中台的建设,结构化数据、非结构化数据、物联网感知数据、社会多元主体数据等能够统一汇聚接入并实现数据自动清洗和编目管理,能够对不同类型的数据请求提供精准化推送,真正实现数据资源的跨地域、跨领域、跨层级互联互通和共享开放。近年来,在各地政府深入推进"互联网＋政务服务"的改革进程中,我们看到政务服务逐渐从"一号、一窗、一网"向"一网、一门、一次"转变,"最多跑一次""一次不用跑""不见面审批""秒批秒办""一网通办"等先进模式得到应用并在全国范围普及推广,智慧政务服务能力得到显著提升。在这些模式创新的背后,数据中台作为一种数字化理念与技术实践工具,对于推动智慧政务建设和政府数字化转型发挥着承上启下的重要功能。一方面,能够推动政府内部横向各部门之间的数据共享,并打通政府纵向层级间的数据传输渠道;另一方面,能够为政务业务的办理和政务服务的供给提供数据的支撑和智能处理的方案,进一步赋能不同场景下的政务应用创新,从而使政府治理的各个环节得到统一协调,整体提升线上线下的政务服务体验和效果。

三是以业务中台的构建强化政府多业务的协同。业务中台这一概念的兴

---

① 张建锋:《数字政府2.0》,中信出版集团2019年版,第50—51页。

起与我国各行各业信息化建设过程中缺乏统一的顶层框架设计不无关系。由于不同系统、不同领域的业务办理需求千差万别,各单位各部门大都基于不同的架构、不同的协议、不同的端口、不同的语言来设计研发不同的信息化系统,这种相对分散的信息化建设方式将不可避免地导致相关信息化功能的重复建设,并给后期信息化系统的运营与维护带来重复开支。而随着各行各业数字化转型的深入推进,全社会对于最大限度减少数据烟囱和系统间相互协同成本的呼声日渐高涨,业务中台这一概念的提出就是为了在保持原有信息化系统建设相对稳定的前提下,更快速度、更加灵活地适应上层业务应用的不断变化,应对信息化系统建设的碎片化问题。阿里巴巴集团在国内最早倡导将数据中台及业务中台等中台思维引入数字政府的建设进程,强调通过制定标准和机制把不确定的业务规则和流程通过工业化和市场化的手段确定下来,减少人与人之间的沟通成本,最大限度地提升协同效率,促使后台业务操作人员能够更加快速准确地服务于客户需求。其提出的政务业务中台架构,由服务支撑、应用支撑和共性支撑三方面组成。服务支撑主要为不同场景下的政务服务呈现提供基础技术支持,应用支撑主要解决业务办理和政务应用中的形式统一和内容统一,共性支撑主要解决多系统、多平台的技术标准化再造。[①]业务中台的概念和逻辑架构对于"整体智治"的现代政府体系建设至少在以下几方面能够起到积极作用:一是对于各部门各条线异构且分散的信息化系统进行集中收敛,以统一的技术标准实现不同系统的相互连接与统一运营;二是搭建面向个性化需求的政务服务平台,为各地各部门涌现出的特色化创新性应用提供技术供给,从而化解顶层设计统一性与地方创新差异性之间的矛盾;三是集成模块化的信息处理单元,在提供普适性业务分析工具的基础之上,能够更好、更快地响应业务重组和流程再造的需要。

四是以数字驾驶舱的建设集成智慧治理的应用。数字驾驶舱这一概念原意是指驾驶者通过掌握座舱中各式各样的仪表盘上所呈现的数据来全面知晓机械设备的运行状况,并由此来做出科学合理的预判以及驾驶决策。把这一概念嫁接到数字政府的建设领域,其能形象地形容政府各系统、各平台数据充分汇集并经过挖掘分析之后,以可视化大屏幕的方式为领导者和决策者呈现出的数据集合。其既是一个汇聚各部门、各条线业务数据的信息中枢,也是一个能够承载政府部门决策思维和社会管理活动的可视化载体,同时也是一个

---

① 张建锋:《数字政府 2.0》,中信出版集团 2019 年版,第 55—56 页。

集中展示政府数字化转型和智慧治理应用成果的有效窗口。数字驾驶舱作为数据从感知收集、共享调用、计算分析到最终赋能政府社会治理与公共服务活动的终端形式,其所强调的集成思维与应用导向为"整体智治"的实现提供了一条可能的技术路径。目前,数字驾驶舱在推动城市与社区的精细化、智慧化治理方面应用广泛。2020年,习近平总书记在调研杭州城市大脑项目时曾经强调,要运用大数据、云计算、区块链、人工智能等前沿技术推动城市管理手段、管理模式、管理理念创新,从数字化到智能化再到智慧化,让城市更聪明一些、更智慧一些。城市是一个由各个子系统组成的有机生态体系,城市良性运转秩序的形成需要各个子系统之间的相互协作。数字化时代的城市管理者需要依靠各类数据传感器扫描、识别城市运行中的事件,从而全面掌握城市各个子系统的实时运行状况。从浙江各地实践来看,数字驾驶舱正是数据赋能城市精细化、智慧化治理的生动展现。第一,数字驾驶舱使政府执法监管更加精准,全域感知网络能够对交通违法事件、城市占道经营、危化品车辆管控等提供实时的追踪与处置;第二,数字驾驶舱使城市风险管控更加智能,通过接入公安、城管、消防、应急管理等部门的监测数据,能够对于区域内的各种风险来源进行分析研判,推动风险治理由以人为主向人机融合转变、由事后处置向事前预防转变;第三,数字驾驶舱使城市服务更加优化,通过交通出行、便民查询、办事服务、生活缴费、智慧医疗等城市服务模块,城市管理部门得以掌握大量群众服务诉求,能够更加具有针对性地优化服务场景、提升百姓的服务体验。

四、走向"整体智治"的政府治理新形态

当前,政府改革已从早期的信息化、电子化全面走向数字化发展的新阶段,强调利用技术工具搜集整合各个领域各个环节中的数据资料,建立政务大数据系统,通过数据直观地展示政府职能履行的各方面,并通过数据分析提升社会治理和公共服务水平。[①] 从以往政府治理形态的历史演进来考察,政府解决社会公共问题和管理社会公共事务的方式必然会受到特定经济社会发展环

---

① 北京大学课题组,黄璜:《平台驱动的数字政府:能力、转型与现代化》,《电子政务》,2020年第7期。

境的影响,从而呈现出典型的时代性特征。未来,在政府全面数字化转型的基础之上,数据分析、智能计算、数字孪生、政策仿真等功能,将为城市治理、科学决策、公共服务等提供更加精准化、智慧化的辅助,让政府的数字化最终进阶到治理的数智化阶段,在实践层面推动政府的治理形态不断丰富和创新。

(一)构建泛在即时的社会运行感知网络

即时感知社会运行事件和各种社会风险是构建"整体智治"现代政府的前提和基础。社会矛盾多发、社会诉求多元、社会场景多样等都对政府部门及时准确地掌握数据信息提出了更高的要求。借助各类自动及半自动化数据传感器和数据收集器,并通过各类政务专网、公安网、物联网以及互联网等传输渠道支撑城市各业务场景应用的全维度数据开始能够被政府各职能部门获取。这些被即时感知到的数据经充分汇集后,可以通过智能网络系统、图像展示系统、音视频显示系统以及多元化中央控制系统等终端来呈现,为城市管理部门综合调度、协同指挥和辅助决策提供支持。尤其是在各地"城市大脑"的应用中,即时感知社会的全维度运行态势至关重要。

一方面,即时感知必须借助于前端感知设备的迭代升级,包括高分辨率的视频采集设备、高精度的图像扫描设备、高质量的音频收集设备、高灵敏度的各类风险报警设备、高集成度的网络数据监测设备等,从而实现对于社会运行的全景扫描;另一方面,即时感知效能的达成还需要后台数据汇集能力的同步提升,畅通各路数据传输汇聚的通道,并通过终端的数据处理设备来展示数据充分汇集后的巨大价值。目前,交通出行综合服务平台是即时感知最常见的应用场景,其通过接入区域内路面的摄像头、红绿灯等设备数据进行实时监测和实时计算,进而在缓解交通拥堵、优化交通出行方式等方面发挥作用。此外,各地公安部门建立的公安警情大数据应用服务平台也是典型的即时感知类应用,这些平台实时联通了辖区内各个渠道上报的警情数据,并对此进行专题研判和深度应用来预测警情、维护社会治安以及侦破案件等。

(二)提升基于算法迭代的政府科学决策能力

科学决策是政府实现科学宏观调控、构建阳光权力运行体系、提升治理现代化水平的基石。如何驾驭日益纷繁复杂的经济社会环境,并在多元信息相互交织的决策环境中秉承实事求是的态度、遵循科学规范来形成反应客观规律的政策法规,是对现代政府的一大挑战。传统长周期、封闭式的决策模式已经越发不能适应当今信息化时代的要求,科学决策必须要在全面、准确、及时掌握社会运行各类数据的基础上,通过一系列决策辅助模型和算法,对不同来源、不同类型、不同层次、不同结构、不同地域的数据进行深度融合和挖掘,从海量数据中找到事物运行的一般性规律,从而找到解决问题和推动社会发展的突破口。

首先,实现科学决策的治理形态需要构建政府决策的神经中枢,在移动互联网、大数据、云计算、区块链、人工智能等数字技术的支撑下,依托强大的数据关联分析代替传统人工的因果分析,为政府决策的科学化提供超级大脑;其次,实现科学决策的治理形态需要借助"数字孪生"强化政策仿真,充分利用物理模型、数据模型、传感器更新、运行历史等数据,实现多学科、多物理量、多尺度、多概率的政策仿真过程,帮助政府在一个由数字技术"孪生"出的虚拟世界中完成对于社会运行情况的真实映射;最后,实现科学决策的治理形态需要及时回应社会多元利益诉求,通过数字工具的应用不断创新民意诉求的收集和研判机制,保证政府的政策供给能够持续适应并推动经济社会的进步。在实践中我们可以看到,在很多地方制定的数字政府建设方案中,都特别强调要借助大数据的存储、统计和挖掘能力来赋能政府创新和科学决策。例如,通过各渠道数据的汇集来深入分析现有公共服务基础设施的空间分布和区域常住人口的增长趋势,为上学难、出行难、就医难等民生问题的解决提供优化方案。

(三)利用数字技术赋能政府无感式定制式服务

随着新一代信息技术的广泛应用,全国各地坚持以提高行政效率与方便民众为出发点、落脚点,积极探索数字化智能化时代的政务服务体系建设。党的十九届五中全会明确提出,要加强数字社会、数字政府建设,提升公共服务、社会治理等数字化智能化水平。这一论述为构建"整体智治"的现代政府提供了根本指引,亦即要求各级政府要努力实现信息技术革命与政务服务的有机融合,在现代科学技术推进政府政务服务创新方面取得实效,推动政务服务向着主动式、智能化和定制式的方向转变。

一方面,主动服务是一个数字技术迭代的过程。随着政府政务数据的最大归集以及各部门之间数据孤岛问题的逐步解决,政府通过政务大数据平台对数据的深度挖掘和关联分析,就能够实现在不同时间节点对具有不同办事需求的企业及老百姓提供精准的服务投送,极大提升企业及老百姓的服务体验。另一方面,主动服务也是一个服务理念转变的过程。打造人民满意的服务型政府除了依赖于技术工具的升级,还需要服务理念的转变,政府各部门要在优化服务方式上积极探索,让数据要素不仅仅赋能政府管理,还要更多地赋能服务,通过政府服务效能的提升,更多地激发出社会的活力。近年来,在中央"放管服"改革精神的推动下,北京"优化营商环境"、上海"一网通办"、江苏"不见面审批"、浙江"最多跑一次"等改革举措,都以为企业及公众提供"一站式""一体化"集约型整体服务为宗旨,不断倒逼政府内部流程再造,政府主动服务精准服务社会公众的能力和水平不断得到增强。

(四)通过技术嵌入助推政府多跨协同与高效运行

良政善治的实现离不开运行高效的政府。一个运行高效的政府可以通过较低的行政成本来实现进行高质量社会治理和公共服务的目标。因此,如何提升政府的行政效率是公共管理研究与实践领域的一大课题。从理论上来分析,政府部门在社会公共资源分配上往往占据着绝对的话语权,故而缺少推动自身改革和效率提升的内生动力和外部压力。不仅如此,政府传统的科层制组织体系所强调的规则至上和权力纵向传导,常常会导致政府行政效率的降低和行政成本的上升。[①]

实现政府的高效运行,首先要厘清政府内部各部门之间的权责关系,通过标准化的制度建设与科学合理的权责清单来框定政府各部门的权责边界,最大限度减少部门之间的相互推诿,提升组织内部的部门协同效率;其次,要重塑政府内部的组织结构,针对政务分隔、碎片化治理等倾向,不断推动政府自身的机构改革,实现从原有的金字塔状组织结构向扁平化、网络状组织结构转变,通过对办事流程的梳理来倒逼政府权力运行流程的重塑,从而构建一个成本集约、灵活高效的现代组织体系;最后,要提升政府与社会多元主体的协同效率,广泛吸纳社会多元主体参与政府治理,最大限度地激发社会主体力量以形成对于政府治理活动的有益补充,真正实现专业分工、运转有序、各尽所能。在这三个原则的指导下,数字技术与政府权力运行深度融合以赋能政府效能的提升将成为未来的发展趋势。例如政务业务办理系统的构建有助于提升多部门之间的职能协同能力、政务咨询投诉平台的构建有助于提升政府回应社会公众诉求的效率、政务大数据处理平台的构建有助于打破政府部门职能与

---

① 周志忍:《公共性与行政效率研究》,《中国行政管理》,2000 年第 4 期。

辖域职能的权力壁垒等。这些创新的方向最终将推动技术与组织两者之间的协同增效,从而构建一个阳光透明、运行高效的现代政府。

(五)打造基于数据流的非接触式动态智能监管模式

当前,社会转型期中的各种风险挑战因素交织叠加,随着各种新经济、新业态的广泛出现,政府监管的对象和内容正在变得纷繁复杂,传统意义上以人力为核心的监管已经越发不能适应社会发展的需要。因而,推动人工智能为政府管理全面赋能,加快从人工低效管理向数字化高效管理转变,实现政府监管理念的现代化和监管方式的智能化是大势所趋。

智能监管是以机器学习、计算机视觉、特征识别和自然语言处理等多重数字智能技术为支撑,通过将社会主体运行状况在线化、数据化和可视化,将政府的监管职能和业务延伸到智能机器上,通过人工智能系统实现对监管对象的全时监管,实现人工智能和社会多元主体的互动和业务贯通。[1] 首先,智能监管的实现需要从传统的依靠人力发现问题转变为依靠智能设备发现问题,通过各种物联网信息采集终端汇总多元数据并进行智能技术分析,从而实现各类风险因素和风险事件的自动识别、智能研判和快速预警;其次,智能监管的实现需要从传统的"事中事后监管"向"事前监管"转变,随着全社会信用体系建设的不断完善,以信用数据为核心的监管将整合相关政府部门的监管职能,逐步提升监管的协同化和精细化水平,降低政府监管的行政性成本和制度性成本;最后,智能监管的实现需要从传统的静态监管向动态监管转变,依托智能监管平台的建立和完善,政府部门可以实现对被监管对象状况的实时收集、分析、处理和反馈,破除传统监管模式中存在的阶段性和周期性弊端,从而实现全天候的动态实时监管。目前,浙江很多地方已经在企业信用风险的预警监管、电子商务交易平台的实时监管、金融风险的精准监管、重点食品药品的全流程监管等领域形成了一大批智能监管的模式创新,这些创新实践正在促使政府监管进入一个基于数据流的非接触式监管新样态。

作者:易龙飞(中共浙江省委党校)

---

① 王张华,颜佳华:《人工智能驱动政府治理变革:内在机理与实践样态》,《学习论坛》,2020 年第 11 期。

风险闭环管控建设平安浙江

党的二十大报告指出:"建设更高水平的平安中国,以新安全格局保障新发展格局。"安全稳定是发展繁荣的根基。习近平同志在浙江工作时,就非常重视安全问题,做出了"平安浙江"的战略部署。从建设"平安浙江"到迭代完善风险闭环管控大平安机制,浙江持续打造最安全最公平最具活力的省域,以生动实践续写推进国家安全体系和能力现代化的浙江篇章。需要注意的是,面对百年未有之大变局,平安浙江建设所面临的环境日趋复杂,既有传统闭环管控机制不健全的问题,也有新领域新行业新群体带来的新型风险等问题。对此,浙江把构建风险闭环管控大平安机制作为平安浙江建设的重要抓手,加快推进浙江全面展示新时代中国特色社会主义制度优势"重要窗口"建设和高质量发展共同富裕示范区建设,探索形成了一套较为成熟的做法。归纳提炼浙江的经验做法,既是深化平安中国示范区建设的实践要求,也是浙江建设平安领域"重要窗口"使命的需要。

一、浙江构建风险闭环管控大平安机制的重要价值

2004年,时任浙江省委书记习近平同志敏锐地捕捉到浙江率先遭遇的"成长的烦恼",带领省委"一班人"在充分调查研究的基础上做出了开展"平安浙江"建设的战略决策。① 风险闭环管控大平安机制包含两个要点:一是各类风险隐患始终处于管控链条之中,确保"管得住、不外溢";二是范畴超越传统治安,指涉涵盖宽领域、大范围、多层面的平安建设。十多年来,浙江始终沿着习近平同志的足迹,牢固树立"大平安"理念,把平安建设置于经济、政治、文化、

----

① 习近平:《之江新语》,浙江人民出版社2007年版,第119页。

社会、生态、治安、重点部位等整体格局中谋篇布局,一手抓经济报表、一手抓平安报表,为经济健康发展和人民群众安居乐业创造了和谐稳定的社会秩序。

(一)平安是人民群众的根本利益

安居乐业始终是人们对美好生活的向往。"人类可以无自由而有秩序,但不能以无秩序为有自由。"这是美国当代著名国际政治理论家塞缪尔·亨廷顿考察 20 世纪下半叶全球主要发展中国家处理秩序与发展关系的不同治理实践后得出的经典结论,强调了和谐稳定的社会秩序对于国家发展与人民幸福的重要价值。从平安浙江概念的提出到风险闭环管控大平安机制全面推行的省域实践范例,浙江实践彰显了中国把平安建设放到经济发展同等位置的正确性。

改革开放以后,浙江坚持"走改革路、吃改革饭",依靠体制机制创新释放了强大的经济发展动力,推动浙江迅速从资源小省发展成为以民营经济和块状经济为特征的县域经济强省。然而,社会事业和平安建设"一条腿长、一条腿短"的问题也逐渐暴露出来,经济结构落后、社会事业发展滞后、城乡差距不断拉大、基础设施建设滞后、生态环境遭到破坏、社会诚信丧失以及政府管理水平严重滞后等问题,特别是 2004 年初浙江各地在交通事故、安全生产、社会治理等领域发生的一系列事件,给经济可持续发展和人民生活质量提升造成了负面影响。① 时任浙江省委书记习近平同志敏锐地察觉到这些影响社会秩序稳定的苗头性问题,审时度势做出建设"平安浙江"的重大决策,从经济、政治、文化、社会、生态、党建、治安、重点部位等八个方面开启了宽领域、大范围、多层面的"大平安"建设。

"大平安"概念的提出,满足了人民群众对美好生活的新期待,体现了我们党"为中国人民谋幸福、为中华民族谋复兴"的初心使命在 21 世纪的具体实践,蕴含着"以人民为中心"的发展理念。为推动各级党委政府像重视经济建设一样重视平安浙江建设,习近平同志高屋建瓴地指出:"只有社会和谐稳定,国家才能长治久安,人民才能安居乐业。人民群众期盼生活幸福,但幸福生活首先必须保证社会和谐稳定。""'富裕与安定是人民群众的根本利益,致富与治安是领导干部的政治责任。'推进经济发展是政绩,维护社会和谐稳定同样

---

① 郭占恒:《"八八战略"思想与实践》,红旗出版社 2018 年版,第 6 页。

是政绩。"①从那时起,浙江就把平安建设摆到与经济发展同等重要的位置,始终将其作为人民群众的根本利益来看待、部署、推进,开启了经济社会转型发展的新征程。

(二)平安建设是浙江建设"重要窗口"的需要

党的十八届三中全会做出了"全面推进平安中国建设"的战略决策。这更加激励浙江坚持平安中国先行区的定位,贯彻落实"'八八战略'再创新、改革开放再出发""干在实处、走在前列、勇立潮头"的要求,在全面深化改革的历史进程中持续推动"平安浙江"建设走深走实。特别是以 2016 年 G20 杭州峰会平安护航为契机,推动基层社会治理体系和治理能力现代化水平大幅提升。2020 年 3 月 29 日至 4 月 1 日,习近平总书记在浙江宁波、湖州、杭州等地考察时,赋予了浙江建设全面展示中国特色社会主义制度优越性"重要窗口"的使命定位。这既是对浙江经济社会发展的充分肯定,也是对浙江未来发展的新期待。这需要我们更好地理解"大平安"的科学内涵和时代价值,加快建成展示平安中国的"重要窗口"。从社会治安到"大平安"建设,蕴含了全面展示中国特色社会主义制度优越性"重要窗口"的时代底色。其中,包含着两个关键词,第一个关键词是"全面",第二个关键词是"重要"。

从"全面"来看,平安浙江建设具有宽领域、大范围和多层次的特点,始终与其他领域息息相关,这与全面建设"重要窗口"所要求的全面性一脉相承。2004 年 5 月,浙江省委第十一届六次全会审议通过的《中共浙江省委关于建设"平安浙江"促进社会和谐稳定的决定》明确提出,把经济更加发展、政治更加稳定、文化更加繁荣、社会更加和谐、人民生活更加安康作为平安浙江建设的总体目标。对此,习近平同志告诫浙江的干部群众:"我们要用联系的观点抓稳定,正确认识影响社会稳定的新情况、新特点,善于全面分析相互交织在一起的各种政治、经济、文化的因素……用发展的观点抓稳定,努力做到在经济社会的动态发展中,不断破解发展对稳定提出的新课题。"②由此可见,平安浙江提出伊始就蕴含着全面和联系的辩证思维。

从"重要"来看,中央赋予浙江高质量发展建设共同富裕示范区的职责使命,进一步凸显了平安和谐的时代价值。2021 年 5 月,《中共中央、国务院关于

---

① 习近平:《之江新语》,浙江人民出版社 2007 年版,第 52 页。

② 习近平:《之江新语》,浙江人民出版社 2007 年版,第 46 页。

支持浙江高质量发展建设共同富裕示范区的意见》把构建安心舒心放心的社会环境作为浙江高质量发展建设共同富裕示范区的重要内容,进一步凸显了更高水平建设平安浙江的重要价值。因此,构建风险闭环管控大平安机制,升级平安浙江建设的策略和路径,确保各类风险隐患始终"管得住、不外溢",为经济发展和人民群众安居乐业创造和谐稳定的社会秩序,是贯彻落实中央更高水平建设平安中国的具体措施,也是浙江高质量发展建设共同富裕示范区的必然要求。

(三)平安建设面临新问题新挑战

近20年来,平安浙江建设虽然成效显著,但如今恰逢世界百年未有之大变局,尤其是2017年以来的全球贸易摩擦升级、2020年新冠疫情等因素的交织叠加,给"平安浙江"建设带来了新问题新挑战。例如,有些领域风险隐患突出,有些领域源头治理失效,有些领域风险脱管。在这种情境下,浙江再次及时捕捉到经济社会发展态势,积极探索构建风险闭环管控大平安机制,着力建设更高水平的平安浙江,努力为经济社会发展和人民安居乐业提供稳定的社会秩序。

一些领域的风险隐患依然存在,甚至更加凸显。当前,"我国社会主要矛盾已经转化为人民日益增长的美好生活需要和不平衡不充分的发展之间的矛盾"[①],地区差异、城乡差异、群体差异等发展不均衡问题更为凸显,教育、医疗、就业、住房、养老等民生领域面临着新旧问题的交织,安全生产、社会治理、交通安全等一些领域风险隐患依然存在。尤其是2020年新冠疫情暴发以来,疫情防控、复工复产、网络金融、就业问题、房地产风险、网络舆情、信访积案化解等重点领域的风险隐患叠加交织,平安建设的难度大幅提升。因此,亟须构建风险闭环管控大平安机制。

一些领域风险隐患源头防治失效,存在"风险敞口"。一方面,平安建设涉及众多领域和众多群体,实现全覆盖式监管难度很大,因此治理实践中通常采取"平安创建"的方式调动全社会主动参与平安建设。然而,个别市场主体安全生产意识不强,又叠加利润冲动,导致安全生产等领域的风险隐患无法完全消除。新业态、新就业群体等也易滋生非传统风险,容易造成"风险敞口"。另

---

① 习近平:《决胜全面建成小康社会 夺取新时代中国特色社会主义伟大胜利——在中国共产党第十九次全国代表大会上的报告》,人民出版社2017年版,第11页。

一方面,基于科层制组织的"条块分割"体制导致各地各部门具有一定的部门本位意识,增加了部门之间、地区之间协同监管的难度。因此,亟须构建包含"闭环"和"大平安"两个关键词的监管机制。

二、浙江构建风险闭环管控大平安机制的经验做法

"统筹发展和安全,增强忧患意识,做到居安思危,是我们党治国理政的一个重大原则。"①十多年来,浙江始终坚持以人民为中心的发展理念和"大平安"理念,持续深化系统治理、综合治理、依法治理、源头治理,针对可能存在的各类"风险敞口",着力构建风险闭环管控大平安机制,逐步织密风险防控网络,努力建设更高水平的平安浙江。

(一)坚持党建统领平安浙江建设,着力构建"横向到边、纵向到底"的责任落实机制

"中国特色社会主义最本质的特征是中国共产党领导,中国特色社会主义制度的最大优势是中国共产党领导"②,平安浙江建设同样如此。因此,浙江始终坚持把党建统领作为构建风险闭环管控大平安机制的首要任务。

坚持"高位驱动"平安建设。依靠各级党委(党组)主要领导"高位驱动"是"一统体制"强大执行力的制度密码。自"平安浙江"提出以来,浙江始终把平安建设作为"一把手工程",充分发挥各级党委(党组)"总揽全局、协调各方"的作用,由省、市、县(市、区)、乡镇(街道)党委书记牵头,政府主要负责人和分管政法的专职副书记共同担负领导责任,相关党政职能部门参与,高规格组建四级平安建设领导小组,依靠党政主要领导"高位驱动"调动各地各部门积极参与平安建设。领导小组定期召开会议,研究部署平安建设的顶层设计、阶段性重点任务以及应对处置突发性案(事)件等,着力解决构建风险闭环管控大平安机制过程中遇到的痛点、堵点、难点问题,确保各项任务落到实处。

坚持协同联动共建平安闭环。"大平安"包含政治稳定、社会治安、经济秩

---

① 习近平:《决胜全面建成小康社会 夺取新时代中国特色社会主义伟大胜利——在中国共产党第十九次全国代表大会上的报告》,人民出版社 2017 年版,第 24 页。

② 习近平:《论坚持党对一切工作的领导》,中央文献出版社 2019 年版,第 59 页。

序、生产安全、公共安全、人民群众安居乐业等宽领域、大范围、多层次的内容，几乎囊括了经济社会发展的全部领域。[①] 同时，现代科层制组织的层级节制体系及职能"分殊化"、专业化、非人格化等基本特征与我国超大治理规模相结合[②]，形塑出我国"条块分割"的管理体制，由此衍生出功能、政策、资源、信息"碎片化"等问题，并最终塑造出"碎片化"治理格局。因此，各部门齐抓共管是构建风险闭环管控大平安机制的必然要求。党的十九大以来，横向联动和纵向协同的治理体系逐步完善，以政治安全、社会治安、社会矛盾、公共安全、网络安全等重点领域安全为基础，形成了政治安全体系、社会矛盾风险防范化解体系、社会治安防控体系、行业监管体系、网络安全体系等五大安全防范体系，参与部门从平安建设提出之初的 20 多个增加到 70 个左右，基本实现了"横向到边、纵向到底"的目标。

坚持统筹管理推进平安建设。党建统领如何落实落地？实践证明，制度统筹和项目统筹是推动党建统领落实落地的有效机制。制度统筹方面，各级政府建立了责任分工制度、"7＋X 晾晒"机制、例会制度等配套制度，以压实各地各部门平安建设责任。例如，在省、市、县（市、区）三级党委政法委建立平安办，各成员单位分别编入综合协调组、政治安全组、社会治安组、社会矛盾组、公共安全组、网络安全组、专群巡防组、大赛大考组、监督检查组等功能小组，形成既各司其职又统筹协调的治理格局。再如，各级建立"晾晒"机制，定期通报工作进展、特色亮点、暗访督查等内容，营造了比学赶超的氛围。项目统筹方面，各级政府定期开展风险防范化解专项行动、专群结合大巡防专项行动、平安系列创建活动等，推动平安建设任务转化为具体项目，分类构建闭环管控机制。

（二）建立健全三级社会治理中心体系，构建多元调解相互衔接的矛盾闭环调处化解机制

长期以来，除各级信访部门以外，司法、民政、公法检、人社、退役军人事务等职能部门也设置有不同类型的接访机构，人民群众遇到事情往往不知道找谁。2020 年 3 月底习近平总书记在浙江省湖州市安吉县考察时，充分肯定了

---

① 马以，谢小云：《平安中国的浙江实践》，浙江人民出版社 2017 年版，第 9 页。
② 周雪光：《运动型治理机制：中国国家治理的制度逻辑再思考》，《开放时代》，2012 年第 9 期。

县级社会矛盾纠纷调处化解中心建设,并指出要"让老百姓遇到问题能有地方
'找个说法'"。随后,浙江全省深化推广县级矛调中心标准化建设。绍兴市创
造性地推行了县域、镇域、村域三级矛调中心标准化建设,并构造了"631"工作
机制,旨在按照难易程度分别把60%,30%,10%的社会矛盾纠纷化解在村级、
镇级和县级矛调中心,从而构建起社会矛盾化解闭环机制。2020年下半年,三
级矛调中心在全省推广。目前,三级矛调中心已经迭代升级为三级社会治理
中心。

按照"终点站"功能定位标准化建设县级中心。按照矛盾化解、社会治理、
风险研判"三位一体"的功能定位,标准化建设县级社会治理中心,实现县、镇、
村三级联动。信访部门整体入驻,与中心合署办公,具体负责中心运行,并成
建制入驻人民来访接待中心、诉讼服务中心、公共法律服务中心、行政争议调
解中心、检察服务中心、统一政务咨询投诉举报平台等线下线上工作平台。纪
委监委、公安、人力社保、自然资源、建设、农业农村、综合执法等重点部门力量
常驻,其他部门(单位)力量轮驻、随叫随驻,吸收交调、医调、劳调、物调、校调
等重点行业调委会和品牌调解室,鼓励"两代表一委员"、乡贤理事会、志愿者
联合会等力量入驻。要求县级中心化解占矛盾总量约10%的"疑难杂症"和民
生积案,防止社会矛盾风险外溢和上行。

按照"主阵地"功能定位标准化建设镇级中心。坚持关口前移,充实人民
调解力量,设置综合信息指挥室,实行统一办公、统一调度、统一考核,形成制
度合力。集约行政资源,统筹重点乡镇(街道)便民服务和矛调力量,实行一岗
双责,既办理便民服务业务,又办理与本业务相关的矛盾纠纷事项;充实基层
站所力量,建立行业性专业调委会联系制度,让群众"进一扇门,办所有事"。
增设信访矛调"一窗受理"窗口,开展全程代办、代跑,实行全程服务,做到解纷
工作"一竿子到底""一揽子解决"。加强县级力量下沉指导,建立镇级中心流
转办理闭环流程,厘清乡镇(街道)内设部门(单位)职责分工和事项办理法定
途径、程序清单,建立依法分类处理机制,支持群众依法有序维权。要求镇级
中心化解占总量约30%的重大疑难社会矛盾纠纷。

按照"前哨所"功能定位标准化建设村级中心。加强行政村(社区)网格动
态调整机制,提升网格员精准捕捉问题的能力;整合信息资源,推进网格数字
化、智慧化进程,对网格内群众的基本信息、住房情况、社会关系以及世俗矛
盾、特殊人群、信访老户、社区矫正人员等进行详细摸排、标注,统一数字建
档,从源头上打通部门间的信息壁垒,形成矛盾预警"快车道"。充分发挥基

层党支部(党小组)、党员、基层群众性自治组织、社会组织、乡贤组织等的力量,推动解纷由上下联动向横向联动拓展,建立网格内解决和"网格报问题、镇村化问题"的双层闭环,筑起信访和矛盾纠纷排查化解的"首道防线"。要求村级中心化解占总量约 60% 的一般性社会矛盾纠纷,确保各类社会矛盾在闭环中化解。

(三)坚持和发展新时代"枫桥经验",夯实平安浙江的基层基础,从源头上预防和减少社会矛盾

"枫桥经验"是浙江社会治理领域的"金字招牌"。21 世纪伊始,"枫桥经验"逐渐发展成以平安建设为主要内容的地方治理方案。党的十八大以来,新时代的"枫桥经验"更加充分地体现了习近平新时代中国特色社会主义思想的大平安观。

重塑以人民为中心的治理模式。2003 年,习近平同志在浙江工作期间,开始谋划布局"数字浙江"战略并将之纳入"八八战略"总体布局,旨在以信息化带动经济社会转型发展。[①] 此后,数字化始终是浙江推动政府治理转型的重要突破点。2014 年浙江启动实施了"四张清单一张网",2017 年启动实施"最多跑一次"改革,2021 年启动实施以数字化场景应用为重点内容的全面数字化改革,这些改革都融入了服务型政府建设的理念,旨在以数字化方式重塑政府治理模式,推动"以政府履职为中心"的治理模式向"以人民为中心"的治理模式转型。[②] 例如,目前群众在"枫桥经验"发源地诸暨市枫桥镇为民服务大厅可以凭一张身份证办理 602 项为民服务事项,在枫源村可办理 198 项为民服务事项,群众的满意度大幅提升,真正从源头上减少了社会矛盾。

持续推动自治法治德治深化融合。2018 年纪念毛泽东同志批示学习推广"枫桥经验"55 周年暨习近平同志指示坚持发展"枫桥经验"15 周年大会把新时代"枫桥经验"界定为"党领导人民创造的一整套行之有效的社会治理方案",并把自治、法治、德治"三治融合"作为坚持发展新时代"枫桥经验"的方法路径。[③] 近年来,浙江始终把自治、法治、德治"三治融合"作为推动基层社会治

---

① 习近平:《干在实处 走在前列——推进浙江新发展的思考与实践》,中共中央党校出版社 2006 年版,第 71—72 页。

② 郁建兴,黄飚:《超越政府中心主义治理逻辑如何可能——基于"最多跑一次"改革的经验》,《政治学研究》,2019 年第 2 期。

③ 卢芳霞,余钊飞,刘开君等:《"枫桥经验"概论》,浙江人民出版社 2020 年版,第 68 页。

理现代化的重要方法,各地干部群众创造了象山"村民说事儿"、武义村务监督"后陈经验"、温岭"民主恳谈会"、桐乡"三治融合"等村级自治典型做法,切实调动人民群众参与村级治理,充分发挥了基层自治组织功能。2021年,以习近平同志提出"法治浙江"15周年为契机,浙江全面归纳、深化和推广"法治浙江"建设成果。15年来,浙江围绕高质量发展、生态环保、民生保障、新经济新业态等领域制定或修订地方性法规160件、政府规章134件,创造性推出了"综合查一次""非现场执法""互联网+监管""轻微违法行为告知承诺制"等系列执法改革,已经把浙江打造成审批事项最少、办事效率最高、营商环境最优、群众和企业获得感最强的省份之一。① 还如,作为最能体现"三治融合"的有效载体,村规民约(社区公约)成为加强基层社会源头治理和平安建设的重要工具。

开展新时代"枫桥式"系列创建。坚持和发展新时代"枫桥经验"已经成为浙江推动平安建设的重要抓手。2018年以来,发源于浙江的"新时代枫桥式公安派出所"创建已经被打造成为平安建设的重要抓手。公安部门全面开展"枫桥警务模式"创建,实施"破小案""办小事""解小忧""帮小忙""惠小利"等"新五小工程",努力做到警务围着民意转、民警围着百姓转,全时空守护平安、零距离服务群众,实现"矛盾不上交、服务不缺位、平安不出事"。2019年11月,公安部推广浙江做法,命名表彰全国首批"枫桥式公安派出所"100个,其中浙江省的诸暨市公安局枫桥派出所、杭州市公安局下城区分局长庆派出所等9个基层派出所入选。2020年,浙江按照"有机构、有编制、有人员、有经费、有保障"的"五有标准"建设街道(乡镇)和行政村(社区)新时代"枫桥式退役军人事务中心(站)",当年全省创建2.68万个,实现了阵地建设标准化全覆盖的目标,努力让退役军人遇到事情"能够有个地方寻求服务"。此外,还实施了新时代"枫桥式"法庭、派驻监察室、综合行政执法中队等创建,彰显了坚持发展新时代"枫桥经验"在平安浙江建设中的价值。

(四)牢牢抓住重点部位和关键节点的平安建设,以重点领域和重要环节平安带动浙江全域平安

抓住了重点领域、重点部位和关键节点,就抓住了平安浙江建设的"牛鼻子",可以达到以点带面的效果。近年来,浙江牢牢抓住开展"新中国成立70

---

① 王潇潇:《法治浙江建设十五周年 浙江走在全国前列》,http://zj.people.com.cn/n2/2021/0413/c186327-34672743.html。

周年""建党 100 周年""杭州亚运会"等重要时间节点平安护航任务的重要契机,开展矛盾纠纷"大排查大起底大化解"专项行动,用实际行动推动构建风险闭环管控大平安机制走深走实。

开展系列平安创建活动。党的十九大以来,浙江坚持平安创建为了群众、平安创建依靠群众、平安创建由群众评判的原则,全面实施地域型和领域型两种类型的平安创建①,2021 年中共浙江省委政法委在全省开展平安系列创建,旨在把"平安浙江"建设推向新高潮。地域型平安创建方面,开展了平安乡镇(街道)和平安乡村创建。领域型平安创建方面,同步开展了平安企业(国企)、平安校园、平安工地、平安交通、平安旅游、平安医院、平安食品药品、平安金融、平安家庭等 10 个领域的系列平安创建,把涉及经济社会命脉和民生的重点领域,全部纳入平安创建,着力提升人民群众的安全意识,持续夯实平安浙江建设的社会基础。实践证明,平安创建较大幅度地提升了全社会的安全感、获得感和幸福感,为建设更高水平的平安中国做出了浙江贡献。

持续开展重点领域专项治理。盯紧人民群众最关心、最直接、最现实的利益问题,持续在源头治理上下功夫,把社会治安、金融放贷、电信诈骗、交通运输等领域专项整治纳入全省扫黑除恶十大专项行动,着力整顿行业乱象。据统计,2018—2020 年 3 年时间内,在"扫黑除恶专项斗争"中,浙江累计打掉黑恶犯罪团伙 3400 多个(含"套路贷"犯罪团伙 1310 个),破获各类刑事案件 4.79 万起,查扣涉黑涉恶非法资产 284.26 亿元;全省市场监管部门共计立案查处各类市场监管行政违法案件 12.94 余万件(含网络违法案件 2.09 余万件)②,有效地净化了社会环境,铲除了影响平安浙江建设的毒瘤。2020 年以来,浙江各地根据疫情防控需要,持续开展疫情防控专项行动,总体上维护了和谐稳定的市场秩序和安居乐业的社会秩序。组织部门在干部教育课程中设置了"新冠疫情防控"专题教育,有力增强了全体干部的抗疫意识和抗疫能力。广泛开展"无诈社区""无诈单位"创建,针对人民群众反映强烈的养老诈骗问题,浙江各地开展了"打击整治养老诈骗专项行动",着力维护老年人的合法权益。此外,针对杭州亚运会的安保需要,从 6 个方面开展平安

---

① 笔者根据全省平安创建活动的特征,提炼出"地域型平安创建"和"领域型平安创建"两个概念。

② 钱祎,金燕:《深挖整治解难题 着眼长效打基础 浙江推进扫黑除恶工作常态化》,https://zjnews.zjol.com.cn/zjnews/zjxw/202012/t20201225_21870304.shtml。

护航行动,健全完善"1,3,5分钟"快速响应机制。还开展了信访积案化解等专项行动。

全域提升市域防风险能力。2020年,中央政法委启动全国首批市域社会治理现代化试点创建,浙江11个市全部入选,成为全国唯一一个全域入选的省份。到2022年第四季度,三年创建期满,浙江迎来全域验收。中央政法委把"市域"作为治理单元的特殊定位和特殊功能区,将之描述为矛盾风险"终结地"。三年来,浙江各地认真贯彻落实中央和省委试点创建各项决策部署,采取项目化推动、指标化考核、专班化运作等措施,推动市域社会治理现代化试点创建,创造出了杭州市域社会治理"六和塔"体系(新时代"枫桥经验"城市版)、绍兴市打造新时代"枫桥经验"全市域升级版、衢州"主"字型治理结构、温州市域社会治理"四个体系"等特色方案,较好地发挥了市域层级防治各类风险外溢和上行的"终结地"功能。2020年以来,浙江着力打造政治安全、社会治理、社会矛盾、公共安全、网络安全等五类风险闭环管控大平安机制,为杭州亚运会和党的二十大胜利召开创造了平安和谐的社会环境。

(五)着力抢抓全面数字化改革的历史性契机,同步构建线上线下风险闭环管控大平安机制

数字化、智能化、智慧化是推进构建风险闭环管控大平安机制的技术支撑。互联网、物联网、大数据、人工智能等技术工具,不仅直接提升了政法部门对特殊点位和特殊群众的监管能力,而且通过数据共享提升了协同治理能力,消弭了"条块分割"管理体制可能造成的"风险敞口"。

持续迭代升级基层治理"141"体系。经过多年的努力,浙江逐渐实现了基层社会治理全科网格和"基层治理四平台"全覆盖。2020年3月底,习近平总书记在杭州城市大脑指挥中心考察时强调,要运用大数据、云计算、区块链、人工智能等前沿技术推动城市管理手段、管理模式、管理理念创新,从数字化到智能化再到智慧化,让城市更聪明一些、更智慧一些。这激励了浙江各地把建设市、县两级城市大脑作为平安建设的重要内容,以市级"城市大脑"(市域社会治理指挥中心)为依托,推动"综治视联网""综合执法""110指挥平台""'民呼我为'统一平台""基层治理四平台"等融合贯通,构建出"141"体系(一中心四平台一网格)。这不仅实现了各地各部门数据共享,提升了治理效能,而且构建了"横向到边、纵向到底"的协同治理体系,使得平安建设事项录入、流转、办理、监督实现了数字化留痕,有效杜绝了可能出现的"制度缝隙"和职能交叠

管辖，从而真正实现了风险闭环管控。

构建"1612"数字化体系。2021年浙江启动全面数字化改革，构造了全面数字化改革"152"体系，2022年迭代升级为全面数字化改革"1612"体系，即在一体化智能化公共数据平台的基础上构造"党建统领整体智治""数字政府""数字经济""数字社会""数字文化""数字法治"六大系统，同时重塑"基层治理系统"以及数字化改革理论体系和制度体系。全面数字化改革正在全面再造政府运行流程、运行规则、治理理论与治理模式，为打造风险闭环管控大平安机制等治理实践重塑了制度框架，让我们看到了彻底解决"条块分割"管理体制带来的制度缝隙、交叠管辖、推诿扯皮、部门本位、"形式化"履责等问题的可能性，从而让党委和政府责任切实落实落细，避免了可能出现的"风险敞口"，确保各类风险"管得住、不外溢"。

构建网上网下同步治理共同体。网络安全风险包括两个部分：一是网络技术和数据安全；二是信息经由网络发酵带来的网络舆情风险。这都是数字化改革需要解决和应对的议题。针对技术安全，习近平总书记指出，"没有网络安全就没有国家安全，没有信息化就没有现代化""网络安全和信息化是一体之两翼、驱动之双轮，必须统一谋划、统一部署、统一推进、统一实施"。[①] 针对网络治理和疫情防控，习近平总书记指出，"网络空间不是'法外之地'"，"网络空间是虚拟的，但运用网络空间的主体是现实的"[②]，"网信事业代表着新的生产力和新的发展方向，应该在践行新发展理念上先行一步""要提高网络综合治理能力，形成党委领导、政府管理、企业履责、社会监督、网民自律等多主体参与，经济、法律、技术等多种手段相结合的综合治网格局"。[③] 由此可见，网下怎么管网上就要怎么管。对此，浙江积极探索构建线上线下治理"同心圆"，涌现出杭州桐庐"瞭望哨"体系、绍兴创新发展网上"枫桥经验"等典型做法，筑起网络安全的"安全门""生态圈""防火墙"，着力构建线上线下风险闭环管控的平安建设共同体。

---

① 习近平：《习近平谈治国理政》，外文出版社2014年版，第197—198页。
② 习近平：《习近平谈治国理政·第二卷》，外文出版社2017年版，第534页。
③ 习近平：《习近平谈治国理政·第三卷》，外文出版社2020年版，第306—307页。

三、深化风险闭环管控大平安机制的基本思路

平安不仅是人民群众的根本利益,更是支撑浙江高质量发展建设共同富裕示范区的重要内容。面向未来,依然要全面贯彻落实"大平安"理念,正确处理好发展和平安之间的关系,一手抓经济报表、一手抓平安报表,持续健全风险闭环管控大平安机制,确保各类风险不落地不变现,为浙江高质量发展建设共同富裕示范区提供平安建设领域的支撑。

加快推进"党建网"与"治理网"深度融合,健全完善党建统领"四治融合"的城乡基层治理体系。"办好中国的事情,关键在党。"①本次疫情防控再次毫无争议地证明,党建统领是构建风险闭环管控大平安机制的重要制度基础。一是强化制度统领。加快推动"1612"体系与"141"体系深度融合,依靠党建统领弥合可能产生的"风险敞口",避免职能"碎片化"、政策"碎片化"、资源"碎片化"、信息"碎片化"演变为数据"碎片化"和平安建设"碎片化",确保各类风险"管得住、不外溢"。二是压实各级党组织责任。要持续强化"管党建就要管平安、管行业就要管平安、管业务就要管平安"的观念,把平安建设纳入领导干部绩效评价,放在与业务工作同等重要的位置,强化平安建设是"1"、其他都是"0"的治理理念,推动党的制度优势和组织优势转化为平安建设成效。三是持续推动基层平安建设创新。近年来,浙江各地涌现出杭州"红色物业"、上虞"双网融合"、杭州桐庐网络治理"瞭望哨"体系等实践"微创新",从不同维度完善了基层治理体系,强化了各类矛盾风险的源头预防。未来要更好地鼓励各地各部门开展实践"微创新",充分调动各地各部门参与到平安建设中来,依靠党的组织优势持续夯实平安浙江的社会"底盘"。

坚持发展新时代"枫桥经验",深化"平安建设为了群众、平安建设依靠群众"的共建共治共享格局。实现基层善治是建设平安浙江的重要基石。实践证明,作为浙江社会治理领域的"金字招牌",坚持发展新时代"枫桥经验"已经成为平安浙江建设的重要载体。一是持续深化源头治理。持续深化系统治理、依法治理、综合治理、源头治理,打造城乡社区"15分钟政务服务圈",提升城乡居民安全感、满意度和幸福感,从源头上预防和减少社会矛盾,做到"小事

---

① 习近平:《论坚持党对一切工作的领导》,中央文献出版社2019年版,第59页。

不出村、大事不出镇、矛盾不上交"。充分发挥村社干部、网管、网格员、志愿者等队伍的作用,全力做好情绪疏导、矛盾化解和服务群众工作,坚决克服"调解过"就是"化解完"的麻痹思想。二是推广新时代"枫桥经验"全市域升级版。抓住市域这个以点带面、以城带乡、承上启下的节点,更好地推动分散在各条块的资源向城乡社区基层集中,因此,可从省域层面深化推广绍兴打造新时代"枫桥经验"全市域升级版的做法,推动新时代"枫桥经验"从局部治理走向整体治理、从乡村治理走向城乡治理、从基层治理走向市域治理,确保矛盾风险不外溢不上行,以一地一市的平安巩固平安浙江和平安中国建设。三是开展重点领域"新时代枫桥式"系列创建。从全省层面制定标准和规范,深化推广"新时代枫桥式公安派出所""新时代枫桥式法庭""新时代枫桥式派驻监察室""新时代枫桥式司法所""新时代枫桥式退役军人事务中心(站)"等系列创建,带动重点领域群众参与平安建设。

深化全领域各环节风险闭环管控机制,着力构建"全覆盖、无死角"共建共治共享的平安建设格局。各类风险闭环管控大平安机制共同构筑成平安浙江的制度体系。要构筑全领域、各环节相互衔接,"横向到边、纵向到底"的风险闭环管控机制,为建设更高水平的平安浙江奠定坚实的制度基础。一是推动平安创建走深走实。实践证明,平安创建是提升群众参与度、增强社会公众平安意识、夯实平安建设基石的重要抓手。要发掘全省平安创建典型案例,从省级层面制定和执行各领域平安创建标准规范,推动平安校园、平安医院、平安工地、平安企业、平安社区、平安交通等重点领域平安系列创建持续走深走实,努力实现平安创建为了群众、平安创建依靠群众,以基层和重点领域的平安巩固全省域平安。二是打赢重点领域风险防范化解阻击战。"专项治理"已经成为有效的中国式政策执行模式。因此,要以"喜迎二十大"、杭州亚运会等重点节庆和赛事为契机,扎实开展政治安全、社会治安、社会矛盾、公共安全、网络安全等重点领域的风险防范化解专项行动,以重点领域平安带动平安浙江建设。要更加注重制度建设,推动扫黑除恶、电信诈骗、网络治理"清朗"行动等重点领域专项治理向常态化制度化治理转型。三是加强平安宣传教育。采取常态化、点对点的宣传教育方式,全面加强重点领域、重点群体、重点时段的平安宣传教育,引导全社会牢固树立"大平安"的思想观念,推动全社会自觉从"要我平安"向"我要平安"转变,营造浓厚的平安建设氛围,构建人人参与、人人享有的平安建设共同体,这有利于全社会更好地防范"黑天鹅"事件和"灰犀牛"事件。

抢抓数字化改革的契机,持续推动风险管控、社会服务、平安建设"三位一体"的数字化改革迭代升级。全面数字化改革为构建风险闭环管控大平安机制提供了千载难逢的机遇。要充分利用浙江全面数字化改革的契机,依靠数字化思维、数字化工具和数字化认识,弥补传统治理方式的短板,持续深化构建风险闭环管控大平安机制。一是深化"整体智治"治理模式。从理念变革、流程再造、组织重塑、职能优化、数据共享、制度协同等维度,推动"整体智治"持续迭代升级,实现各领域治理与平安建设深度融合,彻底破解"条块分割"管理体制带来的"制度缝隙""交叠管辖"等问题,确保各类风险不脱管不兑现。二是深化构建线上线下一体化风险闭环管控机制。依托数字化应用场景开发,全面梳理各类风险的特征以及管理流程,分层分类构建风险感知,风险预警,风险处置一体化,事件触发、分流、交办(转办)、处置、监督、问责等全流程的风险闭环管控机制,推动各地各部门风险管控责任落地落实落细。三是加强"数字化+平安建设"理论研究。采取蹲点调研、项目合作、课题委托等形式,开展"数字化+平安建设"理论研究,打破单纯的工具化思路,力争实现理念、方式、制度、组织、绩效等多维度突破,推动风险闭环管控大平安机制建设持续迭代升级,重塑数字化时代平安建设的范式。

作者:刘开君(中共绍兴市委党校)

共富基本单元擦亮"浙里安居"

高质量发展建设共同富裕示范区既是一项重大的政治任务,也是新发展阶段浙江的重大历史机遇。为深入贯彻《中共中央、国务院关于支持浙江高质量发展建设共同富裕示范区的意见》,推进共同富裕先行和省域现代化先行从宏观谋划到微观落地,浙江立足"千村示范、万村整治"工程,持续打造共同富裕现代化基本单元,在提质扩面中奔共富,在迭代升级中见未来,奋力展现"整体大美、浙江气质"新图景。

一、以党建为统领建设共同富裕现代化基本单元的内涵要义

(一)共同富裕现代化基本单元建设以"八八战略"指引下的城乡社区建设为基础

城乡社区建设是国家现代化建设的基础工程。习近平总书记在浙江工作期间高度重视城乡社区建设工作。在农村,通过大力推动"千村示范、万村整治"工程,不断加强农村地区的环境治理、基础设施建设、社会事业和公共服务建设;在城市,通过不断加强社区党建,为城市经济社会发展创造良好的环境。浙江省的城乡社区建设主要突出四个方面:第一,突出党建引领,通过基层党组织的资源导向作用,引导人力、物力、财力向城乡社区汇聚下沉;通过选优配强村社党委书记,增强党组织对城乡社区建设的发展带动能力;通过基层党员的引领示范作用,增强城乡社区建设的社会动员能力;通过加强社区党组织自身建设,扎实推动共产党员保持先进性教育,扩大组织覆盖面,增强组织和服务群众的能力。第二,突出环境整治,从治理环境"脏乱差"到推动"四边三化",全面改善城乡社区人居环境。第三,加强社区社会事业与公共服务建设,以补齐农村地区基础设施建设和社会事业发展短板为重点。第四,突出城市化与农村新社区建设

融合,在城乡规划、基础设施、交通、公共服务等一体化中补齐农村发展短板。

党的十八大以来,浙江省各地积极贯彻落实习近平总书记在浙江工作期间加强城乡社区建设的做法经验:在农村,通过党建＋农业产业化、党建＋社会治理等方式,推动美丽乡村建设,促进乡村振兴;在城市,通过社区去行政化改革、加强基层党组织建设、做优做强社区党群服务中心等方式,不断优化社区发展环境,增强基层党组织的战斗堡垒作用。但客观上说,当前浙江省乃至全国的城乡社区现代化建设仍存在一些共性问题,面临着新的挑战:一是居民日常所需的社区公共服务缺失,公共服务空间匮乏,大量市、县的公共服务难以直接触及社区,社区"一老一小"问题日益突出。二是多元社区治理体系难以有效形成,邻里关系日渐淡薄,社区治理效度不高。特别是新冠疫情防控的大战大考反映出,在面临复杂性、系统性的风险挑战时,城乡社区治理的韧性和敏捷度仍有待加强。三是城乡社区生产生活环境仍有待改善,农村社区生态环境时遭破坏,城市老旧小区日益衰败,新建社区风貌混杂,文化气质和浙江辨识度不够。四是党建引领社区发展作用不突出,社区党建工作悬浮,基层党组织战斗堡垒作用仍有待加强。当前,人民对美好生活的向往和发展不平衡不充分之间的矛盾日益凸显,城乡社区的现代化建设更加需要彰显以人民为中心的价值导向,承担起共同富裕微观落地的使命,在社会生活空间现代化中形成人民可知、可感的建设成效。

上述痛点的解决需要价值引领、规划引领、机制引领。价值引领就是要有共同富裕的追求和向往,坚持把打造生活共同体,缩小区域、城乡、收入之间的差别作为解决城乡社区痛点的工作导向。规划引领就是坚持把城乡规划一体化、服务配备标准化、发展组团化作为城乡生活家园建设的发展方向。机制引领包括纵向上集合各级党委政府的力量,横向上打通部门间协作,空间上协同毗邻空间,社会面上整合政府、社会力量。上述三方面的引领都需要党建发挥领、统的作用,部分学者认为这形成了一种统合治理。[1]

(二)共同富裕现代化基本单元建设是城乡社区建设的升级版

"共同富裕现代化基本单元建设"一词首次见于2021年7月印发的《浙江高质量发展建设共同富裕示范区实施方案(2021—2025年)》。此后,在省委指

① 何艳玲,王铮:《统合治理:党建引领社会治理及其对网络治理的再定义》,《管理世界》,2022年第5期。

示和各省级部门工作部署中也开始出现"共同富裕现代化基本单元建设"的表述。

共同富裕现代化基本单元作为浙江省在高质量发展建设共同富裕示范区建设过程中提出的新命题,是建设开局之年就启动的重大改革项目,是在共同富裕和省域现代化先行的大场景下谋划推进的具有前瞻性、引领性、系统性的创新工作。^① 它以未来社区、未来乡村和城乡风貌样板区为载体,以打造城乡社区幸福家园为目标,力图形成以党建统领为保障、以数字文明建设为牵引、以提升风貌环境为抓手,以九场景设计^②为主要工作的一整套促进共富型发展的城乡生活空间规划。

共同富裕现代化基本单元具有空间重塑、品质生活、模式创新、智慧互联、共建共享的内涵特征^③,主要有四种表现形态。第一,物质形态上表现为共同富裕可感落地的基础空间形态。共同富裕可感聚焦于基本公共服务和日常生活需求得到满足,范围往往要求在"5—30分钟"的生活半径内,从承载的基层组织单位来看,主要是村社、镇街基层社会单元,而村社是可感的共同富裕现代化的最小空间单元。第二,功能形态上表现为生产、生活、生态三位一体。基本单元的生产功能,是单元存在和发展的基础,衍生出城市宜居宜业生活富足、广大农村缩小城乡差距和收入差距的发展需求。基本单元的生活功能则作为"家园"功能存在,反映出广大人民群众在居住过程中自然集聚形成城乡社区的历程,并衍生出治理、服务、安全等相关需求。生态是满足基本单元存续的自然资源基础,衍生出老旧小区改造、城市更新、美丽乡村等需求,这些需求兼具向生产生活转化的特点。第三,治理形态上表现为政府主导、多元参与的格局,实现了政府治理与社会调节、村(居)民自治间的良性互动,体现了基本单元治理的自主性、开放性与有效性。第四,价值形态内蕴美好生活的价值追求,涵盖人民对美好生活向往的方方面面。共同富裕现代化基本单元最终

---

① 《扎实推进共同富裕现代化基本单元建设 为共同富裕和现代化先行打牢基础》,《浙江日报》,2022年5月28日。

② 未来社区和未来乡村的九场景略有不同。根据《浙江省未来社区建设试点工作方案》,未来社区包括邻里、教育、健康、创业、建筑、交通、低碳、服务和治理等九场景。根据浙江省《关于开展未来乡村建设的指导意见》,未来乡村包括产业、风貌、文化、邻里、健康、低碳、交通、智慧、治理等场景。

③ 《扎实推进共同富裕现代化基本单元建设 为共同富裕和现代化先行打牢基础》,《浙江日报》,2022年5月28日。

落脚于人民群众的日常生活,九大场景设计与日常生活的高度关联,不仅反映了人民对美好生活需要的日益广泛,更凸显出城乡基层治理本质上是一种对人民生活的治理,其直接指向引导群众怎样过好日子。[①]

共同富裕现代化基本单元建设包含着空间规划、改造新建、可持续运营三个环节,在规划建设上同浙江省"千万工程"、美丽乡村、城市风貌提升相承接,在技术支持上同数字化改革相衔接,在治理完善上同基层社会治理共振。建设类型上涵盖共同富裕城市基本单元的未来社区、共同富裕乡村基本单元的未来乡村、共同富裕城乡融合基本单元的城乡风貌样板区等。

综合而言,共同富裕现代化基本单元是以空间规划为基础,以赋能生产、生活、生态要素为内容,以基本公共服务城乡差距较小为要求的城乡居民生活家园。《浙江高质量发展建设共同富裕示范区实施方案(2021—2025 年)》中明确将共同富裕现代化基本单元建设作为"拓宽先富带后富先富帮后富有效路径,推进城乡区域协调发展先行示范"的重要路径。

(三)党建统领是共同富裕现代化基本单元建设有力推进的重要保障

党建统领最早使用在基层社会治理领域的政策表述中,具有与党建引领相同的内涵,强调的是政党在基层社会治理格局中的地位和功能。随着中国特色社会主义最本质特征是中国共产党的领导的理论提出以及党的政治建设不断增强的实践推动,党建统领具有了比强调党的领导更为宏观的理论内涵。浙江省在数字化改革和党建高地打造中进一步形成了聚焦维护党的领导、建设党员干部队伍、加强技术赋能的内容以及以"七张问题清单"为牵引的党建统领工作机制。[②] 党建统领形成了两个层面的含义,既重视引领、领导,也重视统合、整合。党建统领共同富裕现代化基本单元建设是指党的全面领导和全面加强党建工作贯穿基本单元建设全过程,并且发挥着最重要作用。

党建统领保障基本单元建设需要空间、人、钱三大要素。从空间要素来看,以共富为目标的城乡社区空间规划和场景设计存在的问题突出表现为公共空间的缺失,这种缺失包括以城市老旧类社区为主的物理空间缺失,更包括城乡社区普遍存在的公共服务空间的缺失。与此同时,浙江省数字化改革的

---

① 刘燕舞:《生活治理:分析农村人居环境整治的一个视角》,《求索》,2022 年第 3 期。
② 《推动"七张问题清单"工作机制不断深化拓展 进一步放大党建统领新优势努力打造省域党建高地》,《浙江日报》,2022 年 2 月 12 日。

推进也提出了城乡社区网络空间发展的需要。近年来,城乡社区通过一系列的文化、生活、服务类场所的建设,形成了以党群服务中心为核心的红色文化矩阵。例如,嘉兴市形成了各级党群服务中心、养老中心、5G医疗诊室、禾城驿站、社会文明站所、公共图书馆、乡村文化礼堂等公共空间矩阵,这些公共空间多围绕党群服务中心布局。在网络空间方面,逐步形成了数字化基础设施＋数据仓＋驾驶舱＋多端运用的架构,由党政部门统一部署开发、协调运作。从人的要素来看,基本单元的可持续发展取决于各种场景,尤其是"一老一小"问题是否解决,需要有充分的人力保障,这需要基层党组织、本地居民、驻地各类单位、物业公司、社会组织、经济组织等各类相关主体参与行动,但是社区建设滞后、社会组织发育有限、公共服务普惠性缺失、人力资源比较分散等特征使得基本单元内部人力资源参与意愿不足,更加需要党组织发挥引领作用。在已有的城乡发展实践中,村社党政一肩挑、领雁计划、小区楼宇党建等加强基层党组织建设的做法,党建联盟、临时党支部、党员联户等基层党建工作创新机制的建立都是政党调动各方力量参与基本单元建设的体现。从钱的要素来看,基本单元中的公共基础设施建设、公共服务支出、老旧社区改造、农村环境建设都需要大量资金做支撑,除了提供鼓励市场参与的政策支持、购买公共服务等政府行为,党支部领办合作社、党群创业、红色信贷、红色物业等党建推动发展的做法,也都充分反映了党建统领在促进基本单元建设过程中的作用。

二、共同富裕现代化基本单元建设的成效及经验

(一)共同富裕现代化基本单元建设的实施成效

当前,浙江省在党建统领下大力推动共同富裕现代化基本单元建设的成效主要包括三个方面。

一是以未来社区为抓手,推动城市人居环境、治理效能提升和城市更新迭代。2019年以来,浙江省大力推进未来社区建设工程。2019年1月,浙江省的政府工作报告中首次提出了"未来社区"概念;同年3月,出台《浙江省未来社区建设试点工作方案》,对未来社区的内涵、目标做出阐释。此后,未来社区建设工作迅速推进,《浙江省人民政府办公厅关于高质量加快推进未来社区试点建设工作的意见》《未来社区建设与运营通用要求》等政策和标准先后出台,

为未来社区建设提供了方向指引和操作细则。各地市也结合本地实际,积极探索未来社区建设路径,形成了一批特色样本。以嘉兴市为例,截至 2022 年 4 月,已经推进实施了 4 批共 19 个未来社区的建设,包括 8 个新建类未来社区和 11 个旧改类未来社区,并在积极部署推进第 5 批 10 个未来社区的建设。未来社区建设批次不断增加,频率不断加快,社区覆盖面不断拓宽,不仅推进了城市风貌的更新,也为营造了更人性化的人居环境、提升了城市治理效能、夯实了基层基础。

对旧改类未来社区而言,未来社区建设破解了老旧小区改造的难题,通过打造"服务""治理""教育""健康""邻里"5 个旧改类未来社区的必备场景,不仅提升了老旧小区的建筑风貌和整体环境,满足了社区居民居家养老、健康诊疗、教育学习等多方面的公共服务需求,也在数字赋能下提升了社区治理的智慧度。根据社区实际情况自选建设的其他应用场景则进一步提升了社区生活舒适度,补充了周边生活圈的基础设施建设,同时保证了社区形态的多样化,避免了重复建设带来的资源浪费。如嘉兴市桂苑社区通过数字化基础设施＋数据仓＋驾驶舱＋多端运用的架构,在 5 大场景中配合社区物联网建设、健康小屋、5G 云诊室、智慧书屋、居家养老服务中心、综合治理 App 形成未来社区数字化体系,选配的低碳、建筑、交通 3 个场景,则依托智慧垃圾分类、全市统建的信息模型平台和智慧停车场等应用,根据百姓需求落地。

对新建类未来社区而言,"一统三化九场景"的未来社区建设要求已经有机融入了城市规划、土地出让、项目建设的全过程,未来社区建设有效促进了房地产开发企业和社会力量的参与,房地产开发企业在未来社区建设方案编制中积极发挥了创新能动性,在与住建部门的合作中不断探索开发未来社区建设新形态的可能性。如嘉兴市渔里社区充分依托房地产开发企业万科的开发经验和技术优势,结合未来社区建设要求推出了一站式多层次邻里生活服务中心、多业态的小区办证大厅、"全景式、立体化"智慧服务平台等多个特色场景,通过数智赋能,提升未来社区的数字化水平。同时通过邻里商业、幸福学堂、社区书房、社区治理、公共交通等维度的创新探索,拓展社区生活服务的供给形式。

二是以未来乡村为抓手,推动乡村基础设施建设、公共服务提升和新型乡村建设。相较于未来社区建设,未来乡村建设虽然启动时间较晚,但推进效果显著。2022 年 1 月起,《浙江省人民政府办公厅关于开展未来乡村建设的指导意见》《浙江省未来乡村建设导则(试行)》等文件陆续出台,标志着浙江省开始系统推进未来乡村建设工作。《浙江省人民政府办公厅关于开展未来乡村建设的指导意见》明确指出,自 2022 年开始,全省每年创建未来乡村 200 个以上;到 2025 年,全省建设未来乡村 1000 个以上。《未来乡村建设规范》则系统回答了"建设什么样的未来乡村"这一根本问题。与未来社区相比,未来乡村的试点建设更注重保留乡村本土风貌,发挥乡村本土优势,按照"缺什么补什么、需要什么建什么"的原则,围绕未来产业、风貌、文化、邻里、健康、低碳、交通、智慧、治理等场景,深入实施乡村振兴战略,着力构建引领数字生活体验、呈现未来元素、彰显江南韵味的乡村新社区。虽然未来乡村建设工作起步较晚,但与前一阶段美丽乡村的政策衔接得较好,各地在已有基础上推进了差异化的未来乡村建设模式,取得了良好成效。如嘉兴市围绕"平原水乡未来乡村"的特点,结合各地已有的美丽乡村品牌,以"未来嘉乡"为主题,系统建设"嘉乡"主题下的系列未来乡村场景。同时,由于乡村发展基础较好,嘉兴正在探索实施"全域未来乡村",依托市级未来乡村的建设,以镇域内一个省级未来乡村带动若干市级未来乡村形成一个片区,进而实现"以点带面"的建设模式,深度契合共同富裕的内涵。

三是以城乡风貌样板区为抓手,推动城乡融合和整体智治体系建设。推进城乡区域协调发展是高质量发展建设共同富裕示范区的应有之义,《浙江高质量发展建设共同富裕示范区实施方案(2021—2025 年)》中将"大力建设共同富裕现代化基本单元"相关内容安排在"拓宽先富带后富先富帮后富有效路径,推进城乡区域协调发展先行示范"中,体现了省委省政府坚持城乡社区协调建设、防止建设不平衡带来更大城乡差距的战略意图。在推进机制中,浙江省以城乡风貌样板区和"新时代富春山居图样板区"的评选认定作为抓手,牵引各地探索城乡社区统筹建设、统筹发展、统筹治理的新模式。实践推进中,牵头未来社区建设的住建部门和牵头未来乡村建设的农业农村部门有效协同,在理论共研、标准共建、机制共享的基础上同步推进城乡社区建设,城乡差距得到持续弥补。如嘉兴市在顶层设计上打通城乡融合路径,将《城镇社区建设专项规划》和《全域未来乡村规划》纳入统一体系编制,制定统一的城乡生活圈组织规划、公共服务设施布局规划。在王店镇的实践中,长三角(嘉兴)规划设计集团与王店镇开展全方位合作,破除城乡"二元结构",首次将两个部门关于城乡空间格局的工作通过"一张蓝图"统筹实施。嘉兴市在共同富裕现代化的城乡融合基本单元建设中形成了三个策略:一是同时打通城乡联动"大环线",打破道路阻碍和文化壁垒,实现从城到乡的空间连通和文化延续;二是重塑城乡联动"生活圈",在建设中既强调片区化打造,推动城乡场景共建共享,又充分考虑在融合中凸显各自特色;三是把数字化改革理念全面融入未来乡村和未来社区创建中,实施"一网统管"路径,打造横向融合、纵向贯通、内部集成、多端协同的"城乡社区大脑",全面打通数据壁垒,有效整合城乡管理资源,宏观掌控全域建设进展,高效提升社区运维能力。

(二)共同富裕现代化基本单元建设的主要经验

坚持党统领一切,充分统筹规划建设。坚持党的全面领导原则在基层城乡社区的贯彻,不只强调基层党组织的引领作用,更突出党建发挥的统合作用。实践中,党建统领是未来社区和未来乡村建设"一统三化九场景"中的根本原则,也是共同富裕现代化基本单元建设取得成效的重要原因。已有的未来社区和未来乡村的建设治理实践都表明,只有发挥党组织的领导作用、党建的统领作用,才能为社区建设和社区治理确立正确的方向、协调多方面的力量、带来充足的资源,才能实现共建共享。

坚持以人民为中心,充分共享发展成果。要把党的执政理念贯穿始终,保证共同富裕现代化基本单元建设秉持正确的价值导向。未来社区和未来乡村建设都将人本化作为重要方向,是以人民为中心的执政理念在基层建设和治理中的具体体现。无论是未来社区还是未来乡村的建设实践,都强调在民生导向和需求导向下延展,例如在场景建设前都会按照"听民声、汇民智、重民意"的工作方法,广泛深入开展群众意愿调研,使得落地后的场景切实符合各类不同城乡社区的差异化需求。

坚持多元协同治理,充分整合外部力量。充分发挥党组织总揽全局、协调各方的引领统合作用,实现共享治理。在党建联盟等多种创新形式的驱动下,多元主体共同参与到城乡社区工作之中,不仅能有效降低政府的行政负担,也符合社区治理的基本规律。在未来社区的建设中,政府、房地产开发公司、物业公司、业主居民等发挥了不同的重要作用;在未来乡村的建设中,第一书记、驻村工作人员和特派员、农业企业、不同身份的村民等承担起了重要职能。

坚持数字化赋能,充分打造智治平台。在数字文明新时代,数字党建成了提升基层治理能力的重要机制创新,党建统领的整体智治体系正加速形成并不断下沉到基层。在数字化改革基层"141"体系下,各未来社区和未来乡村充分推进数字化应用场景建设,以数字化改革为引领,提升未来社区和未来乡村的治理现代化水平,也加快实现了数字化与产业发展、公共服务等的融合,缩小了城乡"数字鸿沟",有效助力了未来社区和未来乡村的持续发展。

坚持绿色发展理念,充分体现生态文明。城乡社区是充分体现党的绿色发展理念的基础单元,共同富裕现代化基本单元建设中也突出了生态文明建设的需要。在社区和乡村范围内,应全面开展生态环境的保护和修复,引导低碳生产和生活方式,保留城乡特色风貌,实施可持续发展战略,在提升城乡社区韵味的同时,改善人居环境和社区风貌,提升居民幸福感和获得感,并将其转化为新的产业优势。

三、以党建为统领,推动建设共同富裕现代化基本单元的路径优化

对照《中共中央、国务院关于支持浙江高质量发展建设共同富裕示范区的意见》《浙江高质量发展建设共同富裕示范区实施方案(2021—2025 年)》等的目标要求,未来五年,围绕共同富裕示范区建设"四纵""四横"体系的优化和实施,要大力发挥党建统领在共同富裕现代化基本单元建设中的积极作用和有效机制,以党建统领共同富裕基本单元建设,提升共同富裕现代化基本单元建设的科学性、有效性,充分发挥党建统领的抓手作用。

(一)在规划建设中发挥党组织的统领作用

共同富裕是一个逐步推进的过程。当前浙江省以未来社区、未来乡村、城乡风貌样板区为基本单元来推进共同富裕,涉及前文所述空间要素、人的要素、钱的要素,只有发挥好市—县(市、区)两级党组织的统筹整合作用,才能更好地实现这些资源要素的合理配置。

加强规划建设的统筹。共同富裕现代化基本单元建设是面向未来的,因此必须加强规划和顶层设计。当前,全省共同富裕现代化基本单元建设一般由地级市来统筹,以县(市、区)为单位来推进。因此,各地级市、各县(市、区)都要加强统筹谋划,对不同类型基本单元的配比,各基本单元的空间占比、人力资源投入、财政投入等进行前瞻性谋划和论证,以实现各类资源要素的合理配置。各县(市、区)在谋划基本单元相关配套公共服务设施时,要综合整个区域的现状与需求来统筹谋划。譬如,嘉兴市南湖区通过单元边界调整的方式,形成一个规划范围内农翔、桂苑、枫杨三个未来社区实施单元共建模式,既节

约资金、土地等要素，又整合并满足了各基本单元对公共服务的需求。

加强群众需求的调研。共同富裕现代化基本单元承载着更好地满足新时代人民对美好生活向往的使命。因此，在规划建设时，只有充分了解人民群众需求，并把人民群众的需求贯彻落实到基本单元的规划设计当中去，才真正完成了基本单元建设的使命。不同地区、城乡、未来社区、未来乡村群众的内在需求具有较大差异。譬如，作为旧改类未来社区的桂苑社区和作为新建类未来社区的渔里社区，对九大应用场景的具体需求不尽相同，这就要求在规划设计之前充分做好调研，深入了解不同基本单元内人民群众的不同需求，并以此为导向建设基本单元内的应用场景。

加强项目建设的管理。未来社区、未来乡村、城乡风貌样板区建设都需要投入大量的人力、物力、财力，而且建设工期长、群众期待度高。因此，在项目建设中发挥好党组织的作用，有助于确保工程质量、提升人民群众满意度。当前在基本单元建设、改造过程中，可探索推广在项目推进过程中建立临时党支部的方式，充分发挥党组织和党员的示范引领作用，做到"项目不竣工、党员不撤退，居民不满意、支部不解散"，从而发挥党组织和党员引领整个项目的工作人员进而带动周边群众的作用，在确保提升工程质量的同时形成良好社会风气。同时，在项目建设过程中建立以"七张问题清单"为主要内容的"照镜子"机制，构建问题发现靠党建、问题发生查党建、问题解决看党建的工作格局，以问题发生率以及党组织党员主动发现问题率、主动解决问题率等，综合评价党建工作成效。

（二）在运营维护中发挥党组织统领作用

未来社区、未来乡村、城乡风貌样板区改造、建成、启用后，想要有效发挥各应用场景的作用以满足人民群众对美好生活的需求，同样需要党组织发挥统领作用，将党组织、制度、目标、空间等要素融入共同富裕现代化基本单元。

积极发挥党组织作用，实现主体嵌入。在基层社会治理体系中，党组织居于核心领导地位。因此，要做好未来社区、未来乡村、城乡风貌样板区的基层治理工作，就必须在这些基本单元中建立基层党组织并发挥好其统领作用，使其成为党在基本单元中组织群众、凝聚群众、服务群众的桥梁和纽带。同时，针对共同富裕现代化基本单元建设中可能存在的社区党组织对居委会决策影响力不够、业委会人员政治性专业性不强、部分决策无法满足居民切身利益需求及无法紧贴当地党委政府工作大局等问题，可以通过在党员业主中成立功能型党组织的方式,及时对接党委政府工作要求与居民切身利益诉求。一方面,可以将党委政府的部署要求传达到基本单元当中去;另一方面,可以提高居民在居委会决策中的影响力,实现相融相通、良性互动。

积极探索关联制度结构,实现制度嵌入。制度建设更具根本性、全局性、稳定性、长远性,加强基层治理能力和治理现代化建设关键靠制度。如嘉兴市实施的机关在职党员"一编三定"制度、新时代"网格连心、组团服务"制度等,在联系服务群众方面都发挥了很好的作用。针对共同富裕现代化基本单元建设中可能存在的服务力量有限、服务内容单一、无法精准掌握群众需求等问题,可推动机关在职党员到社区报到制度与之相结合,深化新时代"网格连心、组团服务"制度,通过在基本单元内精准划分网格,提升服务的针对性、有效性等,发挥机关党员干部的特长,开展政策宣传、健康服务、卫生整治、矛盾调解、平安建设、纾难帮困等组团服务,不断提升共同富裕现代化基本单元的公共服务质量和服务水平,增强基本单元内人民群众的获得感、幸福感、安全感。

积极构建党的价值引领,实现目标嵌入。党的价值目标与人民群众的价值目标是高度统一的。在以党的价值目标引领共同富裕现代化基本单元运行过程中,可通过多种多样的方式来表达和传递党的价值目标。譬如,在基层党组织活动场所开展活动时,在共同富裕现代化基本单元内的公共活动空间、公共服务场所等,以及党群干群的交流沟通中,都可以有目的、有计划地嵌入党的价值目标,使之潜移默化,成为群众的自觉认识,提升党的价值目标的引领性。

进一步加强党群服务中心建设,实现空间重塑。党群服务中心作为面向党员、基层干部、入党积极分子和周边群众开展党务政策咨询、办理党内业务、传播党建理论知识、提供党员政治生活的空间载体,在共同富裕现代化基本单元运行中也发挥着非常重要的作用。要以集约化方式推进党群服务中心建设,对资源整合加强领导,对中心服务项目注重便民惠群的顶层设计,将其打造成为贴近党员、贴近群众的站点,让群众在门口的党群服务中心就能找到组织,方便快捷地享受到政策咨询、家电维修、餐饮预订、在线诊疗等公共服务,使之成为群众想来、爱来、盼来、还想来的活动阵地,真正成为沟通党员和群众、密切党群干群关系的空间载体。

作者:卿 瑜,任 媛,彭世杰,王子琦(中共嘉兴市委党校)

勇于自我革命建设清廉高地

新时代,中国共产党"开展了史无前例的反腐败斗争","找到了自我革命这一跳出治乱兴衰历史周期率的第二个答案","管党治党宽松软状况得到根本扭转,风清气正的党内政治生态不断形成和发展,确保党永远不变质、不变色、不变味"。① 浙江作为中国革命红船起航地、改革开放先行地、习近平新时代中国特色社会主义思想重要萌发地,自觉坚持以习近平新时代中国特色社会主义思想为指导,全面贯彻落实习近平总书记"干在实处永无止境,走在前列要谋新篇,勇立潮头方显担当""努力成为新时代全面展示中国特色社会主义制度优越性的重要窗口"等重要指示批示精神,不断深化清廉浙江建设,营造风清气正的良好政治生态,持续推进以党的自我革命引领社会革命的省域实践。

一、以党的自我革命引领社会革命的浙江样本

习近平总书记多次引经据典、援古证今,深刻阐释中国共产党初心如磐、历久弥坚的自我革命精神。他强调,中国共产党人"不要人夸颜色好,只留清气满乾坤",要通过不懈努力换来海晏河清、朗朗乾坤。进入新时代以来,浙江笃学践行习近平新时代中国特色社会主义思想和习近平总书记关于党的自我革命的战略思想,深入把握以党的自我革命引领社会革命的新要求,2017 年在全国省域层面率先开展全域性的清廉建设,先后出台了一系列政策措施。

---

① 习近平:《高举中国特色社会主义伟大旗帜　为全面建设社会主义现代化国家而团结奋斗——在中国共产党第二十次全国代表大会上的报告》,人民出版社 2022 年版,第 13—14 页。

2017年,浙江省第十四次党代会提出建设清廉浙江的战略目标;2018年,浙江省委十四届三次全会通过《关于推进清廉浙江建设的决定》;2022年,浙江省第十五次党代会提出全域深化清廉浙江建设,打造新时代清廉建设高地。近些年来,浙江省在高质量发展中奋力推进中国特色社会主义共同富裕先行和省域现代化先行,以党的自我革命引领社会革命的省域实践不断取得标志性成果和治理效能。

清廉浙江建设,形成了以"三不腐""'四清'+"为标志的理论成果、文化成果,回答了以党的自我革命引领社会革命的有关重大理论和实践问题。习近平同志在浙江工作期间,强调"坚持把维护党的政治纪律放在首位,坚决查处有令不行、有禁不止、各行其是等严重违反纪律的行为"[1],坚定维护党中央权威和集中统一领导;提出通过事前教育使人不想腐败,通过事后处理使人不能腐败,通过全过程监督使人不敢腐败,并要求不断强化"不能为"的制度建设、"不敢为"的惩戒警示和"不想为"的素质教育,形成了一体推进"三不腐"的初步构想。浙江依据习近平同志在浙江工作期间针对管党治党、党风廉政建设和反腐败斗争提出的一系列重要论述,紧密结合中央精神和省域实际,持续进行"三不腐"体制机制的探索与实践,为新时代形成一体推进"三不腐"的方针方略做出了浙江贡献。建设廉洁政治是中国共产党的一贯主张,党的十八大提出了"建设廉洁政治""做到干部清正、政府清廉、政治清明"的重大任务和目标要求,对党的自我革命、全面从严治党和反腐败斗争提出了更高要求。浙江在此基础上提出了干部清正、政府清廉、政治清明、社会清朗的"四清"目标要求,深化和拓展了廉洁政治建设的时代内涵。2022年2月,中共中央办公厅印发的《关于加强新时代廉洁文化建设的意见》,总结提炼了党的十八大以来全面从严治党的有效做法和有益经验,吸收了浙江首创的"四清"理论成果,要求"惩治震慑、制度约束、提高觉悟一体发力,推动廉洁文化建设实起来、强起来,不断实现干部清正、政府清廉、政治清明、社会清朗"。浙江高度重视党的自我革命、全面从严治党、反腐败斗争的经验总结和理论研究,聘请10位特约研究员每年围绕一个主题进行深入研究,先后举办了中国廉政研究论坛、"清廉中国与中国式现代化"等理论研讨会,形成了以《清廉中国:中国共产党治理腐败的时代图景》《全面从严治党　建设清廉浙江》等为代表的高质量研究成果。

---

① 习近平:《干在实处　走在前列——推进浙江新发展的思考与实践》,中共中央党校出版社2006年版,第449页。

浙江率先在省域层面探索构建清廉建设的"四梁八柱",创造了诸如"清廉浙江""四清""清廉思想""清廉纪律""清廉单元"等具有政治性意蕴、通识性表达的概念范畴,形成了具有浙江特色的党的自我革命、全面从严治党和反腐败斗争话语体系,为推进以党的自我革命引领伟大社会革命提供了重要话语支撑。浙江创新开展"不想腐"的思想堤坝和道德定力建设,推动实现从廉政文化到清廉文化再到廉洁文化的发展跃迁,举办有影响力的廉洁文化活动,打造廉洁文化精品矩阵,持续丰富廉洁文化产品供给,形成了一系列具有浙江辨识度的文化成果。这一系列重要的理论成果、文化成果,回答了以党的自我革命引领伟大社会革命的政治意蕴、理论逻辑、历史嬗变、现实依据、话语表达、文化内核等一系列重大理论与实践问题,为更好地推进党的自我革命、全面从严治党和反腐败斗争的理论创新与实践发展做出了浙江贡献。

清廉浙江建设,原创了以"7+N"为标志的清廉单元模式,深化了对以党的自我革命引领社会革命,打造海晏河清、朗朗乾坤的清廉中国的规律性认识。习近平总书记在中共中央政治局第四十次集体学习时强调,各地区各部门要紧密结合实际,对自身政治生态状况进行深入分析,找准腐败的突出表现、重点领域、易发环节,有针对性地集中整治,全力攻坚、务求实效。浙江在全国率先提出并开展了清廉单元建设,紧紧抓住清廉浙江建设系统工程中的关键领域,大力推动机关、村居、学校、医院、国企、民企、交通等七大清廉单元建设,注重分类推进,督促相关职能部门细化清廉单元建设的实施意见,以最小颗粒度的清廉细胞建设为基础,层层向下解构,适时将条件具备、需求迫切的 N 个重点领域(系统)纳入重点清廉单元建设,深化迭代"7+N"清廉单元建设推进体系,推动清廉单元建设与部门治理、行业治理、单位治理、基层治理紧密结合并同步推进,做到重点突破、单元推进、系统集成,形成各具特色,具有普遍意义和推广价值的原创性经验和标志性成果。制定了清廉建设"5+N+1"指导性评价指标,明确管党治党严实度、行权用权规范度、监督制约严密度、全面从严治党成效度和廉洁文化浸润度等五类核心指标以及一类反向指标,由各部门结合实际制定 N 类个性指标,并指导各地各部门结合实际制定各单位的评价细则,形成了一整套适用全省的、具体可操作性的清廉单元建设标准范式、规范模板。打造一批清廉建设标杆,分层分类选树一批清廉单元建设先进典型。省级相关牵头职能部门共培育清廉建设先进典型 500 余家,并以现场推进会、工作简报、媒体发布等形式进行宣传推广,以充分发挥清廉单元的标杆引领作用,深化对清廉建设、腐败治理必须聚焦重点领域和关键环节,以点带面、重点突破、抓纲带目、辐射全局，必须坚决清理风险隐患大的行业性、系统性腐败，有效防范化解腐败风险及关联性经济社会风险的认识。

清廉浙江建设，构建了以国家监察体制改革试点、"老百姓家门口的纪委监委"等为标志的监督体系创新成果，丰富了中国特色社会主义监督道路的时代内涵。习近平总书记强调，要保持反"四风"、正党风、反腐败、倡清廉的战略定力，坚持毫不松劲抓、锲而不舍抓，要求坚持和完善党和国家监督体系，扎紧防治腐败的制度笼子。浙江勇挑国家监察体制改革先行先试重任，以中央赋予的监察体制改革试点为契机，在全国率先实现对公职人员的国家监察全覆盖，健全纪律、监察、派驻、巡视"四项监督"一体推进、整体联动机制，积极探索党内监督与人大监督、民主监督、行政监督、司法监督、审计监督、财会监督、统计监督、群众监督、舆论监督等贯通协调的有效途径，着力构建党统一领导、全面覆盖、权威高效的省域监督体系，为全国面上的改革提供样本、贡献经验。浙江围绕"监督有效"推动监督下沉、落地，深化运用"后陈经验"，在全省所有乡镇（街道）设立监察办公室，扎实推进乡镇（街道）纪检监察工作规范化建设，在村（社区）建立监察工作联络站，使之与村务监督委员会工作一体运行，有机整合各种力量，持续织密基层监督网络，全力打造"老百姓家门口的纪委监委"。2018年，浙江宁海创制的小微权力清单制度被写入《中共中央国务院关于实施乡村振兴战略的意见》，象山的村民说事制度也被写入2019年中共中央办公厅、国务院办公厅印发的《关于加强和改进乡村治理的指导意见》。浙江在派驻机构改革、巡视巡察上下联动、纪法衔接贯通、"室组地"联动等方面创建的一系列纪检监察体制改革创新成果，具有鲜明的中国特色、浙江风格，为破解权力监督世界难题、创造人类政治文明新形态提供了浙江经验、浙江方案，丰富了中国特色社会主义监督道路的时代内涵。

清廉浙江建设，打造了以公权力大数据监督多跨协同场景等为标志的数字化改革成果，推动了以党的自我革命引领的社会革命和腐败治理载体手段的迭代升级。习近平总书记强调，当今世界，信息技术创新日新月异，数字化、网络化、智能化深入发展，在推动经济社会发展、促进国家治理体系和治理能力现代化、满足人民日益增长的美好生活需要方面发挥着越来越重要的作用。浙江以"最多跑一次"改革、数字化改革为牵引，围绕实现权力数字化、行权留痕化、异常预警化、监督集成化，分阶段推进公权力大数据监督应用建设，构建"一网一仓一脑一链"功能架构，推进公权力监督理念变革、效率变革、动力变革。基层公权力大数据监督率先开路，多跨协同场景在全省上线运行，对村级工程、劳务用工、"三资"管理等六大类基层小微权力事项进行动态监督、实时预警，深度融入全省数字化改革，大力推进公权力大数据监督应用建设，深化应用建设"一本账"管理，统筹协同推进 40 个重点领域（系统）监督应用场景建设；行政权大数据监督及时跟进覆盖，以派驻监督为切入口，交通工程、国有房产、涉企补助、高校科研经费、拆迁等 5 个领域公权力大数据监督多跨协同场景成功点亮，探索形成了以预警查实率、主动发现率、整改完成率、问题复发率为核心的评价指数，逐步推动实现所有公权力运行更加规范、透明、高效。基层和交通工程公权力大数据监督多跨协同场景先后获评全省数字化改革第一、二批最佳应用。浙江借力"看不见"的数字化技术消除监督的盲区，奋力推进权力监督水平再跃升，创新升级"两个革命"、清廉浙江、反腐败斗争的载体和手段。

清廉浙江建设，探索了以"四清"总体要求、"两步走"战略步骤、正风肃纪反腐"八大行动"等为标志的清廉建设"四梁八柱"，勾勒了海晏河清、朗朗乾坤的清廉中国美好图景。党的二十大报告指出："我们党作为世界上最大的马克思主义执政党，要始终赢得人民拥护、巩固长期执政地位，必须时刻保持解决大党独有难题的清醒和坚定。"浙江在谋划推进党的自我革命的省域实践中，创造性地提出了干部清正、政府清廉、政治清明、社会清朗的"四清"总体要求，明确了"各级党组织管党治党的责任意识更加自觉，党内政治生活更加规范，党内政治生态更加纯净"的"三个更加"和"不收敛、不收手的腐败犯罪案件增量明显下降，领导干部腐败犯罪案件数量明显下降，行贿案件数量明显下降"的"三个明显下降"的具体目标，提出了更加突出全面从严治党这条主线、更加突出融入全省发展大局等 7 项工作要求，明确了深化清廉机关建设、清廉村居建设、清廉学校建设、清廉医院建设等 8 项重点任务，按照 2022 年和 2035 年两个时间节点规划了"两步走"的战略安排，推出了政治监督大护航、深化改革大攻坚、正风肃纪大深化、巡视巡察大联动等正风肃纪反腐"八大行动"，构建起清廉浙江建设的"四梁八柱"。2020 年 11 月，中央政治局常委、中央纪委书记赵乐际同志对清廉浙江建设给予充分肯定，并寄予殷切希望，要求浙江把握全面从严治党形势任务及阶段性特征，更加突出政治监督，更加突出高质量发展主题，更加突出整治群众身边腐败和不正之风，更加突出发挥监督治理效能，更加突出严管厚爱结合、激励约束并重，努力实现政治效果、纪法效果、社会效果的有机统一。几年来，清廉浙江建设经验在全国 10 多个省（区、市）得到推广，清廉湖南、清廉山西、清廉内蒙古、清廉云南、清廉湖北等陆续布局推进，展现了清廉建设的战略价值、时代共识、普遍意义。

二、高水平推进以党的自我革命引领社会革命的省域进路

在全面建设社会主义现代化国家、向第二个百年奋斗目标进军的新征程上,浙江要深入学习习近平新时代中国特色社会主义思想和党的二十大精神,进一步推动清廉浙江建设迭代升级,全域全面打造新时代清廉建设高地,高水平推进以党的自我革命引领社会革命的省域实践,为建设清廉中国、健全党的全面领导体系、完善党的自我革命制度规范体系贡献更多的浙江经验。

(一)目标定位

坚持以更宽广的视野、更长远的眼光、更系统的思维谋划清廉浙江建设迭代升级工程,高水平推进以党的自我革命引领社会革命的省域实践。

其一,高站位争当笃学践行习近平新时代中国特色社会主义思想和习近平总书记关于党的自我革命战略思想的排头兵。始终把学习贯彻落实习近平新时代中国特色社会主义思想和习近平总书记关于党的自我革命战略思想作为一项重大政治任务,把习近平总书记的重要指示、重大部署作为浙江奋进新时代新征程的指路明灯,从讲政治的高度引导党员干部学深悟透、融会贯通、真信笃行、深刻理解伟大思想的重大意义、科学内涵、实践要求,建立健全学习传承宝贵财富的长效机制,高度重视自我净化、自我完善、自我革新、自我提高,做到时时对标、处处看齐,坚定不移沿着习近平总书记指引的路子走下去。

其二,高水平创建全面从严治党的示范区。推进"两个先行",关键在党。要全面落实新时代党的建设的总要求,大力弘扬伟大建党精神、红船精神、浙江精神,完善"两个维护"制度机制,健全党的领导制度体系,健全党建统领问题管控机制,坚定不移深化正风肃纪反腐,严格落实管党治党政治责任,全面推动管党治党从宽松软向严紧硬的根本性转变,纵深推进全面从严治党,打造全面从严治党的示范区。

其三,高质量打造清廉中国的"重要窗口"。全面提升一体推进不敢腐、不能腐、不想腐的能力和水平,奋力在统筹推进各领域反腐败斗争上实现新突破,在打造浙江版亲清政商关系上实现新突破,在持续巩固风清气正的良好政治生态上实现新突破,在推进监督体系系统性重塑上实现新突破,坚决打赢反腐败斗争攻坚战、持久战,打造海晏河清、朗朗乾坤的清廉中国的"重要窗口"。

其四,高标准建设破解世界难题的省域样本。腐败的主要特征是以权谋私,反腐倡廉的核心是权力的监督和制约。打造清廉浙江建设升级版,必须始终保持国家监察体制改革先行试点的"气"和"劲",完善权力监督制度和执纪执法体系,健全管权治吏的体制机制,建立腐败预警惩治联动机制,深化党内监督与其他监督的贯通协同,突出数字赋能智慧监督,加快"浙里公权力大数据监督应用"建设,构建数据高度归集、业务高度集成、监督高度协同、运行高度智能的新型监督机制,健全"大监督"格局,为破解反腐败世界难题提供权力监督的浙江样本。

(二)实施八大升级版举措

实施政治领廉工程,创新"两个确立""两个维护"的落实体系。坚持以党的政治建设统领清廉浙江建设,把贯彻落实"两个确立""两个维护"作为重大政治任务和根本政治纪律,创新"两个确立""两个维护"的理论武装机制、政治监督机制、闭环落实机制,坚持全方位对标、全流程对表,定期梳理习近平总书记重要讲话、重要指示批示和党中央重大决策部署,完善"建台账、督落实、强检查、专报告、严问效"的全链条闭环贯彻落实机制,构建全省上下一体联动、一体实施、一体推进的落实工作体系,推动"两个确立""两个维护"深深根植于全省党员干部群众的心中,把拥戴核心、紧跟核心落实在浙江高质量发展上。

实施学科研廉工程,创新中国特色、浙江风格的理论体系。以国务院学位委员会将纪检监察学科作为法学门类一级学科并列入《学位授予和人才培养学科专业目录》为契机,加快推动纪检监察学科建设,逐步设置党的纪律检查学、国家监察学、廉政学、监督法学等学科方向,加强纪检监察学科人才、师资队伍、课程体系、教材体系、实践体系建设。加强基础理论研究,充分发挥全省党校、社科院、高校等哲学社会科学研究"五路大军"的重要作用,全面加强党的自我革命、清廉建设的内涵外延、深层逻辑、学理价值、内在规律与理论创新空间等基础理论研究,打造系统化、理论化的新概念、新范畴、新表述,分析研究清廉建设与党的建设伟大工程、党的自我革命、全面从严治党、党风廉政建设及反腐败斗争的关系,构建具有中国特色的学科体系、学术体系、话语体系。

实施全域共廉工程,创新分类科学、评价标准的清廉单元体系。扎实推进清廉浙江基本单元建设,优化划分标准,推动清廉单元建设向全方位、多层次、宽领域延伸拓展。深化单元分类,按照区域、行业、身份、功能等完善清廉单元划分标准。从区域上看,可将清廉单元划分为清廉中国、清廉省份、清廉城市

（区）、清廉村居、清廉家庭；从行业上看，可将清廉单元划分为清廉机关、清廉企业、清廉交通、清廉医院、清廉学校等；从身份上看，可将清廉单元划分为清廉干部、清廉职工、清廉市（居）民等，从而加强分类指导、建强基本单元。打造示范标杆，分类构建清廉单元建设标准，形成一套普遍适用、可操作、可推广的清廉单元建设标准范式、规范模板，培养选树各类清廉单元建设样板，打造一批可复制、可推广的示范标杆，推动清廉单元的专业化、标准化、体系化建设，提升清廉单元整体创建水平。

实施利剑护廉工程，创新遏增清存、震慑常在的惩治体系。准确把握腐败阶段性特征和变化趋势，保持零容忍的警醒、零容忍的力度，统筹推进各领域反腐败斗争，紧盯政治问题和经济问题交织的腐败案件，紧盯干扰落实"三新一高"腐败新问题新动向，始终保持纠正"四风"的高压态势，持之以恒落实中央八项规定精神，紧盯政策支持力度大、投资密集、资源集中的重点领域和关键环节，紧盯政法、教育、医疗、国企、金融等重点领域和开发区（园区）招商引资、地方各类平台公司资本运作、基础设施建设、公共资源交易、土地性质变更、政府单一来源采购等关键环节的腐败问题，紧盯"期权腐败""影子腐败"等隐性腐败、新型腐败，始终做到利剑高悬、震慑常在。

实施制度保廉工程，创新系统集成、贯通协同的监督体系。建立完善权力监督制度和执纪执法体系，真正实现制度管权、管人和管事，将权力关进制度的笼子，不断把制度优势转化为治理效能。坚持用法治思维和法治方式推进清廉浙江建设，加强党的自我革命、清廉建设、反腐败立法和制度建设，及时将好的做法、经验上升为法律制度，着力建立健全监测、研判、预警、干预、处置制度，建立健全以案促改、以案促建、以案促治制度，建立健全对"一把手"和"关键少数"的监督制度，用刚性制度约束用权行为，充分发挥制度的根本性、全局性和长期性作用。

实施改革促廉工程，创新数智赋能、多跨整合的动力体系。充分发挥好大数据等数字化技术、手段在推动清廉浙江建设上的乘数效应，推进改革由局部探索、破冰突围向全面深化转变，努力在更多领域实现历史性变革、系统性重塑、整体性重构，推进清廉浙江建设改革创新从"碎片化"向"系统化""协同化"转变，以改革活力增强清廉浙江建设动力。切实落实反腐败体制机制的工作要求，发挥人民群众在清廉浙江建设中的深厚伟力，认真践行党的群众路线，构建人民群众参与清廉浙江建设的制度机制，畅通举报投诉渠道，建立激励与保障相结合的机制，进一步激发群众参与清廉浙江建设的积极性。

实施文化润廉工程，创新分层分类、全面覆盖的教育体系。认真落实党中央《关于加强新时代廉洁文化建设的意见》，鲜明提出"文化清新"的清廉浙江建设的新目标，全面深化廉洁文化建设，厚植廉洁奉公文化基础，用革命文化淬炼公而忘私、甘于奉献的高尚品格，用社会主义先进文化培育为政清廉、秉公用权的文化土壤，用中华优秀传统文化涵养克己奉公、清廉自守的精神境界。聚焦关键少数，突出公职人员，覆盖社会大众，深入推进清廉文化进机关、进村居、进学校、进医院、进企业、进行业、进家庭，开展分众化、个性化精准传播，分层分类推进廉洁文化教育，构建廉洁文化终身教育体系。

实施责任筑廉工程，创新多责协同、同题共答的责任体系。全面落实清廉建设党委（党组）主体责任、纪委监督推动责任，压紧压实党委（党组）书记第一责任人责任、班子成员"一岗双责"，紧紧抓住清廉建设的"关键人""关键制""关键事"，强化"多责协同"联动效应；坚持"抓系统就要抓创建，管行业就要管清廉"，落实行业管理、属地管理责任，细化实化"室""组""地"责任，打造履责有力的"责任共同体"。

作者：董　瑛，吴国干（中共浙江省委党校）

心怀国之大者推进人才强省

"加快建设世界重要人才中心和创新高地"是 2021 年 9 月中央人才工作会议提出的战略目标。当前我国进入了向第二个百年奋斗目标进军的新征程,人才工作站在一个新的历史起点上。党的二十大报告中开辟专章专门强调"强化现代化建设人才支撑",指出"必须坚持科技是第一生产力、人才是第一资源、创新是第一动力",要求"真心爱才、悉心育才、倾心引才、精心用才,求贤若渴,不拘一格,把各方面优秀人才集聚到党和人民事业中来"。近年来,少数发达国家通过设置技术壁垒和技术管制清单制约发展中国家,一些"卡脖子"技术问题给我国发展带来了严峻挑战。实现我们的奋斗目标,高水平科技自立自强是关键。能否吸引到大量优秀人才、有效加快自主创新步伐,关系到浙江争创社会主义现代化先行省的成败。从加快建设人才强省到全面实施科技创新和人才强省首位战略,浙江突出创新制胜,打造世界重要人才中心和创新高地战略支点,向人才要创新,向创新要发展,不断开辟发展新领域新赛道。

一、加快建设世界重要人才中心和创新高地是浙江发展的必然选择

国际舞台上综合国力的竞争说到底就是人才竞争。我国要实现高水平科技自立自强,归根结底靠高水平创新人才。党的十八大以来,我国人才资源总量快速壮大,成为全球规模最宏大、门类最齐全的人才资源大国。2020 年全球创新指数排名显示,我国排名从 2015 年的第 29 名上升到第 14 名。同时,我国逐步从世界最大人才流出国转变为主要人才回流国。尽管我国研发人员总量居世界第一,但重要标志性的科研成果还不多,重大原始创新能力仍然不

强,关键核心技术每每受制于人。实现中华民族伟大复兴,需要构建一流强国的软实力与硬实力,掌握世界重要科学和产业的话语权,研发一批改变生产生活的颠覆性科学技术,涌现一批具有全球影响力的领军企业,一步一步建成世界重要人才中心和创新高地。

建设世界重要人才中心和创新高地,需要着眼全国推进战略布局,形成点、线、面结合的战略支撑体系,通过在整体层面上布局若干人才发展支点,打造区域人才发展增长极和能量核,做强区域中心人才集聚发展地标,以点带面,带动辐射面上的发展。在中央人才工作会议上,习近平总书记用"八个坚持"概括了新时代人才工作的新理念新规律新举措:一是坚持党对人才工作的全面领导;二是坚持人才引领发展的战略地位;三是坚持面向世界科技前沿、面向经济主战场、面向国家重大需求、面向人民生命健康;四是坚持全方位培养用好人才;五是坚持深化人才发展体制机制改革;六是坚持聚天下英才而用之;七是坚持营造识才爱才敬才用才的环境;八是坚持弘扬科学家精神。并明确做出世界重要人才中心和创新高地建设空间战略布局:在北京、上海、粤港澳大湾区建设高水平人才高地,一些高层次人才集中的中心城市也要着力建设吸引和集聚人才的平台,开展人才发展体制机制综合改革试点,集中国家优质资源重点支持建设一批国家实验室和新型研发机构,发起国际大科学计划,为人才提供国际一流的创新平台,加快形成战略支点和雁阵格局。习近平总书记还对"加快建设世界重要人才中心和创新高地"的具体时点、完成指标和实现进展做出具体要求,明确到 2025 年,"全社会研发经费投入大幅增长,科技创新主力军队伍建设取得重要进展,顶尖科学家集聚水平明显提高,人才自主培养能力不断增强,在关键核心技术领域拥有一大批战略科技人才、一流科技领军人才和创新团队"。这个阶段的主要任务是增加全社会研发经费投入和增强人才自主培养能力。我国 2020 年的研发投入占国内生产总值的 2.4%,经费总量约为美国的 54%。到 2030 年,"适应高质量发展的人才制度体系基本形成,创新人才自主培养能力显著提升,对世界优秀人才的吸引力明显增强,在主要科技领域有一批领跑者,在新兴前沿交叉领域有一批开拓者"。到 2035 年,"形成我国在诸多领域人才竞争比较优势,国家战略科技力量和高水平人才队伍位居世界前列"。这就是习近平总书记从赢得投入优势,到构建制度优势,再到形成比较优势的"三步走"战略谋划。每一步目标都十分明确,紧紧抓住了"创新"与"人才"一体两面的相互作用,体现了"第一动力"与"第一资源"的紧密关联。①

对于浙江而言,加快打造世界重要人才中心和创新高地的战略支点,是遵循习近平总书记对浙江人才工作要求的坚持,是落实国家世界重要人才中心和创新高地建设战略布局、建设区域创新高地的浙江作为。早在 2003 年 12 月,习近平同志在浙江主持召开第一次全省人才工作会议时就确定了人才强省战略,并把人才强省作为"八八战略"的重要组成部分。2015 年 10 月,习近平总书记在浙江调研时,专门勉励"浙江的人才优势要继续巩固和发展,还要与时俱进、更上层楼"。2020 年 3 月 29 日至 4 月 1 日,在统筹推进疫情防控和经济社会发展的特殊时期,习近平总书记再到浙江考察调研,赋予了浙江"努力成为新时代全面展示中国特色社会主义制度优越性的重要窗口"的新目标新定位。2003 年以来,浙江省委始终坚持人才优先发展,一张蓝图绘到底、一以贯之抓落实,把人才强省战略嵌入浙江的治理基因,并多次召开全省人才工作会议。省第十四次党代会把人才强省作为"四个强省"工作导向之一,提出全力打造人才生态最优省份。2021 年 12 月,省委人才工作会议指出,进入新时代,浙江人才事业进入窗口期,人才需求进入升维期,人才工作进入跃迁期,人才治理进入变革期;要加强党对人才工作的全面领导,全面落实人才强省、创新强省首位战略,加快打造世界重要人才中心和创新高地的战略支点,着力打造国际人才大循环的重要枢纽,深入实施"鲲鹏行动"计划,细化人才招引颗粒度。此次会议还明确了浙江加快打造世界重要人才中心和创新高地战略支点的五方面重点:一是大力建设战略科技力量,以创新平台组织形态促进人才集聚裂变,进一步推动平台建设提能;二是打造自主可控的人才全供应链,进一步推动人才培育提质;三是着力打造国际人才大循环的重要枢纽,进一步推动人才引进提速;四是以数字化改革破解人才发展难点堵点,进一步推动体制改革提效;五是强化全周期全要素保障,进一步推进人才生态提优。

如今的浙江,以"八八战略"为指导,向人才要创新,向创新要发展,抓住浙江传统优势制造业,建设先进制造业基地,走新型工业化道路,加快经济发展方式转变,已经成为中国创新能力最强、创新成果最多、创新氛围最浓的省份之一。但当今世界,百年未有之大变局在加速演进,第四次工业革命挑战已然

---

① 习近平:《深入实施新时代人才强国战略 加快建设世界重要人才中心和创新高地》,《求是》,2021 年第 24 期。

来袭,外部环境和内部条件都在发生深刻变革,探索如何抢抓先机,再上层楼,由传统要素驱动向全面创新驱动转变、加快形成具有中国气派和浙江辨识度的重大标志性成果,成为新时代浙江的重要使命。

二、高水平推进人才强省创新强省战略的浙江实践

浙江高水平推进人才强省创新强省战略的实施成效,主要体现在以下几个方面:

一是人才总量持续增长,高层次人才加快集聚。截至 2020 年底,全省人才资源总量预计达到 1410 万人,比 2015 年增长 31.2%;累计入选国家级人才工程 2160 人次,增长 151.7%;每万名劳动力中研发人员为 148 人,增长 50.1%;高技能人才占技能人才比例为 31.8%,增长 31.4%;新引进各类外国人才 25 万人次,增长 35%。

二是高能级平台加速集聚,科研重器纳才力量强劲。浙江大学、西湖大学、之江实验室、阿里达摩院、中国科学院宁波材料所、浙江清华长三角研究院等重大平台影响力、吸附力持续上升。引进共建中国科学院浙江肿瘤与基础医学研究所、北航杭州创新研究院、天津大学浙江研究院、中电科南湖研究院、北理工长三角研究生院等一批高能级创新载体;建设超重离子模拟与实验装置。杭州未来科技城、人才创业园等高端平台产业发展势头强劲,高新技术企业数从 2015 年的 7905 家增长到 2020 年的 22232 家。

三是人才效应不断显现,人才引领发展势头强劲。截至 2020 年底,每万人发明专利授权量从 2015 年的 12.9 件增长到 2020 年的 32 件;"盐酸埃克替尼"抗肺癌新药、解析新冠病毒细胞表面受体全长结构等一批"硬核"成果不断涌现;高新技术产业增加值占规上工业的比重从 2015 年的 37.2%增长到 2020 年的 59.6%;全员劳动生产率从 11.7 万元/人增长到 16.6 万元/人,年均增速 8.4%。境内外上市人才企业累计达到 50 家。

四是人才生态最优省和创新型省份建设成效初现。浙江以"最多跑一次"改革为牵引,加快转变政府人才管理职能,深化人才发展体制机制改革,人才流动的身份壁垒、人才激励的平均主义、人才评价的"四唯"倾向不断破除,人才创新创业活力明显增强。不断完善人才的创业创新支持和生活保障,人才金融服务持续优化,人才"关键小事"加快破解,人才创业创新环境持续优化。

"互联网＋"、生命健康和新材料三大科创高地建设取得重大进展,关键核心技术攻关取得重大突破,科技体制改革不断深化,"产学研用金、才政介美云"十联动的创新创业生态系统加速构建,基本建成创新型省份。区域创新能力居全国第五位,企业技术创新能力居全国第三位。全社会研究与试验发展经费支出占地区生产总值比重从 2015 年的 2.32％提升到 2020 年的 2.8％,科技进步对地区生产总值贡献率从 57％提升到 65％,高新技术产业增加值占规上工业的比重从 37.5％提升到 59.6％。

浙江高水平推进人才强省创新强省战略为打造世界重要人才中心和创新高地战略支点积累的重要经验如下。

(一)坚持党管人才,牢牢树立人才优先的发展格局

不断完善党管人才领导体制和工作机制。坚持"一把手"抓"第一资源",省、市、县三级全部成立党委人才工作领导小组,由书记担任组长。各级领导干部既挂帅又出征,重大工作亲自推动、重要政策亲自研究、重点人才亲自对接。

全面落实党政领导联系高层次人才制度。浙江连续 17 年开展的市县党政领导人才工作目标责任制考核,把人才工作成效作为考核各级党政领导干部尤其是"一把手"的重要内容。2017 年以来,每年开展人才工作述职评议,促进各地比学赶超、争先创优。人才引领发展、人才优先发展已经成为全省上下的共识。"用最优的政策引人才、以最优的服务留人才、把最美的风景给人才""抓人才就是抓发展,抓发展首要抓人才"已成为浙江上下的共识。

制定人才规划和完善政策体系。2016 年,浙江出台《关于深化人才发展体制机制改革支持人才创业创新的意见》,即"人才新政 25 条",新政以打造人才生态最优省为目标,提出了四个机制和一个体制,让人才引进、产业集聚、平台搭建、配套服务等创新要素相互融合、相互促进、共同发展,立体式推进人才生态最优省建设。2020 年,省委全会做出《关于建设高素质强大人才队伍打造高水平创新型省份的决定》,明确把人才强省、创新强省作为首位战略,推出一系列创新举措打造人才引领优势、创新策源优势。2021 年,出台《浙江省人才发展"十四五"规划》,持续升级完善的政策规划体系,确立浙江人才优先的发展格局。

(二)坚持筑巢引凤,全力打造高能级人才平台

近年来,针对大院名校较少的实际情况,浙江坚持院校平台、科创平台、产业平台一起抓,以超常规举措建设"顶天立地"高能级平台体系,不断增强人才吸附力和承载力。

一方面,浙江通过持续努力不断做优院校平台。2018 年,国家重点支持的新型研究型大学——西湖大学获得教育部批准设立。西湖大学自成立以来,已签约独立研究员 149 名,招收博士后 239 名、博士研究生 608 名。积极支持组建之江实验室并使之进入国家实验室体系,之江实验室立足浙江现有科研基础与优势,以国家目标和战略需求为导向,聚焦网络信息技术前沿,人才团队达 1100 人,获批 22 项国家重大科研项目,项目总经费超 10 亿元。支持浙江大学、中国美术学院、宁波大学建设"双一流"大学,支持若干所高校创建国内一流大学。与中国科学院大学、天津大学等大院名校合作共建一批创新载体。创设"浙江院士之家",搭建集聚院士专家等高层次人才的协同创新平台。浙江大学工程师学院深化产教融合,培养高端工程创新人才。

另一方面,浙江持之以恒加强科创平台和产业平台建设。近年来,浙江加快推进杭州城西科创大走廊、宁波甬江科创大走廊、G60 科创走廊建设,创新平台建设取得显著成效。2016 年 8 月启动建设的杭州城西科创大走廊,汇聚了高校和科研机构 60 余家,集聚诺奖获得者和院士工作站 19 家,人才净流入率约 25%,成为全省密度最高、增长最快、最具活力的人才高地。经过持续努力,浙江打造了一批"生产生活生态融合、宜业宜居宜学宜游"的现代化产业园区。其中,杭州未来科技城作为全国四大未来科技城之一,自 2011 年创建以来,探索"热带雨林式"人才环境,着力打造集聚海外人才的标志性平台,目前已集聚万家创新企业、千家金融机构、千亿管理资本、百家国家级高新企业、百位领军人才。

(三)坚持项目牵引,引育并举不断做大全球人才蓄水池

近年来,浙江发挥重点人才计划项目牵引作用,统筹开发国际国内人才资源,深入推进各类人才队伍建设,做大做强人才队伍基本盘。

引育并重集聚科创人才。利用浙江人遍布全球的优势,在创新大国、关键小国、"一带一路"沿线国家广泛布局引才渠道,推广以才引才、以赛引才、资本

引才、中介引才等市场化方式。自 2014 年启动领军型创新创业团队引进培育计划以来,浙江先后引进培育 118 个领军型创新创业团队,集聚高层次人才1100 余人。2019 年,浙江出台了大力引进支持全球顶尖人才来浙创新创业的"鲲鹏行动"计划,鲜明特点就是"不唯帽子、不唯资历、灵活评审、顶格支持"。目前,浙江已经形成以"鲲鹏行动"计划[①]、特级专家、万人计划、领军型团队等人才项目为主体,覆盖引进和培养、塔尖和塔基、个人和团队、创业和创新的高素质人才引进培育体系。

新老结合提升企业家素质。开展"浙商名家"成长行动,组织产业领军企业家赴国外学习考察、对接合作、投资并购;实施"浙商薪火"传承行动,提升新生代企业家经营管理能力;探索建立经济效益与社会效益相结合的企业家评价机制;推荐优秀科技型企业家到高校、科研院所兼职等。

产学合作培育高技能人才。以知识型、创新型、复合型高技能人才为重点,大力实施新时代工匠培育工程。深化"千企千师"培养行动,建立省级技能大师工作室 360 家,开展 3000 多项技术攻关和革新项目;推进"产教训"融合,大力推行新型学徒制,推广"校企共同体"办学模式,全省组建 100 多个职教集团,与近 7000 家企业结成紧密合作关系;创新建立技能人才多元评价机制,营造技能成才、技能立业新风尚。

内外兼修培养青年人才。建立青年人才举荐制度,在省级重点人才计划中拿出专门比例定向支持青年人才,促进优秀青年人才脱颖而出。统筹推进技术技能、农业农村、社会工作等各类人才队伍建设,让人人都有人生出彩的机会。

(四)坚持放权松绑,持续深化人才发展体制机制改革

浙江坚持"政府引导、市场主导",发挥改革撬动作用,打破思想观念的束缚和体制机制的障碍,释放和激发市场主体的内生发展动力。

健全不拘一格的人才评价机制。分类推进人才评价改革,初步建立"问东家、问专家、问大家"的评价方式,克服"唯论文、唯职称、唯学历、唯奖项"的倾向,形成了用人单位自主评价、薪酬贡献评价、企业估值评价、第三方机构评

---

① 浙江省委十四届七次全会明确提出,把人才强省、创新强省摆到首位战略的高度来抓,实施"鲲鹏行动"计划就是其中关键一招。2020 年,经实地考察、专家论证、部门审议等环节,共有 7 位顶尖人才入选首批"鲲鹏行动"计划,获得"一人一策"的支持。

价、标准化认定等市场导向的人才评价机制。企业创新人才注重提高用人单位在人才评价上的话语权,学术人才注重发挥专业共同体的同行评议作用,创业人才注重市场发现、市场评价、市场认可。

分类实施职称制度改革,推进医院、学校、科研院所自主评聘,推进企业科研人员和工程技术人员职称社会化、市场化评价。全面下放高级职称评聘权,由用人单位自定标准、自主评聘、自发证书,打破"一评定终身""能上不能下"等问题。

创新推出"揭榜挂帅"人才使用机制。让"企业出题、政府立题、人才破题"三方协同,"揭榜者"被赋予确定技术路线、组建研发团队、使用科研经费等方面的自主权,按照负面清单进行管理,以结果论英雄。企业发榜积极,人才揭榜踊跃,让人才的"帅旗"真正挂到了实处。在浙江省人才服务平台开辟"揭榜挂帅"专区,企业动态发布,专家实时对接。

完善名利双收的人才激励机制。改革科技成果转化制度,把科技成果的处置权和收益权下放给项目承担单位,发明人、设计人可自主实施专利并获得收益,有力推进了科技成果从"纸"变成"金",加快产业化进程。改革科研经费管理制度,放宽横向课题经费使用限制。修订省科学技术奖励办法,提高奖励标准,增设国际科技合作奖。制定出台全面加强基础科学研究的实施意见,给予基础研究人才充分的探索时间和试错空间。加大对做出突出贡献人才的宣传表彰力度。

(五)坚持统筹协调,创新推进人才产业区域协同发展

浙江整合创新资源,以工程师为纽带,吸引整合"政产学研用"等各方面资源,建立特色产业工程师协同创新中心,促进人才链、产业链、资金链、服务链、数据链交叉融合,开展协同创新,从而让人才找到用武之地,让技术找到应用场景,让产业实现转型升级。

特色产业工程师协同创新中心通过聚集共性技术、开展共同攻关、实现共享人才、打造共享格局,实施"一个特色产业＋一个共性技术平台＋一批共享工程师"模式,整合技术、成果、人才等创新要素,让人才集聚裂变,为地方特色产业装上"最强大脑"。14个中心已集聚研发团队163个、工程师2343人、服务企业1410家,解决共性技术难题146个、个性技术难题614个,转化技术成果290项,组织技术培训10662人次,在企业、人才、高校院所中广受称赞。

着力推动人才一体化发展。2020年5月,浙江服务长三角人才一体化发展标志性工程——浙江长三角人才大厦在嘉兴正式启用。大厦开辟了人才飞地园等五大功能区块,为入驻"飞地"的长三角各地人才及企业提供全方位服务。针对山区海岛、基层一线人才难留的问题,舟山、衢州、丽水等在京沪深等处建立"人才飞地",通过跨行政区域建立飞地孵化器,引进高层次人才项目,实现"研发在飞地、转化在当地"。杭州积极扛起省会城市的担当,建设浙江人才大厦,打造人才"创新共同体",实现了创新人才工作生活在杭州、服务贡献在浙江的新模式。

(六)坚持用户思维,持续完善人才创新创业生态

人才竞争的关键,是人才生态的竞争。浙江用心用情抓服务,持续优化人才生态,打造人才生态最优省份。

全面推进人才工作数字化改革,通过数据共享、业务协同、流程再造和制度重塑,着力打造以人才为核心的创新创业生态系统。围绕人才创新创业全生命周期,聚焦人才高频服务事项,系统集成,形成纵向覆盖省市县、横向打通各部门的人才服务网络,人才凭码享受全省各地人才服务。

积极探索大数据、人工智能等技术在人才服务领域的运用,推动服务界面从"人找政策"变为"政策找人",人才评价从"人工评审"变为"智能画像",政策兑现从"串联审批"变为"智能直享",项目管理从"耗时费力"变为"无感监管",人才服务从"各自为政"变为"一键办事"。通过政务应用申领的人才码,一码就整合了落户、住房安居、子女教育、健康医疗等55类人才服务资源。目前,人才码已实现省、市、县三级互联互通,赋码超过300万人。

聚焦融资难融资贵问题,出台"金融服务人才20条",内容涉及人才银行、"人才贷"、"人才险"、"人才保"等多方面,让浙江人才创业创新有了强有力的金融支撑。

同时,既关注服务人才创业创新的大事,又聚焦人才关心的关键小事。浙江"十四五"人才发展规划明确"营造优良生态办好八件人才实事",包括聚焦人才关心的住房、子女教育、医疗等问题;强调建立人才分类目录,重点人才特事特办、优秀人才统筹解决,特别是为在杭省部属单位高层次人才落实了购房资格、子女教育等方面的同城待遇,已惠及4500多名高层次人才。

三、浙江加快建设世界重要人才中心和创新高地
战略支点的路径优化

　　面向现代化先行省总体要求以及对标国际、国内先发地区,可以看到浙江原始创新和关键核心技术攻关能力不强、高端创新人才紧缺、重大创新平台和载体偏少等短板仍然存在,人才和科技创新支撑高质量发展的动能还不够强。围绕落实"十四五"规划和 2035 年远景目标,浙江正在围绕加快建设世界重要人才中心和创新高地战略支点的目标定位,全面贯彻习近平总书记"八个坚持"的新时代人才工作的新理念新战略新举措,坚持人才强省、创新强省首位战略,用超常规举措打造人才引领优势、创新策源优势、创新生态优势,优化路径、补齐短板,加快构建高水平创新型省份和科技强省、人才强省。

(一)聚力重大战略平台建设

　　大力建设战略科技力量,形成"顶天立地"战略平台支撑,建设创新资源联动枢纽,进一步推动平台建设提能。围绕重大科学问题、重大技术领域,解决一批"卡脖子"问题,取得一批填补空白、引领未来的重大成果。加快构建新型实验室体系,全力支持之江实验室、西湖实验室打造国家实验室,推动国家重点实验室重组建设,加快建设甬江等省实验室。支持省重点实验室开展多学科协同研究,探索组建联合实验室和实验室联盟。

　　完善国家产业创新中心、技术创新中心、工程研究中心、制造业创新中心、国防科技工业创新中心等重大创新载体布局。建成超重力离心模拟与实验装置,加快推进智能计算、新一代工业互联网系统信息安全、多维超级感知、超高灵敏量子极弱磁场和惯性测量、社会治理大数据与模拟推演实验等重大科技基础设施(装置)建设,打造大科学装置集群。

　　支持浙江大学加快顶尖、高峰学科等学科群建设,支持西湖大学提升国际竞争力,打造国家重大战略科技力量。支持省重点建设高校创建"双一流"大学和一流学科。鼓励国内外优势科技创新主体建设新型研发机构,支持清华长三角研究院、中国科学院宁波材料所、国科大杭州高等研究院等新型研发机构建设和发挥作用。加强全省人才发展平台统筹布局,将杭州城西科创大走廊打造成为面向世界、引领未来、服务全国、带动全省的创新策源地。深化国

家自主创新示范区建设,加快建设宁波甬江、G60(浙江段)、温州环大罗山、浙中和绍兴等科创大走廊。

(二)打造自主可控的人才全供应链

立足新发展阶段,重视培育和用好本土人才,优化政策激发本土人才创新创业积极性,实施本土人才培养工程,造就一批立足浙江主导产业、引领浙江高质量发展的国际化、专业化、门类齐全的本土人才队伍。围绕重点领域打造科技创新人才、企业经营管理人才、高技能人才、宣传思想文化人才、法治人才、乡村振兴人才、社会事业人才、党政人才等八类人才队伍。

加快推进高校分类发展,全面提高教育质量,积极争取增加学位授权点和扩大研究生培养规模,加强创新型、应用型、技能型等人才培养。支持高校和科研院所的领军人才组织或参与国际大科学工程以及在国际学术组织担任领导职务,培育造就一支在国际学术组织中发挥重要作用的科学家队伍。积极推荐和选派青年科技人才赴国际组织或国际学术机构任职。重点围绕自然科学和工程技术领域,优化支持政策,加大青年博士、博士后招引力度。推动国内知名高校、科研院所和企业共建博士后工作站,更大力度吸引出站博士后留浙。与海内外高校开展全方位就业合作,大规模开展大学生来浙实习活动,大力推进大学生见习基地和创业园建设,打造大学生实习应聘、就业创业全链支持体系,吸引更多高校毕业生在浙创业就业。

(三)推进全球人才蓄水池扩容

聚焦打造三大科创高地,抓住全球人才流动新机遇,着力打造国际人才大循环的重要枢纽,大力实施"鲲鹏行动"计划、领军型创新创业团队引进培育计划,统筹推进各类引才项目,更大力度、更加精准引进海外高层次人才和创新团队。深化与创新大国、关键小国、"一带一路"沿线国家(地区)及相关国际组织的合作,打造全球精准合作升级版。围绕创新创业链条,实施基础科学研究人才、关键核心技术攻关人才、产业技术研发人才、乡村振兴科技人才、青年科学家等科技人才引进培育行动。持续推进"万人计划",引进培育一批急需的科技人才。细化人才招引颗粒度,打造人才国际交流合作新载体,进一步推动人才引进提速。

统筹国际国内两种人才资源,支持企业开展海外并购,布局海外人才飞

地,实现全球引才、全球用才。吸引跨国公司在浙江设立或联合设立研发中心
和创新基地,支持外资研发机构与本省单位共建实验室和人才培养基地。积
极引导人才向高能级战略平台、开发区(园区)、"万亩千亿"新产业平台、农业
产业平台、现代服务业创新发展区、特色小镇、人才创业园等重点人才平台
集聚。

(四)推动人才发展体制机制改革提效

全面推进人才工作数字化改革,以数字化改革破解人才发展难点堵点,建
设人才工作数字化平台,建立健全即时感知、科学决策、主动服务、智能管理等
功能,打造全省统一的人才流量入口、服务枢纽和数据中心,实现工作"一张
网"、服务"一个码"、数据"一个库"。

推进人才评价的科学化、市场化、社会化。健全以创新能力、质量、实效、
贡献为导向的人才评价体系,突出标志性成果、实际贡献和科学价值评价,坚
持谁用人谁评价,探索引入国际同行评价。在职称评审、岗位结构比例设置等
方面进一步向用人主体放权。支持重点领域龙头企业、行业协会承接人才评
价职能,推动企业技能人才自主评价,扩大自主评价的职业资格范围。

畅通人才流动渠道,在高校院所设立一定数量流动岗,鼓励支持科研人员
按规定保留人事关系离岗创业创新;支持企业、社会组织人才到高校院所兼职
授课、担任导师;完善社保、医保转移接续政策,降低人才流动的制度性成本。
进一步增加知识价值。坚持以人为本的投入机制,构建充分体现知识、技术等
创新要素价值的收益分配机制,进一步提高科研经费中人员经费比例,完善收
入分配制度,建立科学增长机制,提高用人单位分配自主权。探索对技术技能
岗位人才和管理岗位人才的分类管理。完善科研人员职务科研成果权益分享
机制,赋予科研人员职务成果所有权和不低于10年的长期使用权。

(五)完善高效能人才治理体系和优化人才生态

加强党对人才工作的全面领导,发挥党总揽全局、协调各方的领导作用,
完善党管人才体制机制,改进党管人才方式方法,坚持整体政府理念,推进数
据共享、业务协同、力量整合,以数字化手段推进人才治理全方位、系统性、重
塑性变革,努力推动形成党建统领、整体智治、高效协同的人才工作新格局。

推进人才服务的集成化、市场化、国际化。深化人才创新创业全周期"一

件事"改革,整合各级各部门人才服务事项,围绕人才引进、项目申报、政策兑现、生活保障、助力赋能、管理考核等创新创业服务链,重塑业务流程,为人才发展提供全周期、全方位服务。围绕人才创业启动资金、信贷、上市、保险等全周期金融需求,深入推进"人才贷""人才投""人才保""人才险"等人才金融服务,探索打造人才科创银行,为人才提供全方位、立体化、闭环式的金融服务。积极为外籍人才落实教育、医保、社保等方面的国民待遇。从教育、医疗、文化等方面,全方位营造适合国际高端人才创新发展的"类海外"环境。

积极融入长三角一体化,推动人才信息联通、人才评价互认、人才活动联办、人才资源共享。建立健全人才公共服务成本结算分担机制。推广甬舟人才一体化发展经验,推进杭衢、温丽、嘉湖等人才一体化发展,形成联动城市人才共引、资源共享的协同发展格局,促进人才均衡发展。让尊重人才、崇尚科学成为社会风尚,进一步弘扬科学家精神、企业家精神和工匠精神,建立鼓励创新、宽容失败的容错机制,形成全民创新创优的社会氛围,进一步推进人才生态提优。

作者:苏　洁(中共杭州市委党校)

铸魂溯源走心守护红色根脉

党的二十大报告强调:"坚持不懈用新时代中国特色社会主义思想凝心铸魂。"浙江是习近平新时代中国特色社会主义思想的重要萌发地。浙江省第十五次党代会报告指出:"习近平同志在浙江工作期间从省域层面对坚持和发展中国特色社会主义进行了卓有成效的理论探索和实践创新,创造了弥足珍贵的理论成果、实践成果、制度成果。党的十八大以来,习近平总书记5次亲临浙江,对浙江工作作出一系列重要指示,亲自为新时代浙江赋予光荣使命、擘画宏伟蓝图。习近平总书记的重要指示、重大部署,是浙江奋进新时代新征程的指路明灯。"

"八八战略"是习近平总书记留给浙江的宝贵理论财富、实践财富和精神财富,是浙江改革发展取之不尽、用之不竭的动力和源泉,是浙江变革伟力的根基所在。浙江省委省政府无比珍视习近平同志留给浙江的宝贵财富,以"红色根脉"守护者、传承人的政治担当和历史使命,精心谋划、部署、实施了理论铸魂工程、溯源工程、走心工程,深入挖掘习近平总书记留给浙江的思想富矿和精神富矿,不断从中汲取真理力量和实践伟力。

一、理论铸魂溯源走心工程变革伟力的生成逻辑

马克思在《〈黑格尔法哲学批判〉导言》中强调指出:"批判的武器当然不能代替武器的批判,物质力量只能用物质力量来摧毁;但是理论一经掌握群众,也会变成物质力量。理论只要说服人,就能掌握群众;而理论只要彻底,就能说服人。"①马克思的这一经典论断深刻阐释了理论与物质力量之间的逻辑关

---

① 马克思,恩格斯:《马克思恩格斯文集》(第1卷),人民出版社2009年版,第11页。

系,揭示了理论的变革伟力及其生成逻辑。

伟大的历史时代召唤思想理论创新,实践的丰厚沃土孕育科学理论体系。习近平同志在浙江工作期间,创造性地提出了"八八战略"重大决策部署,在省域层面对中国特色社会主义进行了成效显著的理论创新和实践探索,彰显了习近平新时代中国特色社会主义思想在浙江萌发的清晰脉络和内在逻辑,为党的十八大以来以习近平同志为核心的党中央坚持和发展中国特色社会主义提供了重要理论支撑。党的十八大以来,省委高度重视对习近平同志在浙江工作期间形成的一系列重要思想观点和重大决策部署的学习教育、研究阐释、宣传普及,高度重视对习近平同志对浙江指示、批示精神的深刻领悟和贯彻落实。党的十九大首次提出了"习近平新时代中国特色社会主义思想",并将其写入党章。浙江省委旗帜鲜明地提出要倍加珍惜习近平同志在浙江工作时留下的宝贵思想财富,努力当好学懂弄通、做实笃用实习近平新时代中国特色社会主义思想的排头兵。

习近平同志在浙江工作期间,做出"八八战略"重大决策部署,提出要进一步发挥浙江的人文优势,积极推进科教兴省、人才强省,加快建设文化大省。习近平同志深刻指出,浙江文化是引领和推动浙江发展的最深层次原因。在2003年7月18日的文化体制改革和文化大省建设座谈会上,习近平同志提出,要重视文化的力量,要确保马克思主义在意识形态领域的指导地位,并对以文化人各项工作做了系统部署。习近平同志亲自擘画实施文化建设"八项工程",2005年7月,省委通过《中共浙江省委关于加快建设文化大省的决定》,奠定了浙江文化建设的"四梁八柱"。习近平同志反复强调,要深化理论武装工作,筑牢共同思想基础,把握正确舆论导向,巩固思想文化阵地,开了理论铸魂、文化固根、教育树人的先河。

浙江省委十四届七次全会提出,加快形成13项具有中国气派和浙江辨识度的重大标志性成果,把"打造学习、宣传、实践习近平新时代中国特色社会主义思想的重要阵地"放在第一位。2020年9月21日,浙江文化研究工程实施15周年座谈会上提出了"深入实施铸魂工程、溯源工程、走心工程,让党的创新理论在之江大地落地生根"。浙江以实施理论铸魂、溯源、走心三大工程为抓手,学懂弄通做实习近平新时代中国特色社会主义思想。在铸魂工程方面,浙江用足用好"三个地"特色资源、续写"八八战略"大文章的具体实践,通过推进全省各级党委(党组)理论学习中心组加强理论武装、建立健全"不忘初心、牢记使命"常态长效机制等举措,生动展现习近平新时代中国特色社会主义思想的真理光芒、思想魅力和实践伟力。在溯源工程方面,浙江从理论渊源、实践基础、思想内涵上深入研究习近平新时代中国特色社会主义思想的孕育、形成、发展轨迹,从历史与现实、理论与实践的角度把握伟大思想的科学真理;深入挖掘"八八战略"所蕴含的丰富的共同富裕思想,研究习近平主政浙江时期的一系列政策举措、党的十八大以后对浙江工作的指示批示精神,与党中央赋予浙江高质量发展、建设共同富裕示范区之间的逻辑关系。在走心工程方面,浙江通过增强政治认同、思想认同和情感认同,厚植习近平新时代中国特色社会主义思想的群众基础,凝聚推进"八八战略"再深化、改革开放再出发的强大力量。

习近平总书记赋予浙江"努力成为新时代全面展示中国特色社会主义制度优越性的重要窗口"的新目标新定位,中央赋予浙江高质量发展建设共同富裕示范区的光荣使命,为我们学习研究宣传习近平新时代中国特色社会主义思想确立了更高标杆、打开了更大空间。当前,浙江以习近平新时代中国特色社会主义思想研究中心成立为重要契机,切实增强守好"红色根脉"的政治担当,夯实实践基础、理论基础和群众基础,打造学习、宣传、实践习近平新时代中国特色社会主义思想的重要阵地,争当学习研究宣传阐释习近平新时代中国特色社会主义思想的排头兵,推出更多高质量研究成果,为推动习近平新时代中国特色社会主义思想"飞入寻常百姓家",在浙江大地落地生根、开花结果,为加快打造理论高地、思想大省,为忠实践行"八八战略"、奋力打造"重要窗口",争创社会主义现代化先行省,高质量发展建设共同富裕示范区提供坚实的理论支撑和有力的思想保证;为不断坚持、丰富和发展习近平新时代中国特色社会主义思想贡献更多的浙江力量。

二、理论铸魂溯源走心工程变革伟力的实施成效

马克思在《关于费尔巴哈的提纲》中强调指出:"哲学家们只是用不同的方式解释世界,问题在于改变世界。"[①]马克思的这一重要论断非常好地阐释了理论变革伟力的实践性要求,实施成效是理论铸魂溯源走心工程变革伟力最重要的检验标准。在省委省政府的高度重视和领导下,浙江始终坚持以习近平

---

① 马克思,恩格斯:《马克思恩格斯文集》(第1卷),人民出版社2009年版,第502页。

新时代中国特色社会主义思想为指导,进一步聚焦思想引领、研究阐释、观照现实、话语传播以及精神传承,在深入实施铸魂工程、溯源工程、走心工程方面取得了显著成效。

(一)溯源工程引领新思想理论先行创新成果丰硕

党的十八大以来,浙江高度重视对习近平同志在浙江工作期间形成的一系列重要思想观点和重大决策部署的研究阐释,在溯源新思想方面,有影响的重大成果不断涌现、渐成体系,为丰富和发展习近平新时代中国特色社会主义思想提供了浙江素材、贡献了浙江智慧。

一是溯源新思想在国家级项目上取得了一批代表性成果。近年来,浙江组织开展了"习近平新时代中国特色社会主义思想在浙江的萌发与实践""习近平科学的思维方法在浙江的探索与实践""'四个全面'战略布局和'八八战略'研究""'绿水青山就是金山银山'理念在浙江的实践研究""红船精神与浙江发展"等中央马工程重大委托课题研究项目,在省内外引发了强烈的反响。浙江与中国社科院联合开展的"中国梦与浙江实践"重大课题研究,全景式、立体化地阐释了浙江通过实施"八八战略"取得的发展成就和实践经验,打造了一批"萌发地"研究的经典著作。在新思想溯源工程的引领带动下,浙江相关内容主题的国家社科基金项目成果丰硕,立项数量位居全国前列,取得了历史性的佳绩。

二是溯源新思想在科学思维上取得了一批标志性成果。理论界深入开展"习近平科学的思维方法在浙江的探索与实践"课题研究,深入总结习近平同志在浙江工作期间运用科学思维方法指导工作、推动发展的实践探索,推出《习近平的战略思维方法在浙江的探索与实践》等 6 篇具原创性、标志性的重要理论文章,其在《浙江日报》等媒体刊出后产生了巨大的反响,全网点击率达16 亿人次,转化成为 100 多篇新媒体推文,每篇均获得 3000 万以上的点击量,展现出伟大思想的巨大吸引力和感染力。

三是溯源新思想取得了一大批多学科多领域研究成果。浙江聚焦"三个地"研究主题,深入、持续、广泛地开展项目研究,形成了一大批多学科、多领域的研究成果,如组织编写《从"八八战略"到习近平新时代中国特色社会主义思想》《忠实践行"八八战略"奋力打造"重要窗口"》等系列丛书,在系统开展省域、地域新思想"萌发地"研究上具有重要历史价值;撰写了《伟大思想从何而来?》、"浙江改革开放 40 年研究系列"、《透过浙江看中国的社会治理》、《"最多

跑一次"改革：浙江经验中国方案》等研究著作，推动了习近平新时代中国特色
社会主义思想的学术化、学科化、学理化；《红船精神问答》《"绿水青山就是金
山银山"理念问答》等理论普及读物，《读懂"八八战略"》《读懂"重要窗口"》等
口袋书，成为伟大思想走入基层、走入学校好学管用的理论武器。

四是溯源新思想研究催生出一批国家级研究平台。2015年9月，浙江省
中国特色社会主义理论体系研究中心被中宣部列为全国重点研究中心之一。
署名"浙江省中国特色社会主义理论体系研究中心"在全国重要报刊上刊登的
理论文章数量实现了爆发性、跨越式增长，浙江的省域治理经验和理论研究成
果，在伟大思想的研究中留下了浓墨重彩的一笔。2021年6月，中央批准浙江
省成立习近平新时代中国特色社会主义思想研究中心，充分体现了党中央对
浙江以实施理论铸魂溯源走心三大工程为抓手，学懂弄通、做实笃行实习近平
新时代中国特色社会主义思想的高度肯定。2021年7月22日，浙江在第二批
基地单位中首个召开成立大会，《浙江省习近平新时代中国特色社会主义思想
研究中心建设实施意见》、首批研究基地、首批调研基地、首批研究员名单相继
出台，第二批新思想溯源工程项目正式启动。浙江一方面不断发展和提升既
有的5家省级高端智库；另一方面，浙江大学区域协调发展研究中心正式入选
国家高端智库等新成绩的取得，标志着浙江在国家战略研究和承担国家级政
策项目上取得新成绩。

五是溯源新思想培育带动了一批具有全国影响力的高端论坛。浙江思想
理论界走向全国，全国思想理论界关注浙江。在"重要窗口""三个地"带动下，
连续举办"溯源新思想高端论坛""红船论坛""浙西南革命精神论坛""大陈岛
垦荒精神理论研讨会"等一系列高端论坛，打造"红色品牌"、传承"红色根脉"，
在思想理论界获得了前所未有的关注。"浙学论坛""浙商论坛""浙江省高质
量发展智库论坛""新时代'枫桥经验'高端峰会""21世纪马克思主义论坛"等
一大批学术论坛、行业论坛，也成为具有全国和区域影响力的学术活动品牌。

六是溯源新思想指导区域发展打造了一批实践样板。浙江11个设区市
形成了勇立潮头、边学边干的思想动力，凝聚成干在实处、争先创优的浓厚氛
围；对红船精神的溯源指导嘉兴奋力打造共同富裕的先行地；对习近平生态文
明思想的溯源指引湖州争当"绿水青山就是金山银山"理念样板地模范生；淳
安下姜村不忘习近平总书记嘱托，"心无百姓莫为官"成为全国学习的样板；对
习近平同志在浙江工作时多次考察做出的重要指示的溯源明确了宁波加快建
设现代化滨海大都市的使命担当；对习近平同志在浙江工作时对金华指示精

神的溯源明确了金华加快推进浙江中西部文化中心建设的战略任务；等等。浙江产生了一大批全国知名的学思践悟新思想的案例、样板和理论实践基地。

(二)铸魂工程夯实新思想学习教育制度化成效显著

近年来，浙江高度重视理论学习，不断完善学习实践习近平新时代中国特色社会主义思想的长效机制，以制度化推进规范化建设，夯实新思想铸魂工程。

一是铸魂新思想学习教育制度有效落地。注重学史悟思、强根铸魂，召开党的思想理论建设工作座谈会、思想理论和文艺工作者座谈会，制定加强新时代党的思想理论建设的实施意见。深入实施铸魂工程，落实党委(党组)理论学习中心组学习规定，扎实推进党委(党组)理论学习中心组学习巡听旁听机制、党委(党组)重大决策前专题学习制度的实施，召开党委(党组)理论学习中心组学习经验交流会。

二是铸魂新思想打造了一大批浙江铁军。聚焦加快建设变革型组织、提高领导干部塑造变革能力，对照"八种本领""五个过硬""七种能力"要求，加快干部队伍迭代升级的速度和力度，不断提升党员干部的政治素养和业务能力。把政治建设摆在首位，以"红色根脉"传承人、守护者的标准，不断提高各级领导干部的政治判断力、政治领悟力、政治执行力。深刻领会"两个确立"重要意义，增强"四个意识"、坚定"四个自信"、做到"两个维护"，锻造忠诚干净有担当的浙江铁军。注重干部人才储备，放眼长远做好建设规划，不断完善浙江干部队伍的梯队建设。通过坚定理想信念，重塑政治素质；通过源头储备统筹使用，重塑成长路径；通过选优配强，重塑结构功能；通过落实政策体系，重塑机制链条；通过深化数字化改革，重塑方法流程，推动干部队伍干部工作系统性重塑。激励广大年轻干部在高质量发展建设共同富裕示范区的历史进程中奋勇争先、建功立业。

三是铸魂新思想助推思政教育成效卓著。思想政治理论课是坚持用习近平新时代中国特色社会主义思想铸魂育人的主渠道，浙江坚持立德树人，推进铸魂育人，大力推进思想政治理论课改革创新，在政治引导、学理阐释和价值塑造上下功夫，不断开创新时代思想政治理论课建设新局面，切实提升教学实效。强化课程体系和教材体系建设，将党的理论创新成果全面贯穿、有机融入各门课程，切实提升教材的政治性、时代性、科学性、可读性。

(三)走心工程助推新思想宣传普及大众化精彩纷呈

通过开展媒体理论传播、宣讲品牌打造、宣讲名师培育、宣讲平台整合等行动,深入实施新思想走心工程,努力做到群众在哪里,党的创新理论走心工程就跟进到哪里,不断增强基层群众政治认同、思想认同和情感认同,厚植习近平新时代中国特色社会主义思想的群众基础。

一是融合了一批新媒体助推新思想"飞入寻常百姓家"。为了让更多人学懂弄通新思想,浙江不断加强传播手段和话语方式创新,融合传统媒体和众多新媒体平台,推动新思想"飞入寻常百姓家"。如金华市在市级主流媒体上开设《100秒理论速递》《八婺微宣讲》等新媒体栏目,创作推出助力理论传播的新媒体作品;温州推出的网络微视频《有理快说》栏目,互动化传播党的创新理论;台州市持续推动社会科学与现代传媒手段的深度嫁接,实现网上与实体联动,推动新思想宣传普及。

二是打造了一批响亮且走心的新思想宣讲品牌。在新思想"走心工程"中,浙江持续总结推广"领导干部带头讲、专家学者巡回讲、最美人物示范讲、社会力量参与讲"的宣讲模式,健全党员领导干部理论宣讲体系、基层理论宣传宣讲工作体系,打响"千支宣讲团、万名宣讲员"等特色品牌,打造"8090"新时代理论宣讲等一批具有全国影响的基层宣讲品牌、重大政策和理论发声平台。各地创新性地打造了一批响亮的宣讲品牌。如杭州打造的"钱塘大讲坛"社科宣讲高端品牌,宁波推出的"宁波童谣寻声""宁波话有声词典""夜市宣讲"等品牌,金华打造的"八婺青年说""不一young的金华"等青年宣传品牌,衢州持续擦亮的"8090"新时代理论宣讲、"南孔大讲堂2.0升级版"等工作品牌。

三是培育了一支实干高效的基层宣讲队伍。近年来,浙江健全理论宣讲人才库,为基层宣讲提供菜单式服务,培育了红船精神宣讲团、博士生宣讲团、新青年宣讲团、民营企业家宣讲团等特色宣讲团队。各地都非常重视基层宣讲队伍建设,如杭州市加强"杭州社科能人讲师团"建设,金华市组建"社科理论专家宣讲团",绍兴市成立"绍兴社科人文党史专题讲师团",等等。

四是推出了一批走心新思想宣传普及的宣讲栏目。浙江创新推出《理论周刊》,成为展示学习研究新思想的重要平台;推出《中国共产党为什么能》电视理论栏目,以通俗易懂的方式,对党的创新理论成果进行解读和传播,成为向全国宣传党的创新理论的重要阵地。

三、理论铸魂溯源走心工程变革伟力存在的问题

浙江在深入实施"三大工程"方面虽然取得了显著成效,但在学理阐释深度、学习氛围浓度、平台建设力度、学科建设强度、基层宣讲效果等方面依然存在一些问题,本文结合 2021 年 7—8 月在杭州、金华、台州等地开展的现场调研,宣传部、社科联、党校、社科院、高校等系统的座谈会,以及在全省各地区、各层面、各群体发放收集的 679 份调查问卷结果予以剖析。

(一)溯源新思想学理阐释有待进一步深化

铸魂、溯源、走心三大工程之间关系密切。其中,溯源新思想的学理阐释是"三大工程"的基础性工作。当前,浙江溯源新思想方面还存在以下不足:一是溯源新思想的"硬核"成果不多。浙江在溯源新思想方面取得的诸多成果中,高质量的硬核成果相对欠缺。根据课题组调查,19.9%的调查对象对马克思主义理论研究成果质量评价不高。二是"溯源新思想"论坛影响力不足。一方面,"溯源新思想"论坛尚未全面覆盖,仍有 18.6%的调查对象表示所在单位未曾举办;另一方面,举办过的"溯源新思想"论坛效果不明显,有 18.1%的调查对象表示所在单位举办的相关论坛"效果一般",甚至"没什么效果"。另外,还有 15.2%的调查对象对所在单位组织开展的马克思主义理论学术交流评价不高。有鉴于此,浙江还需进一步提升"溯源新思想"论坛的效果。

(二)铸魂新思想学习教育制度落地见效还需进一步做实

铸魂新思想学习的常态化、制度化及取得的效果还不甚理想。一是铸魂新思想学习教育自觉性、制度执行力有待加强。调查显示,虽然认为党委(党组)重大决策前专题学习制度、党委(党组)理论中心组学习巡听旁听制度、中心组年度学习计划报备制度、中心组年度学习总结报告制度以及党委(党组)理论学习中心组学习情况定期通报制度"执行很到位"者占比较高(分别为75.4%,73.8%,75.9%,76.7%,73.1%),但是从高标准严要求的角度看,这些制度的执行力度还有提升的空间。二是铸魂新思想的学习效果有待提升。调查显示,仍有 19.4%的调查对象对习近平总书记的六大科学思维方法了解

程度不够,仍有15.8％的调查对象对《习近平在浙江》的采访实录仅"学习过一小部分",甚至"没有学习过"。可见,浙江铸魂新思想的学习效果还需进一步提升。

(三)理论研究和发声平台建设力度有待进一步强化

深入实施新思想的铸魂、溯源、走心工程,理论研究平台与理论宣传发声平台建设以及品牌打造都非常重要,浙江在这些方面还有明显短板。一是理论研究平台建设需要加强。调查显示,19％的调查对象对马克思主义理论研究平台建设总体情况评价不高;30.8％的调查对象对浙江获批成立习近平新时代中国特色社会主义思想研究中心知晓程度不高;46.5％的调查对象对全国习近平新时代中国特色社会主义思想研究中心了解程度较低,甚至"完全不了解"。二是理论宣传发声平台建设影响力不足。调查显示,17.4％的调查对象对马克思主义理论发声平台建设总体情况评价不高;47.3％的调查对象认为所在单位自主创办的理论宣传平台"影响力一般""影响力很弱"。三是理论宣传品牌打造效果不明显。虽然浙江在理论宣传品牌打造上取得了不少成绩,但还有进一步发展的空间。调查结果显示,15.2％的调查对象对马克思主义理论宣传品牌打造效果评价不高。

(四)马克思主义理论学科建设水平有待进一步提高

马克思主义理论学科建设在深入实施铸魂、溯源、走心三大工程中具有基础性、根本性地位。从实际调研来看,浙江马克思主义理论学科建设问题还比较多。一是学科人才队伍参差不齐。为满足教育部印发的《高等学校马克思主义学院建设标准(2017年本)》中师生比不低于1:350的要求,浙江很多高校马克思主义学院通过降低招聘要求、教师转岗等方式招聘大量专职教师,导致教师队伍参差不齐。调查也显示,12.4％的调查对象对浙江马克思主义理论学科队伍建设总体质量评价不高。二是学科带头人量质双缺。当前,马克思主义理论研究领军人才和学科带头人引进难度较大,中青年学术骨干培养机制不健全,人才队伍稳定性面临较多挑战,致使马克思主义理论学科的人才队伍建设状况堪忧。调查显示,分别有19.9％、16.9％和16.8％的调查对象对浙江马克思主义理论高层次人才培养引进状况、中青年人才培养引进状况、人才队伍的质量和稳定性评价不高。三是社会科学研究特别是马克思理论学科的投入偏少。浙江是文化强省、人才强省、社科强省,相比于科技投入,社科投入是不足的。调查结果显示,20.6％的调查对象对浙江马克思主义理论学科发展经费支持评价不高。四是学科发展建设后劲不足。马克思主义理论研究团队不强、方向不聚焦、成果不系统,致使学科发展建设后劲相对不足。调查结果显示,17.7％和18.6％的调查对象对浙江马克思主义理论学科发展总体情况与学科建设专业化水平评价不高。

(五)走心新思想宣传普及效果与群众满意还有差距

让党的创新理论"飞入寻常百姓家",得让群众愿意听、听得懂、听了还受益。从调查情况看,当前基层宣讲虽然热热闹闹,但问题还是很多,需要在做好"心"字文章上再下功夫。一是基层宣讲"上接天线"不够。受宣讲队伍的理论素养限制,很多基层宣讲员没有学深悟透宣讲内容和宣讲精神,没有真正让党的方针、政策、创新理论内化于心。调查结果显示,26.5％的调查对象认为各级领导干部下基层宣讲"流于形式";29％的调查对象认为设立领导干部基层宣讲联系点"执行不到位"。二是基层宣讲"下接地气"不够。很多基层宣讲没有很好把握群众的认知方式和接受习惯,没有在提高吸引力、感染力、创新上下功夫,照本宣科讲大道理、大政策,不少基层群众常常听得云里雾里。三是基层宣讲政策性支持还不够。现有政策体系对基层宣讲员的物质保障和时间保障不到位,挫伤了基层宣讲员的工作热情和积极性,影响了基层宣讲工作的可持续性和基层宣讲员队伍的稳定性。

四、理论铸魂溯源走心工程变革伟力的优化路径

习近平总书记指出:"我们党的历史,就是一部不断推进马克思主义中国化的历史,就是一部不断推进理论创新、进行理论创造的历史。"[①]浙江省第十五次党代会报告强调:"深入实施铸魂溯源走心工程,更好发挥党校主阵地作用,持续推进习近平新时代中国特色社会主义思想教育培训计划,做强'习近平新时代中国特色社会主义思想在浙江的萌发与实践'研究品牌,推进党史学习教育常态化长效化,推动全省党员干部坚定做习近平新时代中国特色社会

---

① 习近平:《在党史学习教育动员大会上的讲话》,人民出版社2021年版,第12页。

主义思想忠实信仰者、坚定维护者、实践引领者。"为了更好地推进铸魂、溯源、走心三大工程,更好地塑造理论铸魂溯源走心工程的变革伟力,本文提出以下五方面建议:

一是持续深入挖掘习近平总书记留给浙江的理论富矿。习近平总书记留给浙江的宝贵理论财富、实践财富和精神财富,是浙江改革发展取之不尽、用之不竭的动力和源泉,是浙江党员干部加强党性修养、提升能力水平的丰厚资源和独特优势。浙江要持续深入实施溯源工程,挖掘好、守护好、传承好习近平总书记留给浙江的理论富矿。一要深度谋划溯源新思想研究布局。要根据省委"溯源工程"有关安排,以"一年出成果、两年大变样、五年新飞跃"为时间表,聚焦2021—2025年重大研究课题,落实工作分工和责任,加强溯源新思想的谋划布局,擦亮"溯源工程"金名片。二要加快推出一批溯源新思想硬核成果。进一步统筹省内外社科研究力量,推动浙江有影响的重大"硬核"成果不断涌现、渐成体系,为更好地丰富和发展习近平新时代中国特色社会主义思想提供浙江素材、贡献浙江智慧。三要持续提升"溯源新思想"论坛影响力。系统整合省内外研究力量,以该论坛为载体全面呈现习近平新时代中国特色社会主义思想在浙江萌发的清晰脉络和内在逻辑,为进一步推进习近平新时代中国特色社会主义思想的丰富和发展提供浙江例证、浙江实践。

二是持续推进新思想理论学习更加制度化实效化。党政部门要继续做好干部教育、机关学习的制度化、规范化建设,提升理论学习效果,进一步做实铸魂工程。一要加大理论学习相关制度的执行力。思想理论界要在理论武装制度化方面做表率,突出领导干部"关键少数",抓好基层"绝大多数",善用"大思政课",更好推动习近平新时代中国特色社会主义思想进教材、进课堂、进头脑,做到上下自觉主动学、及时跟进学、联系实际学、笃信笃行学。二要切实提升新思想理论学习的效力。在政治引导、学理阐释和价值塑造上下功夫,不断提升新思想理论学习实效。强化思想政治理论课程体系和教材体系建设,将党的理论创新成果全面贯穿、有机融入各门课程,切实提升教材的政治性、时代性、科学性、可读性。

三是持续加大铸魂、溯源、走心工程高端平台建设。大力依据铸魂、溯源、走心工程需要不断加强高端平台建设。一要加大高端理论研究的投入。浙江要以浙江省习近平新时代中国特色社会主义思想研究中心建设为契机,统筹马克思主义理论研究和建设工程、中特中心及高校马克思主义学院、社科研究基地等工作,加大浙江高端理论研究平台的投入力度。要以深入实施溯源工程为抓手,通过重大课题牵引、项目化推进,推出更多有学理深度、学术厚度和浙江辨识度的研究成果。健全理论普及工作体系,开展对象化、分众化、互动化理论宣讲,打造内容鲜活、形式新颖的融媒体产品,构建多媒融合、精准表达的理论传播矩阵,推动党的创新理论"走心""走实"。二要加大理论宣传平台和品牌的打造力度。以"重要发声平台"建设为契机,打造一批理论宣传品牌栏目和新媒体传播平台,推动"天目"新闻客户端、"浙江新闻"客户端、"中国蓝"新闻客户端、"学习强国"浙江平台等主流新媒体打造高水平社科理论栏目,建设好"浙江社科""学习有理""马字号"等一批社科理论公众号,突出重点、整合资源,打造一批具有全国影响力、社会知名度的社科理论新媒体平台。三要加强新时代马克思主义学院建设。加强马克思主义学院建设,是深化马克思主义理论研究和建设的重要举措,是培养担当民族复兴大任时代新人的内在要求。必须要适应新形势新任务的迫切需要,立足党和国家事业全局,把加强马克思主义学院建设作为基础性、战略性工程,推动实现高质量发展。要贯彻落实好中共中央办公厅印发的《关于加强新时代马克思主义学院建设的意见》,扎实推动马克思主义学院内涵式发展,加强马克思主义理论学术阵地建设,培育和夯实发展平台,构建平台支持体系。

四是持续提升马克思主义理论研究人才队伍建设水平。深入实施铸魂、溯源、走心工程,要对标国内一流水平,加强马克思主义理论研究人才队伍建设。一要系统构建马克思主义理论人才体系。着力在浙江社科界发现、培养、集聚一批有深厚马克思主义理论素养、学贯中西的思想家和理论家,一批理论功底扎实、勇于开拓创新的学科带头人,一批年富力强、锐意进取的中青年学术骨干,构建种类齐全、梯队完整的马克思主义理论人才体系。二要精心组织马克思主义理论研究各路大军。发挥浙江高等院校、党校(行政学院)、科研院所、党政部门研究机构等的积极性,着力整合优势资源、强化融通融合,打破不同地域、不同学科、不同领域的界限,进行"兵团式""集群式"协同作战,大力推进浙江马克思主义理论学科建设。三要增强马克思主义理论人才队伍的理论情怀。马克思主义理论研究者不仅要有专业的理论素养,同时还要有对马克思主义的理论信仰和理论情怀。只有具备这两个条件,其马克思主义理论研究成果才能更有感染力和信服力。

五是持续优化理论宣讲布局形成理论大宣讲格局。做好基层宣讲工作,关键在于加强保障机制建设和人才队伍建设,创新基层宣讲形式,形成"人人学、人人讲、人人听"的大宣讲格局。一要加强基层宣讲保障机制建设。要根据基层宣讲工作实际,出台可操作、易操作的政策制度,为基层宣讲工作的有序推进提供良好的经费保障和制度保障。要建立信息反馈制度,通过发放调查问卷、召开座谈会、电话抽样调查等方式,收集受众相关意见建议,不断改进宣讲方式、确保宣讲效果。二要加强基层宣讲队伍建设。加强在党员干部、创业青年、社会组织、先进典型等不同职业和群体中组建"草根"宣讲队伍。要针对重要主题、重大活动、重点内容,对基层宣讲员进行专项培训,帮助宣讲员把握宣讲重点,吃透宣讲内容,掌握宣讲技巧。三要善于运用各类宣讲载体。既要发挥好传统媒介作用,又要适应信息传播的新形势、新要求,善于运用微信公众号、短视频等新型传播媒介和载体,变线下宣讲为线上宣讲,努力抢占网络舆论阵地的制高点。四要广泛采用机动灵活的微宣讲方式。要坚持以微课堂为阵地、以微媒体为平台、以微节目为载体,突出宣讲活动小范围、近距离、短时间。要充分发挥基层党校、宣传志愿者等理论队伍的作用,把宣讲课堂搬到田间地头、弄堂小院、村口树下,开设短小精悍的微课堂,因地制宜、不拘形式地宣讲新思想。

作者:陈旭峰,侣传振(中共浙江省委党校)

"唐诗宋韵"彰显诗画江南

文化是一个国家、一个民族的灵魂。文化自信是最基本、最深沉、最持久的力量。党的二十大报告强调要"推进文化自信自强,铸就社会主义文化新辉煌",为全面推进社会主义文化现代化新征程擘画了宏伟蓝图。浙江是多元文化的大熔炉,既具有悠久的传统文化,又流动着闪亮的文化新潮。对浙江而言,打造新时代文化高地是争创社会主义现代化先行省,高质量发展建设共同富裕示范区的重大任务,是忠实践行"八八战略"、奋力打造"重要窗口"的必然要求。从"发挥浙江人义优势,加快建设文化大省"到接续推进文化强省和文化浙江、打造新时代文化高地等文化发展战略,浙江挖掘"唐诗宋韵"气韵,彰显"诗画江南"之美。"唐诗宋韵"是表征中国气派和浙江辨识度的重要文化标识,是显现中华文明高度发达的重要精神气质,是涵养历史、文化、社会、经济和政治等诸多领域的综合立体的重要社会气韵,对提升浙江文化软实力,推动实现物质富裕和精神富有相协调、物质文明和精神文明相协调、美好社会和美好生活相协调,谱写争创社会主义现代化先行省的文化新篇具有重要意义。

一、打造"唐诗宋韵"文化高地的逻辑理路

深入推进新时代文化浙江工程,打造与社会主义现代化先行省相适应的新时代文化高地,内嵌于马克思主义文化观的理论创新,植根于浙江优秀传统文化的创新性发展与创造性转化,立足于实现文化大省、文化强省、文化浙江的生动实践,实现了理论逻辑、文化逻辑和实践逻辑相统一。

从理论逻辑来看,打造新时代文化高地是对马克思主义文化观的继承与延展。关于文明的力量,先进文化对于一个国家、一个民族的重要性,马克思、

恩格斯有过深刻剖析。马克思在《共产党宣言》中指出:"资产阶级,由于一切生产工具的迅速改进,由于交通的极其便利,把一切民族甚至最野蛮的民族都卷到文明中来了。"①马克思在《不列颠在印度统治的未来结果》中也提出了同样的观点:"野蛮的征服者总是被那些他们所征服的民族的较高文明所征服,这是一条永恒的历史规律。"②习近平同志深刻认识到文化的力量,指出文化总是悄无声息地融入经济、政治、社会力量中,推动经济的发展、政治生态的文明进步以及社会的和谐。③ 在浙江工作期间,习近平同志从打造推动浙江又好又快发展的文化软实力的重要性出发,提出"用带有浙江特点的优秀文化丰富中华文化内涵,用具有中华民族特性的先进文化丰富世界文化宝库,同时更好地吸收世界优秀文化成果,发展具有时代特征的先进文化,不断增强中华文化的竞争力和影响力"。④ 党的十八大以来,习近平总书记明确指出先进文化对中华民族伟大复兴的重要性,并进一步把文化提升到作为一个国家、一个民族的灵魂的高度,全面阐释了文化和文化建设的地位、功能、作用和意义,进而形成了关于新时代中国特色社会主义文化建设的系统思考,这是对马克思主义理论的继承与发展,也为浙江打造新时代文化高地提供了根本理论支撑。

从历史逻辑来看,打造新时代文化高地是对优秀传统文化的汲取与创造性转化。习近平同志在浙江工作期间明确指出,"代代相传的文化创造的作为和精神,从观念、态度、行为方式和价值取向上,孕育、形成和发展了渊源有自的浙江地域文化传统和与时俱进的浙江文化精神"。⑤ 浙江素有"文化之邦"的盛名,历史悠久,经济发达,文化昌盛。以"万年上山""八千年井头山""七千年河姆渡""五千年良渚""千年南宋"为代表的浙江历史文化,融合吴越文化与中原文化之精髓,兼具大陆文化与海洋文化之优势,反映中西文化的碰撞与激荡。浙江文化具有多元且包容的特质,既有山的伟岸,又有海的深沉,不仅有积极进取、敢于冒险的胆气,同时兼具奋发拼搏、自强不息的优点,孕育了浙江人的精神气质。作为儒学在江南的传播中心,浙江还孕育出了浙东

---

① 马克思:《共产党宣言》,人民出版社 2018 年版,第 31 页。

② 马克思:《不列颠在印度统治的未来结果》,《马克思恩格斯全集》(第 9 卷),人民出版社 2008 年版,第 686 页。

③ 习近平:《之江新语》,浙江人民出版社 2007 年版,第 149 页。

④ 习近平:《干在实处 走在前列——推进浙江新发展的思考与实践》,中共中央党校出版社 2006 年版,第 290 页。

⑤ 习近平:《"浙江文化研究工程成果文库"总序》,2006 年 5 月 30 日。

学派,推崇义利并重、工商并举,倡导经世致用的重要思想,不仅促进了思想大繁荣,还深深地影响着浙江人的思维方式和行为模式。更为重要的是,这些传统文化并非僵化不变,而是与当今时代精神有机结合,是创新性发展和创造性转化的集中体现。这些浙江优秀传统文化正是浙江建设新时代文化高地的历史源泉。

从实践逻辑来看,打造新时代文化高地是文化大省、文化强省、文化浙江的实践。历届浙江省委高度重视文化建设,始终坚持用文化引领前进方向,充分激发创造活力,不断凝聚奋斗力量,持续推动文化大省、文化强省、文化浙江建设,将之转化为推动浙江发展的强大动力。建设文化大省,开启了浙江文化发展的进程。2003年,时任浙江省委书记习近平立足浙江发展实际,做出"八八战略"的决策部署。建设文化大省是"八八战略"的重要内容,并由此确立了"3+8+4"的加快建设文化大省的核心内容和基本框架。在这一基本框架下,全省干部群众开启了推动浙江先进文化发展的征程。2005年,《中共浙江省委关于加快建设文化大省的决定》通过,浙江文化建设"八项工程"开展,完善了浙江文化建设的基座。2008年,通过《浙江省推动文化大发展大繁荣纲要(2008—2012)》,在崭新的历史起点上,构建"三大体系",部署浙江文化建设新任务。文化强省,擘画了浙江文化改革路线图。从文化大省迈向文化强省,是浙江文化建设的创新成果。浙江的文化强省建设,是深入贯彻实施"八八战略"下浙江文化改革发展路径的战略部署,也是"八八战略"中发挥浙江人文优势,加快建设文化大省顶层设计的进一步发展。2011年,浙江省人大常委会十二届十次全会,全面贯彻党的十七届六中全会精神,首次部署加快推动文化大省向文化强省迈进工作,开启了浙江文化强省建设的新征程。2015年,习近平总书记在浙江调研时,对浙江文化建设指明了新方向、提出了新要求、明确了实现建设文化强省的新目标。同年6月,省委十三届七次全会着眼于"干在实处永无止境、走在前列要谋新篇"的新使命,提出了"紧扣'培育和践行社会主义核心价值观',传承历史、守正出新,海纳百川、兼收并蓄,加快建设文化强省"的新要求。围绕浙江省文化强省建设目标,浙江省委率领全省广大干部群众在更高时代起点上兴起文化建设新高潮。文化浙江,打造社会主义先进文化高地。经过十多年文化大省、文化强省的建设,浙江文化建设日益彰显规模与示范效应,打造社会主义先进文化高地已成为浙江文化建设新的使命。2017年,浙江省第十四次党代会接力文化大省、文化强省建设,围绕实现"两个高水平"奋斗目标,提出"在提升文化软实力上更进一步、更快一步,努力建设文化浙江"的新目标,在更高起点上谋划和布局浙江文化发展。同年11月,《中共浙江省委浙江省人民政府关于推进文化浙江建设的意见》在操作层面上进一步细化了"建设文化浙江"目标。2020年6月,省委十四届七次全会提出,在建设"重要窗口"的新征程中,浙江必须坚持中国特色社会主义文化发展道路,以打造与"三个地"相适应的思想高地、舆论高地、文化高地、文明高地的具体实践,生动展现中华民族发展中更基本、更深沉、更持久的精神力量。同年9月,浙江文化研究工程实施15周年座谈会暨省文化研究工程指导委员会会议召开,提出全面实施新时代文化浙江工程,加快打造社会主义先进文化高地,开启了文化浙江建设新的历史征程,书写"重要窗口"文化新篇章。2021年,省委文化工作会议提出在新的历史条件下,加快打造新时代文化高地,为高质量发展建设共同富裕示范区注入强大文化力量,开启了新时代文化高地建设新征程。

二、打造"唐诗宋韵"文化高地的制约因素

浙江文化以其深厚的生命力、感召力和引领力,恒久激励着浙江人民守正创新,是浙江经济社会持续健康发展的不竭动力。但客观而言,当前文化建设中还存在着一些短板,制约着浙江新时代文化高地建设向纵深发展。

一是引领新时代浙江文化繁荣的目标定位亟待明确。近年来,浙江沿着习近平总书记指引的路子,坚持一张蓝图绘到底,接续推进文化大省、文化强省发展战略,走出了一条具有浙江特色的文化发展之路,显著增强了浙江的文化软实力。但是,面对争创社会主义现代化先行省的目标,如何高质量打造具有代表性的重要文化符号,并使之成为引领共同富裕示范区建设的强大精神动力,是亟待明确的问题。新时代浙江文化高地建设应定位于兼顾两大功能:既要综合立体地担负以文铸魂、育德、传道、兴业、惠民等功能内涵,又要全面融合打造思想理论、精神力量、文明和谐、文艺精品和文化创新等高地的使命担当。只有内外兼修、形神具备,浙江未来的文化发展才能真正走在前列。

二是激活新时代浙江文化发展的核心名片亟待塑造。浙江作为中华文明的发祥地之一,文渊悠久、文脉深广、文气充沛,具有涵盖遗址文物、历史事件、思想学派、著作著述、艺术样式等多个门类的文化名片。浙江首批20个"浙江

文化印记"有河姆渡遗址、良渚古城遗址、杭嘉湖丝绸、青瓷、西施传说、绍兴黄酒、天台山、《兰亭序》、京杭大运河浙江段、杭州西湖、南宋皇城遗址、南宗孔庙、浙东学派、龙井茶等，这些都是极具浙江辨识度的优秀文化资源和文化标记标识，有助于提升浙江人民的文化自豪感和文化自信。浙江的文化名片，与唐诗宋韵有着千丝万缕的关系。唐诗笔力雄壮、气象浑厚，宋词婉约含蓄、清逸豪放、淳厚雅正，这些核心特质都已融入各类浙江的文化名片中。因而，"唐诗宋韵"既是浙江众多文化符号和文化标识的典型特质和核心名片，也是传统文化中最具中国辨识度且能表示文化和文明高度繁荣发达的一种精神符号，已经成为涵盖历史、文化、社会、经济和政治等诸多领域的综合立体的文化繁荣表征。以"唐诗宋韵"为浙江新时代文化高地建设的抓手，是从简单地追求物质富裕、精神富有进阶升华到追求"小而美"的精神文化生活的重要表现，也有利于集中提升浙江文化美誉度和影响力，为加快浙江建设凝聚强大精神力量、提供丰润文化滋养和有力的文化支撑。

三是增强新时代浙江文化获得感的实践优势亟待拓展。透视浙江发展奇迹，文化软实力深蕴其中，浙江虽然在唐诗宋韵文化的保护、研究、转化和传播等方面累积了一定优势，但如何扩大累积优势，使之进一步转化为文化获得感，亟待突破以下难题：第一，如何让文化活化传承和有效保护的实践优势融入社会生活？目前以"唐诗宋韵"为抓手对浙江文化进行保护，已形成历史文化名城名镇名村保护，历史地段、历史街区保护和文物建筑、历史建筑保护三位一体的保护体系，而使得文旅产业的这一实践融入社会生活、走向千家万户，成为增强百姓文化获得感的必由之路。第二，如何让文化传承、弘扬和转化等常态工作机制服务于人民文化需求？这一问题的破题是多管齐下的，首先，通过清单化管理、项目化推进、品牌化打造、平台化运作，在体制机制上实现传承弘扬常态化；其次，在理论研究上，从文化形态系列研究、文献资料整理与研究、传承创新研究三方面入手；再次，在活化传承成果的应用上，要积极筹划紧扣文化的"寻、探、赏、游、阅、传"等主题的重点工程，加快研发与其相关的主题旅游景区、酒店、商品等，真正实现高效转化艺术呈现和创新利用。第三，如何塑造品牌多元宣介、一体打造的传播体系引领文化风尚？在文化传播上，以保护利用工程为牵引、以物质和非物质文化遗产为抓手、以各大文化机构的高端藏品为焦点，既做到多元宣传，又做到一体化打造"可感知、可触摸、可体验、可分享的文化项目"等，树立对世界讲好文化故事的典型示范，展现具有中国特色的国际高端文化艺术的无穷魅力和张力。

四是扩大新时代浙江文化影响的发展短板亟待补齐。当前,浙江文化建设虽然取得了很大成绩,但是在以"唐诗宋韵"为抓手,扩大新时代浙江文化影响方面仍存在一些发展短板:在战略高度上,以"唐诗宋韵"为抓手的文化战略地位有待提升。第一,发展视野和目标定位有待提升,要对标国际和国内最领先城市,要"跳出浙江宣传浙江文化",具有有鲜明浙江辨识度的大格局大愿景。第二,发展重点有待强化。浙江文化资源既丰富多样又驳杂散碎,需要进一步突出重点,集各方之心、全员之力去打造标志性文化项目。在产业发展上,以"唐诗宋韵"为抓手的文化产业竞争力不够强。如文化产业整体规模效应不够、文化的核心竞争力和国际影响力还不够、优秀文化企业数量还是太少;以"唐诗宋韵"为特质的文化地标建设有待加强,缺乏新的重大文化设施项目,或者有项目但是未实质性启动,或者原有公共文化设施提升改造力度不够。在资源配备上,以"唐诗宋韵"为抓手的文化发展要素保障有待提升。在人才队伍上,文娱从业人员数量与省人口总量和省地位还不相称;在资源保障上,投入数量、投入持续度、投入回报率和投入社会成效仍有待加强和提高,部分标志性文化项目用地指标争取困难等。

五是提升新时代浙江文化美誉度的示范项目亟待打造。目前从文化符号、文化形象、文化内涵等专业角度看,面向省内、面向全国、面向世界的浙江唐诗宋韵经典文化项目非常欠缺、亟待打造。未来浙江匠心打造的示范项目有以下两方面。一方面,积极实施诗路文化带发展规划和浙东唐诗之路三年行动计划。这是诗画浙江大花园的标志性工程和文化浙江建设的"金名片"。坚持成熟一个、推出一个,致力于绘就现代版"富春山居图",尤其要推动浙东唐诗之路建设早出经验、多出成果。其中,浙东唐诗之路成为继丝绸之路、茶马古道之后的又一条文化古道,是一条唐代诗人留下的山水人文之路,又是一座具有十分重要的历史积淀和文化底蕴的宝库。浙东唐诗之路作为诗路文化带的领头羊,是具备了世界文化遗产特征的区域文化路线,要围绕建成"幸福美好家园、绿色发展高地、健康养生福地、生态旅游目的地"①目标率先启动建设。另一方面,宋韵文化的传承发展,要围绕宋韵文化的挖掘、保护、提升、研究、传承各环节,坚持深化、转化、活化、品牌化的逻辑,以高效精准为目标的打造更多标志性成果,如打造具有全国乃至世界影响力的宋韵文化活动品牌和演艺品

---

① 郑栅洁:《率先启动浙东唐诗之路建设 高标准打造诗路文化带》,《政策瞭望》,2020年第10期。

牌、创作宋韵主题的文艺作品和文化精品、建设彰显宋韵风雅的地标建筑、推出成体系有价值的宋韵文化研究成果、开发独具宋韵文化印记的文旅项目等。

三、打造"唐诗宋韵"文化高地的实现路径

为打造与社会主义现代化先行省相适应的新时代文化高地,浙江需要紧紧抓住"唐诗宋韵"这一作为重要文化标识、重要精神气质、重要社会气韵的文化形象,融合推进以浙东唐诗之路为核心的诗路文化带建设和以"宋韵文化传世工程"为代表的浙江历史文化金名片建设,集中阐释"唐诗宋韵"的精神特质和形态特征,整体形成"唐诗宋韵"的文明底蕴和金名片效应,不断提升文化繁荣引领力、文化变革创造力、文化生活服务力、文化风尚塑造力、文化传播影响力,显著提高浙江文化软实力和美誉度。

(一)以统筹共建平台提升文化繁荣引领力

思想引领,不断提升"唐诗宋韵"的精气神。打造新时代文化高地需要充分利用浙江作为习近平新时代中国特色社会主义思想的重要萌发地的优势,统筹共建浙东唐诗之路和"宋韵文化传世工程"。唐诗蕴藏强盛伟岸、开放包容、昂扬奋发的特质,宋韵显现文治立国、文艺绚烂、理学繁荣的气象。坚持以习近平新时代中国特色社会主义思想为指导,统筹布局"唐诗宋韵"建设,合力建成"唐诗宋韵"的时代标识,有利于展示国家繁荣和国力强盛,满足人民文化需求,增强人民精神力量。

整体推进,不断提升"唐诗宋韵"的系统性。打造新时代文化高地需要系统布局"唐诗宋韵"的阐释、利用、传承等各环节。唐诗和宋韵相辅相成。浙东唐诗之路山水文化和士文化底蕴深厚,蕴含着地理、文学、哲学等多条学理脉络。"宋韵文化传世工程"从哲学、经济、政治、社会生活等方面展现了多元包容、百工竞巧、追求卓越、风雅精致的繁荣气象。"唐诗""宋韵"融合,既是两种文化的集合,又是两种精神气质和社会气韵的交融,有利于推进"唐诗宋韵"的价值转化,探寻高质量发展文化浙江之路。

全域谋划,不断提升"唐诗宋韵"的引领力。打造新时代文化高地需要在战略上实现统分结合。省域层面,加强部门协同和省市县联动,研究实施"唐诗宋韵"综合建设,推进诗路文化带建设和"宋韵文化传世工程"全省共享。省

域层面以下,以"唐诗宋韵"为牵引,重点支持擦亮"珍珠"、串"珠"成链等项目,支持杭州深入挖掘、系统梳理、综合利用宋韵文化资源,支持宁波规整"唐诗宋韵"非物质文化遗产……充分发挥特色优势,着力打造文化名山、人文水脉、森林古道、遗址公园、名城古镇和古村,建设各具特色的文化明珠,立体展示浙江文化形象。

(二)以机制创新平台提升文化变革创造力

古今辉映,不断推动"唐诗宋韵"创新性发展。打造新时代文化高地需要发挥"唐诗宋韵"底蕴,创新推进"唐诗宋韵"文化带和"唐诗宋韵文化园"建设,形成"一文含四带,十地耀百珠"[①]的现代场景。"唐诗宋韵"作为浙江文化的重要标识,蕴含浙江文化理论研究、浙江历史文化遗址考古发掘、浙江文化遗址保护展示、浙江文化旅游开发、浙江文化品牌塑造、浙江文化宣传推广等领域,塑造"唐诗宋韵"标志性 IP 和文旅融合发展 IP,有利于实现"唐诗宋韵"的创新呈现、现代表达,让"唐诗宋韵""流动"起来。

多元融合,不断推动"唐诗宋韵"创造性转化。打造新时代文化高地需要健全"唐诗宋韵"的深化、活化、转化全生命周期。"浙东唐诗之路"作为山水旅居之路、诗歌创作之路、思想传播之路和文化融合之路,同"宋韵"文化一样,构成浙江发展的"富矿"。加快"唐诗宋韵"物化活化,焕发"唐诗宋韵"独特魅力,创作更多具有鲜明标识的内容精品,推动文化与科技、文化与旅游、文化与制造、文化与会展、文化与金融等深度融合,构建带动区域经济社会可持续发展的动态系统,有利于提升"唐诗宋韵"的文化集成能力,促使浙江成为文化创造活力强劲的省份。

明珠培育,不断推动"唐诗宋韵"创造力迸发。打造新时代文化高地需要开展"唐诗宋韵"明珠培育工程,打造具有全国乃至国际影响力的文化品牌。一方面,培育"唐诗宋韵"文化活动品牌和演艺品牌,创作宋韵主题文艺精品,建设彰显宋韵风雅的地标性建筑,推出成体系、有价值的"唐诗宋韵"标志性成果;另一方面,积极推进"唐诗宋韵"大众化和地域化,开发人民群众喜闻乐见的文化符号和独具地方特色的宋韵文化印记及文旅项目,扩大地域文化知名度,形成文化创造活力更加迸发的新局面。

---

① 郑栅洁:《率先启动浙东唐诗之路建设 高标准打造诗路文化带》,《政策瞭望》,2020 年第 10 期。

(三)以诗画共享平台提升文化生活服务力

"落地生根",继续推动"唐诗宋韵"全面融入公共文化体系。打造新时代文化高地需要回应人民群众对"唐诗宋韵"的多元文化需求。浙东唐诗之路具有"诗心自在"的文化内涵,通过把多种经典文化符号、多种艺术门类有机融合在一起,串"珠"成链,可以实现诗路文化共建共享共赢,让诗路文化"飞入寻常百姓家"。要将宋韵文化主题元素"植入"建筑风格设计、环境景观规划、内部馆藏装饰、体验活动策划等方面,彰显盛世华章。"唐诗宋韵"落地生根、开枝散叶,有利于促进诗情画意图景可体验、可感知、可扩散。

数智创新,继续推动"唐诗宋韵"全方位融入公众日常生活。打造新时代文化高地需要构建"唐诗宋韵"数字文化平台,健全文化整体智治体系。完善宋韵文化资源库内容建设,运用区块链技术,推出以"唐诗宋韵"为代表的中华传统文化元素随机组合的 NFT 艺术品、虚拟动漫人物与 AR 人物等。建立"唐诗宋韵"研学孵化基地,把"唐诗宋韵"融进印石文化、书画文化、伞文化、茶文化、饮食文化、建筑文化、丝绸文化等,推出公众文化标识符号,进行跨界融合创造,加强"唐诗宋韵"的创意呈现,有利于塑造浙江文化的生动形象。

集成共享,继续推动"唐诗宋韵"文化生活品质大幅度提高。打造新时代文化高地需要围绕"唐诗宋韵"主题实施文化数智创新和文化数字化战略。高质量发展"唐诗宋韵"文化企业、文化业态、文化消费模式,壮大数字音乐、网络文化、数字文化装备、线上演播、数字艺术展示等产业,推动形成数字文化产业集群。高品质供给"唐诗宋韵"文化服务,推进城乡一体的现代文化服务体系全面覆盖,形成从文艺欣赏到文艺志愿、文艺创造等方面的全生命周期,使文艺关怀体现在城乡每个角落,让浙江成为文化获得感、幸福感丰厚的省份。

(四)以文明滋养平台提升文化风尚塑造力

文以载道,集中展示"唐诗宋韵"美好生活意蕴。打造新时代文化高地需要立足人民群众对美好精神文化生活的新期待,构筑"唐诗宋韵"和美的生活之间的紧密联系。推动构建省市县政府联动,社会力量参与的文化滋养体系,重现"风雅处处是平常"的生活美学,提升城乡居民文化参与便利度,优化公共服务水平。突显"唐诗宋韵"地方文化特色,打造旅游文化品位和品牌形象,更好地满足本地居民和外地游客追求"诗与远方"的心理需求,实现借传统文化精神、文化元素向当代生活致意。

文以致美，集中展示"唐诗宋韵"日常美学意蕴。打造新时代文化高地需要高质量实施全民艺术普及活动。"唐诗宋韵"不仅反映了唐代诗人、两宋文人的风雅生活，还体现了这一时期的文艺功用、设计意韵及审美志趣。以此为基础，指导推进乡村文艺团队建设，开展乡村文化能人培育，加强对各种群体的音乐、舞蹈、美术等培训，实施"唐诗宋韵"审美风物设计，规范发展新业态，鼓励新场景应用，激活更多需求，接通古今，联通研用，带动具有宋韵的高质量设计、建筑和公共艺术作品的涌现，让"唐诗宋韵"具有美学意蕴。

以文化人，集中展示"唐诗宋韵"文明风尚意蕴。打造新时代文化高地需要推进"浙江有礼"省域文明实践，绘就浙江大地正气充盈、彬彬有礼、温暖如春的幸福图景。"唐诗宋韵"汇聚成两宋文化精华，文明"有礼"浸透在唐代诗人、两宋文人的灵魂里，落实在唐代诗人、两宋文人行动上，以此为凭借，可以效仿古代先贤，推动爱国爱乡、科学理性、书香礼仪、唯实唯先、开放大气、重诺守信的时代风尚蔚然成风，推动浙江人民世代传承而相沿不辍的优秀文化基因与文化传统频出新意，使浙江成为群众公认、全国示范的最美省份。

（五）以示范引领平台提升文化传播影响力

固本培元，提质"唐诗宋韵"标志性成果。打造新时代文化高地需要及时总结文化浙江建设中的好经验好做法。"唐诗宋韵"作为中华传统文化的重要组成部分，被国内外史学界誉为中国传统文化的高峰，在同时代的世界具有显著的文化底蕴、地域特色和文明意义。为更好地传承浙江文化，彰显浙江文化魅力，需要继续挖掘"唐诗宋韵"的核心内涵，推动"唐诗宋韵"文化氛围转化成社会和睦团结向上的整体氛围，激励人们前行、向上、向善，发挥濡化效应，让更多具有浙江印记的文化名片显现出来。

交流互鉴，提升"唐诗宋韵"显著性影响。打造新时代文化高地需要建成现代传播体系，全面形成网上网下一体、内宣外宣联动的主流舆论格局。对内，完善"唐诗宋韵"交流传播合作机制，适时通过专题现场会、最佳实践案例发布、专题研讨班、高端论坛等形式，实现对全国其他地区的示范带动作用。对外，充分利用浙江侨文化等优势资源，加强与共建"一带一路"国家的文化交流合作，推动建设"唐诗宋韵"国际人文交流基地，培育浙江文化国际合作竞争新优势。

巧绘图景，提升"唐诗宋韵"高水平美誉。打造新时代文化高地需要绘制人与自然、人与人、人与社会美美与共的"诗画浙江"图景。对国内,深入挖掘"唐诗宋韵"内涵,举办"唐诗宋韵"文化带和旅游发展峰会等活动,营造良好舆论氛围,提升旅游推广水平。国际上,实施"诗画浙江"品牌全球推广计划,加强对先进典型和经验的宣传,强化品牌建设与推广,通过"诗意"的营造,达到"画意"之升华,扩大"唐诗宋韵"的国际影响力,从而促进对外文化话语权大幅提升、文化自信显著提高,切实增加浙江文化的美誉度。

作者:谢向前,陆银辉,罗　建,符勤勤(中共浙江省委党校四明山分校)

率先推动碳达峰碳中和变革

实现碳达峰、碳中和,既是中国对构建人类命运共同体的庄严承诺,也是中华民族永续发展的必然选择。习近平总书记高度重视碳达峰碳中和工作,就我国实现"双碳"目标做出过一系列重要论述和重大部署。2021年3月,习近平总书记在中央财经委员会第九次会议上强调,实现碳达峰、碳中和是一场广泛而深刻的经济社会系统性变革,要把碳达峰、碳中和纳入生态文明建设整体布局。[①] 2021年,《中共中央、国务院关于完整准确全面贯彻新发展理念做好碳达峰碳中和工作的意见》以及《2030年前碳达峰行动方案》相继出台,共同构建了中国碳达峰、碳中和"1+N"政策体系的顶层设计。2022年1月24日,习近平总书记在主持中共中央政治局第三十六次集体学习时强调,实现碳达峰碳中和,是贯彻新发展理念、构建新发展格局、推动高质量发展的内在要求,是党中央统筹国内国际两个大局作出的重大战略决策。党的二十大报告再次强调要积极稳妥推进碳达峰碳中和,并做出战略性部署。

浙江省积极响应党中央的部署,全面贯彻落实"双碳"行动。从"绿水青山就是金山银山"到"生态文明建设要先行示范",浙江正历经着一场广泛而深刻的经济社会系统性变革,为全国实现碳达峰碳中和多做贡献、勇当先锋。2022年2月,浙江省发布的《关于完整准确全面贯彻新发展理念做好碳达峰碳中和工作的实施意见》提出,以数字化改革撬动经济社会发展全面绿色转型,积极稳妥推进碳达峰、碳中和工作,加快构建"6+1"领域碳达峰体系,为争创社会主义现代化先行省、高质量发展建设共同富裕示范区奠定坚实基础。[②] "双碳"工作是浙江高质量发展建设共同富裕示范区的题中之义。本研究总结了浙江近年来在推动绿色低碳发展方面取得的成绩、积累的经验以及当前亟待解决

---

① 习近平:《论坚持人与自然和谐共生》,中央文献出版社2022年版,第254—255页。
② 《浙江发布碳达峰碳中和实施意见》,《中国环境报》,2022年2月24日。

的难题,面向建设人与自然和谐共生的社会主义现代化先行省总体目标,对标国家碳达峰、碳中和行动整体部署以及国内、国际先进做法,提出浙江创建"碳达峰碳中和"引领示范区的对策建议。

一、实现碳达峰碳中和是一场广泛而深刻的经济社会系统性变革

随着科学技术的进步和治理能力的提升,人类关注、保护生态环境的视野和格局在不断拓展:从局地、短时间的环境污染到产生中长期影响的生态破坏,再到人为导致的温室气体过度排放这类在更大空间尺度、更长时间维度上产生较广泛负面影响的生态环境问题。对这些问题的关注深刻彰显了人类对自身行为的检视,以及对人和自然关系的重新认识。建设生态文明、实现人与自然和谐共生是人类共同的愿景。中国作为负责任的世界大国,需要主动为解决世界生态治理难题提供中国方案、贡献中国智慧。中国一直是全球环境治理的积极参与者和贡献者,并且凭借着对绿色、低碳、可持续发展认知的不断加深和始终贯彻,逐渐在全球环境治理事务中发挥引领和示范作用,以坚定立场、有效举措为建设一个清洁美丽的世界注入了强大的中国动力。

目前,全球已有 54 个国家和地区实现了碳达峰,其碳排放量占全球的40%,其中大部分属于发达国家。工业化国家和地区一般在工业化、城镇化发展阶段之后出现碳排放和能源消费"双达峰""双下降",并伴随经济增速明显下降。[①] 目前仅个别以自然经济为主的经济体(例如苏里南和不丹)实现了碳中和,大多数国家和地区还处于碳达峰前后的阶段。由此可见,"双碳"目标的实现以达到一定的发展阶段为基础。中国的碳中和"是实现工业化、城镇化,居民生活水平大幅提升后的温室气体净零排放,以国家经历经济增长过程并实现较高水平的物质积累和社会福利为前提"[②]。住建部和国家统计局数据显

---

① 胡鞍钢:《中国实现 2030 年前碳达峰目标及主要途径》,《北京工业大学学报(社会科学版)》,2021 年第 3 期。

② 庄贵阳,窦晓铭,魏鸣昕:《碳达峰碳中和的学理阐释与路径分析》,《兰州大学学报(社会科学版)》,2022 年第 1 期。

示:2020 年我国常住人口城镇化率达 63.89％;全年人均国内生产总值 72447元,连续两年超过 1 万美元。2020 年至 2035 年,城镇化仍是中国经济和工业化发展的重要推动力。① 以上发展基础为中国开启"双碳"征程创造了充分的先决条件。但是,按照 2030 年和 2060 年的目标设定,中国将用 30 年实现从碳达峰到碳中和的全球历史上的"最快"跨越,还要同步推进第二个百年奋斗目标的实现,到 2049 年建成富强民主文明和谐美丽的社会主义现代化强国。因此,实现"双碳"目标,需要推动经济社会向可持续发展、资源能源高效利用、科技创新驱动等方向发生深刻的系统性变革。

碳达峰碳中和行动是中国绿色低碳发展的最新展现形式,与此前的节能减排、能源双控、碳排放强度控制等目标既一脉相承又有突破升级。从根本上解决碳排放问题,就是要坚持新发展理念,加快形成节约资源能源、保护环境的空间格局、产业结构、生产方式、生活方式,将人类活动产生的温室气体排放控制在《巴黎协定》确定的全球升温目标对应的排放限额内。要把碳达峰碳中和行动纳入生态文明建设整体布局和经济社会发展全局,使降碳与节能、减污、生态保护等其他绿色发展指标形成紧密协同和联动增效,共同发挥倒逼机制,促进经济社会发展全面绿色转型。

产业结构优化升级是实现碳达峰碳中和的核心前提。实现碳达峰碳中和目标不能对现行经济发展模式直接简单地施加一刀切的资源环境约束指标,也不能只依靠单一维度的模式和路径优化。从最直观的层面看,推进碳达峰碳中和要处理好温室气体排放和经济发展的关系。② 2020 年全球碳排放主要来自能源发电与供热、交通运输、制造业与建筑业等三个领域,分别占比 43％,26％,17％。从产业结构看,多数实现碳达峰的发达国家第三产业占 GDP 的比重达 65％以上,美国接近 80％,其主导产业大多以高端加工制造业和生产性服务业为主。有序降低第二产业的经济占比,产业结构向偏重第三产业发展,通过提升结构效益、优化资源配置来实现降碳是碳达峰的必由之路。同时,要避免步入"过早去工业化"的误区,要充分发挥制造业所带来的创新溢出效应、产业关联效应和外汇储备效应等,不断提高服务业效率使其成为经济增

---

① 黄群慧,贺俊,倪红福:《新征程两个阶段的中国新型工业化目标及战略研究》,《南京社会科学》,2021 年第 1 期。
② 庄贵阳,窦晓铭,魏鸣昕:《碳达峰碳中和的学理阐释与路径分析》,《兰州大学学报(社会科学版)》,2022 年第 1 期。

长的引擎。① 党的十八大以来,以习近平同志为核心的党中央高度重视制定和实施制造强国、创新强国等长期战略,为实现"双碳"目标打下了现代化经济体系的基石。2021 年,我国第一、二、三产业增加值占国内生产总值比重分别为7.3%,39.4%,53.3%。

能源系统低碳转型是实现碳达峰碳中和的重中之重。当前,能源相关的碳排放量占我国全部碳排放量的 80%以上。能源系统降碳是我国实现"双碳"目标的突出重心。"十四五"时期,随着新型工业化和城镇化的深入推进,以及扩大内需战略的深入实施,中国能源消费量仍将刚性增长,保障能源安全和提升供应能力仍是能源工作的首要任务。② 构建低碳化、多元化、智能化、高效化的现代能源体系可以在能源消费增长的同时有效遏制相关碳排放增长。其中,变更主体能源是调整能源结构的关键,要逐步改变化石能源,尤其是煤炭在能源消费中的主体地位,推动煤电从电力供应的主力转变为基础保障性和系统调节性电源。严格控制煤炭消费量,促进煤炭高效清洁利用,提高可再生能源在一次能源消费中的占比,提高终端能源消费的电气化率,推动电力系统零碳革命,以及广泛开展需求端节能措施等都是能源领域脱碳的重要着力点。

绿色低碳科技创新是实现碳达峰碳中和的关键变量。国际能源机构 2021 年的报告指出,全球能源行业 2050 年实现净零排放的关键技术中有 50%目前尚未成熟,需要进一步研发提升。③ 推进碳中和本质上要求不断进行科技创新,社会经济发展需要从"资源依赖"路径全面迈向"技术依赖"路径。低碳、零碳、负碳技术创新与规模化应用是实现"双碳"目标的重要技术支撑,能源、工业、建筑、交通等各领域的绿色低碳技术的先进性和成熟度很大程度上决定了经济体完成低碳转型的困难度。王灿等人通过研究提出,实现深度减排、零碳排放的未来战略性技术包括:生物质能、风能、太阳能、核能、氢能等能源技术和二氧化碳捕获和封存技术;工业、建筑、交通等行业的零碳炼钢、零碳水泥、零碳建筑、新能源汽车等技术;信息技术、新装备制造技术、新材料制造技术。④ 数字技术也可以帮助全球有效减少碳排放。因此,鼓励科技创新的体制机制,

① 黄群慧:《"十四五"时期深化中国工业化进程的重大挑战与战略选择》,《中共中央党校(国家行政学院)学报》,2020 年第 2 期。
② 王轶辰:《我国加快构建现代能源体系》,《经济日报》,2022 年 4 月 5 日。
③ 贺克斌:《碳中和,未来之变》,《光明日报》,2021 年 6 月 26 日。
④ 王灿,丛建辉,王克,等:《中国应对气候变化技术清单研究》,《中国人口·资源与环境》,2021 年第 3 期。

充足的人才储备及完善的人才培养体系是绿色低碳科技创新产生的土壤。这需要统筹全国研发力量形成与碳达峰碳中和目标相适应的研发体系,畅通研发、转化、推广的链条,加强科研领域与产业界的合作,实现科技创新对低碳转型的有效推动。

二、引领示范碳达峰碳中和行动是浙江 "重要窗口"建设的核心组成部分

浙江在"八八战略"的指引下,从"绿色浙江""生态浙江",到"美丽浙江",把生态文明建设纳入经济社会发展全局,始终坚持政策规划和领导机制先行,走出了一条经济优化升级、资源高效配置、生态持续改善、城乡均衡发展的高质量发展绿色之路,具备了创建国家"碳达峰碳中和"引领示范区的丰富实践和治理经验。2020 年 3 月,习近平总书记来到浙江考察调研,赋予了浙江"努力成为新时代全面展示中国特色社会主义制度优越性的重要窗口"和"生态文明建设要先行示范"的新使命。积极应对气候变化、引领示范碳达峰碳中和行动理应成为浙江"重要窗口"建设的核心组成部分和重大标志性工程。

应对气候变化行动走在前列。2007 年,浙江省率先成立应对气候变化及节能减排工作领导小组,后在省发展改革委设置应对气候变化处。2018 年,根据国务院机构改革精神要求,将应对气候变化及减排职责划归省生态环境厅。2019 年新组建省应对气候变化及节能减排工作联席会议,统筹全省应对气候变化和低碳发展工作。2010 年,浙江出台了《浙江省应对气候变化方案》,梳理了气候变化相关省情,确定了主要目标和任务。"十三五"时期,浙江在应对气候变化和低碳发展方面出台了一系列政策,打下了扎实的低碳工作基础,包括《浙江省"十三五"控制温室气体排放实施方案》《浙江省低碳发展"十三五"规划》等。

系统规划引领"双碳"行动。迈入"十四五",浙江将碳达峰碳中和作为具有中长期引领作用的主要发展目标之一融入了一系列中长期规划,集中发布了《浙江省应对气候变化"十四五"规划》《浙江省煤炭石油天然气发展"十四五"规划》《浙江省可再生能源发展"十四五"规划》《浙江省"十四五"生态环境科技创新发展工作方案》《浙江省全球先进制造业基地建设"十四五"规划》《浙江省节能降耗和能源资源优化配置"十四五"规划》《浙江省林业发展"十四五"

规划》《浙江省人民政府关于加快建立健全绿色低碳循环发展经济体系的实施意见》等一系列文件，为能源、工业、科技、林业碳汇等各主要领域的降碳举措提供了明确的方向引领。

多层次政策护航"双碳"示范。2021年5月，浙江省碳达峰碳中和工作推进会提出"为全国实现碳达峰碳中和多做贡献、勇当先锋"的新目标。2021年6月，《浙江省碳达峰碳中和科技创新行动方案》明确了以科技创新支撑"双碳"行动的原则和任务。2021年11月，财政部印发的《支持浙江省探索创新打造财政推动共同富裕省域范例的实施方案》提出，指导浙江省财政部门研究实施碳达峰碳中和财政奖惩政策，将能耗强度、碳排放强度指标完成度和财政资金奖惩挂钩。可见，浙江的"双碳"政策体系既有锚定大方向、大目标的宏观指南，也有针对重点领域、关键任务的具体部署，还有关于工作方法、工作思路、工作逻辑的科学阐释，以及资金、制度、流程、人才等保障安排，与共同富裕、现代化建设等其他目标相辅相成、协调统筹，为浙江在"双碳"工作上形成引领示范提供了系统化、整体性、全方位的支撑。

根据国家统一初步核算，2021年浙江全省生产总值为73516亿元人民币，人均地区生产总值为113032元人民币（按年平均汇率折算为17520美元），远远超过全国人均生产总值。经过改革开放40多年的跨越式发展，浙江积累了雄厚的经济实力，具有较高的经济社会发展水平和生态环境治理能力，为实现碳达峰碳中和目标先行示范奠定了坚实的物质基础。

一是产业结构趋向低碳化。浙江的三次产业增加值结构从1978年的16.0∶49.8∶34.2转变至2020年的3.3∶40.8∶55.9。产业结构的持续优化有力地推动了浙江经济的转型升级，绿色经济、低碳产业日益成为浙江经济的重要引擎。2019年，浙江低碳行业增加值占地区生产总值的比重达到37%，节能环保产业产值达到9797亿元。2020年，浙江数字经济核心产业增加值达到7020亿元，占地区生产总值比重的10.9%，"十三五"期间年均增长15.1%；以新产业、新业态、新模式为主要特征的"三新"经济增加值占地区生产总值比重的27%；在全省规上工业中，战略性新兴产业、高新技术产业、装备制造业、高技术制造业分别增加了33.1%、59.6%、44.2%和15.6%。"十三五"期间，人工智能、高技术、装备、高新技术、战略性新兴、节能环保等产业增加值增速均高于规上工业整体增速。节能环保产业总产值提前2年突破万亿元大关，向2025年15000亿元产值加速迈进。2020年，第三产业对地区生产总值增长贡献率达到59.4%。浙江尤其对新能源汽车等实现"双碳"目标的关键产业加大政策支持力度,目前已在新能源汽车关键核心零部件制造的部分领域达到国内领先水平并形成较为完整的产业链。同时,浙江对传统产业进行了全面升级改造,到 2020 年,浙江八大高耗能产业占比降至 33.2%。[①] 全省制造业类产业园区基本完成循环化改造,创建了 5 个国家级和 33 个省级资源循环利用示范城市(基地)。2019 年,浙江单位地区生产总值能耗 0.39 吨标准煤/万元,较 2015 年下降 14%,居全国第五[②];2019 年单位地区生产总值二氧化碳排放为 0.6 吨二氧化碳/万元[③],"十三五"以来累计下降 13.99%,超额完成目标任务[④]。

二是能源系统显著升级。能源活动是碳排放的主要来源,其二氧化碳排放量约占浙江全省排放量的 92%、温室气体排放量的 80%。[⑤] 2014 年,浙江在全国首提创建国家清洁能源示范省,"十四五"期间以沿海核电基地、海上风电基地、清洁煤电基地等为建设目标,持续深入推进能源结构低碳转型。"电气化水平提升＋低碳电力系统建设"是实现碳中和的有效路径之一。2019 年,浙江电力终端能源消费比重高达 38.3%,较全国平均水平高 12.8 个百分点。2019 年,浙江一次能源消费结构中,煤炭占比为 45.3%,较 2015 年下降 7.1 个百分点;非化石能源占比为 19.8%,较 2015 年上升 3.8 个百分点。浙江紧紧抓住控制煤炭消费这个能源领域降碳的关键举措,积极推进煤炭消费减量替代和清洁高效火电等专项行动。2019 年,浙江省 6000 千瓦及以上火电厂每千瓦时发电标准煤耗为 282 克标准煤,达到国内领先、世界先进水平[⑥]。在能源结构调整发展方面,浙江始终坚持"先立后破",先打下扎实的新能源发展基础,再逐步有序压减化石能源的使用。2020 年,国网浙江电力服务 2 万余个分布式光伏项目并入国家电网,光伏发电超过水电成为浙江省第二大电源。目

---

① 余林徽,唐学朋,符茜:《推进低碳经济发展 助力实现"双碳"目标》,《浙江经济》,2022 年第 1 期。

② 中国农业银行浙江省分行绿色金融课题组,黄健,高云星等:《"碳达峰、碳中和"背景下浙江绿色金融发展对策研究》,《农银学刊》,2021 年第 3 期。

③ 沈澜,王剑:《浙江省实现"碳中和"的路径研究》,《中国能源》,2021 年第 2 期。

④ 王雯,晏利扬:《浙江低碳发展"花"开遍地》,《中国环境报》,2020 年 7 月 9 日。

⑤ 蔡刚:《勇当主力军 决胜主战场——解读〈中共浙江省委 浙江省人民政府关于完整准确全面贯彻新发展理念做好碳达峰碳中和工作的实施意见〉》,《浙江经济》,2022 年第 2 期。

⑥ 鲍健强,蒋惠琴,苗阳等:《浙江能否成为"碳达峰、碳中和"先行省》,《浙江经济》,2021 年第 2 期。

前,浙江省已成为全国光伏制造产业和分布式光伏应用的第二大省。截至2021年9月底,浙江新能源并网容量约2214万千瓦,全省清洁能源发电装机占总量的近4成。此外,"十三五"期间浙江生物质能和海洋能的发电量年均增长分别为16.5%和10.4%。浙江城市交通中清洁能源车辆占比大幅提升,绿色建筑占浙江城镇新建民用建筑比例高达97%(2020年)。浙江还遵循"有为政府、有效市场"的思路积极推进电力市场改革,2021年9月7日,浙江32家风光发电企业与30家电力用户合计成交50笔交易,成交电量超3亿千瓦时。2020年浙江又启动了天然气体制改革,并于2020年底成立浙江省首个、全国第五个天然气交易平台。

三是绿色科技加速创新。科技创新的实践是浙江引领示范碳达峰碳中和的信心来源和行动加速器。近年来,浙江绿色技术专利呈现逐年增长趋势,截至2020年共有8.86万件,位列全国第四(居江苏、广东和北京之后)。[①] 2021年9月,浙江设立了全国首个国家绿色技术交易中心,聚焦产业结构和能源结构调整中的"卡脖子"技术,加强绿色技术创新主体培育,加速绿色技术成果转化,中心成立当天即正式上架了"二氧化碳捕集与资源化利用技术"等技术成果。浙江省碳达峰碳中和科技创新行动以突破火电机组提效降碳,太阳能、风能、生物质与海洋能发电,规模化储能,先进输配电等关键技术为重点。浙江省已初步形成了包括制氢、储运、加氢、燃料电池整车的氢能产业链条,在新能源汽车、光伏制造、氢能、储能等"双碳"关键技术领域已形成一定的研发和产业化优势。研发方面,依托浙江大学等高校和科研院所建立一批高水平氢能科研机构,并积极开展产研一体化深度合作。浙江还积极推进新型储能技术研发和示范应用,同时鼓励探索开展储氢、熔盐储能等创新储能技术研究和试点。

四是碳汇建设初见成效。在海洋碳汇技术应用方面,浙江主要推进"碳汇渔业"模式,即通过藻类养殖、贝类养殖、滤食性鱼类养殖等渔业生产活动直接或间接吸收、利用或储存水体中的二氧化碳。通过打造"蓝色海湾"和"海洋牧场",浙江海水养殖碳汇总量达7.25万吨。[②] 在陆地生态系统固碳技术研发方

---

① 余林徽,唐学朋,符茜:《推进低碳经济发展 助力实现"双碳"目标》,《浙江经济》,2022年第1期。

② 邵桂兰,刘冰,李晨:《我国主要海域海水养殖碳汇能力评估及其影响效应——基于我国9个沿海省份面板数据》,《生态学报》,2019年第7期。

面,浙江省安吉县依托当地丰富的竹业资源建成全球首个"竹林碳汇试验示范区",并开发了国内首个竹林经营增汇 CCER(核证自愿减排量)项目。人工固碳方面,由浙江大学牵头承担的国家 863 计划研发出了膜分离捕获二氧化碳实验装置、焦炉气补二氧化碳甲烷化制天然气技术等前沿碳捕集、利用与封存技术。同时,浙江积极引导社会广泛参与,为浙江绿色低碳科技创新营造良好的氛围、提供充足的资金保障。

浙江在省、市、县(市、区)、园区等多个层级推进了低碳(零碳)试点建设,从多个角度探索了低碳转型的路径和模式,为实现"双碳"目标积累了丰富的实践经验。

一是低碳试点多层次推进。浙江是全国第一批编制温室气体清单的省份之一。2017 年,浙江开展了全省各地市温室气体清单编制工作,初步掌握了全省 11 个地市的碳排放结构、特点和底数。杭州、宁波、温州、嘉兴、金华和衢州等 6 个地市成为国家低碳试点城市,各个试点结合自身实际分别开展了以低碳交通、低碳产业、低碳生活方式等为重点的探索。作为省级近零碳排放社区试点的安吉余村,2019 年直接碳排放强度仅为 0.04 吨/万元,趋近于零。同时,以智慧农业、家庭农场、休闲观光为重点的乡村低碳产业体系有力推动了共同富裕,全村农民人均纯收入 2021 年达到 6.1 万元。浙江还开了近零碳排放园区试点和近零碳排放交通试点等,在绿色工厂、绿色园区创建方面亮点纷呈。

二是数智控碳多元化实践。2021 年初,浙江全面启动推进数字化改革并提出到 2030 年基本建成碳达峰、碳中和数智治理体系,数字化控碳的两大重要领域是工业和能源。通过工业碳效码,浙江省 11 个地市区域、重点行业已实现碳监测。经测算,工业碳效码全省推广后,预计每年可降碳 500 万吨以上。[①] 在能源行业数字降碳方面,浙江省能源大数据系统整合电力、煤炭、石油、天然气等能源全流程数据,为政府科学分配区域用能指标提供依据、对能源双控指标发布预警。数字化还为产业、金融协同推进降碳搭建了桥梁。碳账户金融被列入浙江省数字政府系统第一批"一地创新、全省共享"应用项目清单,并被列为全省低(零)碳试点建设五个关键领域之一。其中,衢州率先构建了以应对气候变化为导向的碳账户体系和碳账户金融"5e"闭环系统,湖州

---

① 杨晨,汤天承:《数字化推动工业企业精准降碳》,《中国电力企业管理》,2021 年第 29 期。

打造了全国首个区域性 ESG 评价数字化系统,为融资主体绿色低碳认定提供支持,重点引入企业碳强度指标,整合环保、经信、税务等 17 个政府部门、10 余个数据源。[1] 浙江在交通领域也开展了低碳智慧管理的数字化探索,通过物联网技术实时监测高速公路各场景的水、电、气、风、光、储、充等能源数据并分析能源去向,实现能耗精细化管理。

三是绿色金融多角度创新。清华大学研究报告指出,实现 1.5℃目标导向转型路径,中国需要累计新增投资约 138 万亿元人民币,超过每年 GDP 的 2.5%。[2] 财政资金难以单独承担这一重任,绿色金融尤其是气候投融资是实现碳达峰碳中和目标的必要机制。浙江凭借活跃的资本市场等优势较早开展了绿色金融领域的探索,成功发行了全国首单绿色永续碳中和债,专项募集资金用于清洁能源、清洁交通、绿色建筑等低碳减排领域。2021 年,浙江省《关于金融支持碳达峰碳中和的指导意见》《浙江省碳排放配额抵押贷款操作指引(暂行)》等相关政策文件陆续出台,为有效盘活"碳资产"开辟了新途径。2022 年 3 月,《关于金融支持浙江高质量发展建设共同富裕示范区的意见》提出,推动银行保险机构探索开展气候风险评估,上市公司开展环境、社会和治理信息披露,建立工业绿色发展项目库等,引导资金投向对气候友好、绿色低碳的领域。

三、浙江创建国家"碳达峰碳中和"引领示范区面临的挑战

"十四五"和"十五五"时期是浙江基本实现高水平现代化、经济高质量发展迈上新的大台阶的关键窗口期。在经济高速增长的预期下,浙江未来一段时期内能源消费和碳排放将大概率保持增长趋势。创建国家"碳达峰碳中和"引领示范区,浙江依然存在不容忽视的多重挑战。

一是能源系统实现深度转型的难度较大。浙江能源消费对外依存度较高,其中煤炭、石油、天然气等化石能源对外依存为 100%。[3] 根据《浙江统

① 殷兴山:《绿色金融支持碳达峰碳中和的浙江实践》,《中国金融》,2022 年第 1 期。
② 项目综合报告编写组:《〈中国长期低碳发展战略与转型路径研究〉综合报告》,《中国人口·资源与环境》,2020 年第 11 期。
③ 周震宇:《浙江实现碳达峰的若干要点》,《能源》,2022 年第 1 期。

计年鉴(2021)》数据计算可知,2020年浙江电力消费约30%依靠外网调入。近年来,浙江能源需求尤其是电力需求增长较快,电力保供处于紧平衡状态。据预测,"十四五"期间电力、电量年均增速分别为6%和5.5%。[①] 重大产业项目产能释放、下游高附加值产业链布局等情况将推动浙江能源需求刚性较快增长。例如,舟山绿色石化二期2000万吨炼化项目预计在"十四五"期间完成,届时碳排放将达5000万吨。从供给的角度看,土地资源紧缺限制了浙江的太阳能开发,"农光""渔光"等模式也暂未取得大规模应用。虽然浙江沿海及其岛屿是中国最大风能资源区,但风电存在输出不稳定的问题,2020年浙江风电年发电小时数仅为2126小时。此外,"十四五"期间浙江将严控新增耗煤项目,短期内现有煤电主力保供的定位不会改变,煤炭消费大幅减少的空间有限。综上,鉴于煤电装机新增量控制和非化石主力电源(含外来电)发展不确定性等因素,"十四五"期间浙江很可能面临高峰缺电力、全年缺电量的困境,能源领域在充分保供前提下实现显著降碳的压力较大。

二是产业结构加速升级调整的压力剧增。2019年浙江单位地区生产总值能耗和单位地区生产总值碳排放量分别为欧盟的近2倍和3倍多,浙江第二产业占比较欧盟主要国家高10个百分点以上。2022年4月召开的全省制造业高质量发展大会提出,制造业是强省之本,也是经济创新力、竞争力的主战场。可是,在持续做强制造业的同时严格控制能耗和碳排放是一项艰巨的挑战,培育高端制造业集群需要遵循客观经济规律和产业发展规律,要经历一定的过程。从产业安全视角出发,一些高耗能产业由于要保障供应链完整而在未来一定时期内必须存在,一定程度上限制了产业结构转型。浙江还存在区域间发展不平衡不充分的现实问题。比如,丽水等生态资源富集地区面临"碳汇富余"发展陷阱、碳排放"双控"弱势失声等问题,在产业发展方面需要因地制宜并争取更多支持。[②] 地区发展的不平衡导致了能耗和碳排放水平的差异。2020年,宁波、杭州两市碳排放总量占全省碳排放总量的40%以上,而舟山、衢州、丽水三市碳排放总量占比不到全省的10%。[③] 此外,浙江区域间科技创新能力和产业创新发展程度存在较大差距,导致不同地区、产业适应和推动

---

① 黄炜:《碳达峰背景下浙江经济增长和碳排放脱钩》,《浙江经济》,2021年第1期。

② 周爱飞,张丰:《"碳达峰、碳中和"双约束下生态资源富集地区的发展路径探寻——以浙江省丽水市为分析个案》,《环境保护》,2021第Z2期。

③ 陈刚,钱志权,吴旭:《中国碳达峰目标实现的预测和政策组合方案比较——以浙江省为例》,《经济研究参考》,2021年第20期。

绿色低碳转型的能力有差异。同时还存在产业发展不均衡的问题,数字经济行业企业占比显著高于高端装备制造、生物医药以及新材料行业。因此,促进区域间科技创新能力同步提升,并不断提升各行业的创新能力,是浙江实现"双碳"行动整体成效所必须着力的挑战,浙江的经济结构转型依然任重道远。

三是政策体系、市场机制仍有部分缺位。重点耗能、碳排放领域的准入制度体系和存量退出体系有待建立,尤其是要基于科学全面的分析来制定煤电装机向基础保障性和系统调节性电源转型的中长期方案。浙江目前的绿色产品、绿色园区认证标准主要关注碳强度、能耗强度、清洁或可再生能源使用等单个指标,还缺少结合碳达峰碳中和整体要求支持碳足迹评定、碳核算、碳评价等的标准体系。能源数据统计制度也需根据碳达峰碳中和的全新要求进行迭代升级,解决时效性、准确性、非化石能源统计较薄弱等问题。绿色低碳技术创新面临研发周期长、投入大、回报不确定等问题,需建立对应的激励机制、知识产权保障机制、促进转化机制等。浙江目前已有的绿色金融和气候投融资实践在规模和模式上还无法与推进"双碳"目标所面临的巨大转型投融资的实际需求相匹配,在政策稳定性、推广力度、基础保障、应用范围、金融激励等方面均存在不足。浙江目前暂无针对碳达峰碳中和的地方性法规,降碳目标的长期约束力有待强化。

四是碳汇建设面临多重障碍。浙江在林业碳固定、碳减排、碳汇计量、监测评估等领域的基础研究尚不够充分。如农业、林业、海洋等生态系统固碳技术储备还比较有限,不少仍处于实验室或试点阶段,技术的产业化、商业化程度不高,离大范围推广应用还有距离。浙江人工碳汇成本高,与森林碳汇扩面提质相关的百万亩国土绿色行动以政府推动为主,缺乏企业等更广泛主体的参与,在商业碳汇项目建设方面较少有成功案例。由于缺乏法律支撑与顶层设计,碳汇确权、价值核算与交易难度较大、产品类型较单一,难以产生规模化效益和吸引社会资本参与。华东林业产权交易所是由浙江省政府批准成立的全国唯一的林业碳汇交易试点平台,自2011年开展首批14.8万吨林业碳汇指标签约认购后,近年来碳汇交易持续低迷。支持"双碳"目标的碳排放权、碳汇、能源、绿色技术交易等市场机制亟待健全完善。

四、浙江创建国家"碳达峰碳中和"引领示范区的对策建议

浙江创建国家"碳达峰碳中和"引领示范区必须做好顶层设计,创新工作方法手段,确保控碳、降碳目标和举措与同时期的其他重要发展目标相协调,力争实现多目标最优化。

全局谋划、先立后破统筹推进"双碳"与其他多重发展目标。先立后破是浙江推进"双碳"这一系统性变革的重要原则,能源安全、产业链供应链安全、粮食安全、群众正常生活等是实施降碳举措的基本前提,旧经济引擎的逐步退出要以新经济动能的成熟培育为条件,传统化石能源的压减要以新型清洁低碳能源的安全稳定供应为基础。一是多措并举提升减污降碳协同效应。制定各项规划时要坚持系统观念,在"双碳"与污染防治、共同富裕、现代化建设、生态保护等目标发生交叉、相互作用的领域做好统筹协调。在减污降碳协同增效方面,浙江积累了一定的实践经验,包括在乡镇、社区、企业、园区层面建立减污降碳协同试点,将控制温室气体排放考核纳入美丽浙江和污染防治攻坚战的考核中等。印发实施《浙江省减污降碳协同增效实施方案》,充分融合碳达峰碳中和行动方案和污染防治攻坚任务的各项要求。二是增强"双碳"与共同富裕等目标的互促效应。重点关注低碳转型与民生需要之间的关系,确保全民共享低碳转型的红利,同时全面评估"双碳"目标可能带来的各类转型风险、影响对象和影响机制,从产业变革、就业促进、公共服务供给、社会保障改善等角度建立低碳转型风险化解机制。将"双碳"理念纳入城镇化规划,鼓励城市基于国家和省的整体部署制定自身的"双碳"行动计划,合理控制城镇化带来的碳排放增量,并持续释放城市集聚带来的节能减排效应。探索发展式生态补偿在合理配置温室气体排放配额方面的应用模式;建立健全适应气候变化与生态保护修复的协同机制;结合生态产品总值核算的推广应用,创新生态产品调节服务中的陆地固碳功能的价值实现途径。

构建精准科学指标体系引领产业结构、能源结构低碳转型。产业、能源等领域的低碳转型是浙江实现"双碳"目标内生动力的主要来源,建议构建精准科学的指标体系,建立健全并全面实施资源生产率领跑者制度,引导和推动关键领域的结构优化调整。一是加速从能耗"双控"向碳排放"双控"的转变。建立能耗"投入产出"效益考核制度和碳排放总量评估、控制机制以遏制"两高"

项目盲目发展,提升重点行业整体能效水平。在《浙江省建设项目碳排放评价编制指南(试行)》的基础上,逐步将实施范围拓展到钢铁、火电、建材等九大重点行业以外的其他行业,将碳排放评价纳入更广领域的新项目环评。以稳存量、调增量为基本思路,将碳排放强度或碳生产力指标纳入"亩均论英雄""标准地"指标体系,并视实际影响赋予足够高的权重,改造高碳低效行业,对需要压减的部分行业完善相应的退出机制,提升各行业存量碳排放的综合经济社会效益。动态预测评估行业新增产能、新兴行业的碳排放效率和技术进化能力、碳减排潜力,做大做强集成电路、网络通信、智能计算、生物医药、新材料、新能源汽车、智能装备、信息技术、现代服务业等低碳高效行业,确保每一吨碳排放增量均为高效高产。二是加快构建多元清洁能源供应体系。构建多元清洁能源供应体系包括控制煤炭消费、扩大天然气使用、增加非化石能源占比、发展核能、增加清洁外网调电等多项举措。研究制定浙江省煤炭消费压减中长期行动方案,"十四五"时期严格控制煤炭消费增量,进一步提升发电供热用煤占比,对工业用煤建立清洁高效利用的评价机制,"十五五"时期逐步减少煤炭消费量。提高可再生能源发电装机量、并网容量和发电量占比,建立完善与更高比例可再生能源电力相适应的智能电网、储能调节系统等,对可再生能源建设提供用地、用海、审批等方面的支持。基于安全有序的原则,推进核电多基地多机组同步核准建设,增强核电对电力总体供应的支持作用。持续提升全社会电气化水平,鼓励企业进行电气化改造,交通和建筑领域进一步扩大电能的使用占比,大力推广电动汽车。

建立完善高效、持续促进降碳的多元灵活市场机制。与"双碳"目标密切相关的市场机制包括电力市场、用能权交易、碳排放权交易、碳汇交易、绿色金融、绿色低碳技术交易等。在创建碳达峰碳中和引领示范区的过程中,浙江需应用好市场的力量,建立降碳增汇的市场化长效机制,并加强各机制之间的统筹衔接,以市场信号激发全社会节能减碳的内生动力。一是完善绿色电力及用能权交易。进一步完善省级电力市场体系和绿电交易政策机制,深入挖掘市场主体的绿色能源消费需求,在交易品种、交易渠道、交易服务、交易结果的多场景应用等方面不断创新升级,有效促进可再生能源消纳。浙江是最早开展用能权交易的四个省份之一,制度设计上侧重于以"控增量"手段控制能源消费量,建议在"双碳"的节能减排新要求下进一步完善用能权有偿使用和交易制度,提升市场交易活跃度。二是积极参与全国碳交易市场建设。落实重点行业和企业的碳排放配额核准、分配和管理机制,通过人才培训、交易服务、技术支持等举措提升企业参与碳交易的意愿和能力。探索建立碳汇补偿和交易机制,鼓励各地开展多种形式的区域性碳汇交易市场建设,并在各交易市场预留相互联通的接口,为构建省域一体化碳汇交易市场奠定基础,并在时机成熟时与全省统一的碳普惠应用机制进行联动。三是加大绿色金融创新力度。制定和完善气候投融资政策,为能源转型、产业升级、技术创新提供全方位的资源配置支持,在绿色信贷、绿债、绿色保险等基础上,进一步开发碳中和信用贷款、小额绿色技改贷款、气候市政债券等"双碳"创新产品,降低企业零碳创新、节能减排的成本和风险。重点落实好煤电等行业绿色低碳转型金融政策,用好支持煤炭清洁高效利用专项再贷款等政策资金,加速推动绿色低碳技术成果的产业化、市场化。

以数字化改革推动"双碳"行动的基础打造、系统迭代、治理升级。借助数字化改革推动经济社会发展全面绿色转型,具体来讲主要包括三个方面:一是用大数据清晰描画浙江经济社会碳排放全景。进一步建立完善全社会层面的"双碳"本底数据基础,包括能源加工、转化、使用全流程数据,土地、海域等利用情况数据,工业生产、流通等全产业链数据,各类生态系统碳汇数据,建筑、交通基础设施情况及运行数据,居民生活出行、用能、垃圾分类等相关数据。对基础数据进行挖掘、统计、建模、分析,为"双碳"行动的决策制定、理念宣传、效果评估等各场景提供高质量的数据支撑,为中国建立具有国际影响力的碳排放核查方法体系和数据库体系贡献浙江力量、浙江样本。二是用数字化手段深度赋能"双碳"治理全流程。开展能源系统智能化、精细化管理技术研究和应用,推动人工智能、区块链、云计算、大数据、物联网等技术在智慧电厂、智慧能源供应、智能电网、运营优化、智慧管网等方面的创新和应用。开发建设省域新型能源系统智慧化管理平台,构建高弹性能源消费系统和高度灵活的电力系统,推动能源系统绿色低碳转型。推广工业领域生产线数字化、智能化改造。加快推进智慧城市建设,在运行、基础设施、社会治理、公共服务等方面开展数字降碳技术的应用。用数字技术促进碳排放信息共享和多场景应用,进一步增强企业的社会责任感和减排主动性,改善公众监督的途径和时效。三是用数字经济的辐射效应加速产业链低碳转型。数字经济对低碳产业的发展具有显著的驱动效应,浙江可以数字经济"一号工程"2.0版为主要抓手,将绿色低碳元素融入制造业数字化转型行动计划,广泛开展数字化绿色化协同转型发展的试点示范,制定数字经济促进绿色低碳产业发展的配套政策,培育壮大数字经济的低碳新业务和新模式。

以均衡发展、全面降碳、互利共赢为指引形成省内外跨区域协作。在"双碳"目标的推进中,协作亦是浙江引领示范的必要组成,要建立省内外"双协同"机制,既要协调省内各区域的高质量发展和控碳进程,也要积极带动区域减碳、助力全国目标达成。一是制定省内各地区差异化碳达峰路径。根据省内各地区的人口规模、能源资源禀赋、产业结构、发展阶段和功能定位等制定差异化的碳达峰路径规划,在达成全省"双碳"目标过程中从产业突围、能源保供、技术创新等方面承担好各自职责,并积极推进各地市在低碳产业发展、低碳技术交流等方面的合作互助。此外,还应做好省、市、县在"双碳"行动方案上的协同,加强城市和乡村在低碳发展上的均衡协同。二是建立省内、省际碳汇补偿互助机制。碳汇是实现碳中和的"最后一公里",各市的碳汇将在全省、全国达成碳中和目标中发挥作用,开发地方碳汇资源也应在全省层面进行统筹。建议建立省内碳汇开发保护补偿机制,扩大补偿范围,提高补偿标准,资源匮乏地区可以通过资金支持、技术援助等形式参与碳汇建设,欠发达地区与生态脆弱地区则可以获得实现高质量发展所需的更充足的经济支持。浙江还可以超前布局跨省区的碳汇合作,例如支持中西部省区开展国土绿化和商业化碳汇运作、市场化碳交易等,为中长期目标储备"碳汇"能力和潜力。三是推动优化区域产业链低碳布局。浙江可参考长三角生态绿色一体化发展示范区等的经验,推动建立长三角碳达峰碳中和一体化协作机制。基于国家区域产业布局优化方案,注重提升跨区域产业链的区域产业竞争力和整体碳排放效率。立足区域整体加强先进、关键产业链集聚,完善地区分工,明确重污染、高排放产业的布局要求并有效管控"碳泄漏"风险。浙江还可以通过发挥绿色发展的龙头作用,以产业链合作带动中西部地区的低碳转型。四是探索省际清洁能源多赢发展模式。清洁电力入浙是保障浙江能源供应的必要手段,也是实现"双碳"目标的重要举措。建议进一步加强跨行政区域大尺度协同,充分利用西南地区四川、云南等省份的水能,西北地区甘肃、青海等省份的光能、风能,福建的核能等资源,加快浙江能源结构优化,同时也通过多种灵活机制促进当地的能源产业发展。

健全"双碳"制度建设,塑造强化控碳目标执行力和长期约束力。制度管长远、管根本,"双碳"的引领示范离不开立法、政策和相关机制的创新。一是探索应对气候变化及低碳发展立法。国家层面已经在讨论《中华人民共和国低碳发展促进法》《中华人民共和国应对气候变化法》等立法问题。浙江层面可以从两个角度着手改善"双碳"的法治基础。一方面,全面清理、修正现行地方法律法规中与碳达峰碳中和工作不相适应的内容,修订完善节能政策法规体系,明确和强化碳排放指标的地位和约束作用;另一方面,研究制定碳中和专项法律,同时在其他相关法律的修订、制定中纳入碳达峰碳中和目标的考量。浙江省人大常委会 2022 年立法计划的 56 件项目中,《浙江省促进高质量发展建设共同富裕示范区条例》《浙江省电力条例》《浙江省知识产权保护条例》等法规项目均有体现碳达峰碳中和要求的内容。① 浙江还将开展绿色低碳转型促进、钱江源—百山祖国家公园管理、海洋环境保护等立法调研,为深化推进"双碳"法治奠定基础。二是建立健全气候治理的政策体系。建立完善"双碳"相关标准体系,包括产业新增产能、新建项目准入标准,落后产业淘汰退出标准,可再生能源、氢能、储能等技术标准和项目建设标准,绿色产品、绿色设计、绿色工厂、绿色园区等标准体系,碳标签标准,碳中和项目设计实施标准等。优化支持"双碳"目标的财税政策,包括:高效统筹地方各级政府在生态保护、污染治理、节能减碳领域的财政资金和产业基金,制定对控碳和碳中和项目的投资补助、贷款贴息政策;创新财政投融资制度,探索"双碳"领域的PPP 模式;落实和升级节能降碳、资源节约和循环利用等领域的税收优惠政策。探索建立工业、建筑、交通、居民生活等领域的需求侧管理机制,优化和减少能源资源的需求,促进生活生产方式绿色低碳转型。三是建立低碳科技创新促进机制。加强对低碳、零碳、负碳等技术研发创新的扶持,通过完善知识产权保护,对新技术给予税收抵免,开展政府采购以及技术授权等,充分调动市场积极性。建议将"双碳"相关科技创新列入重点保护技术目录,并为广大低碳科研群体提供"双碳"背景下绿色低碳产业高价值专利培育、挖掘与布局,提升专利申请质量,知识产权运营和价值创造新模式等方面的培训和指导。同时,对可再生能源和清洁能源技术研发、产业绿色低碳循环改造等提供低息贷款、财政补贴、专项资金支持等,为关键核心技术攻关建立针对性激励方案,积极引导社会资本和一线企业参与,构建高能级科创平台和产业科研一体化转化平台,解决低碳技术研发高投入、长周期、低回报、难转化等瓶颈问题。

作者:张璇孟,朱晶晶(中共湖州市委党校)

---

① 余文斌:《2022 年,浙江立法早知道》,《浙江人大》,2022 年第 Z1 期。

探路生态产品价值实现机制

建立健全生态产品价值实现机制,是贯彻落实习近平生态文明思想的重要举措,是践行"绿水青山就是金山银山"理念的关键路径,是从源头上推动生态环境领域国家治理体系和治理能力现代化的必然要求,对推动经济社会发展全面绿色转型具有重要意义。党的二十大报告再次强调要"建立生态产品价值实现机制,完善生态保护补偿制度",充分说明必须进一步推进生态产业化和产业生态化,为绿水青山转化为金山银山提供更加多元高效的路径。从守住绿水青山"金饭碗"到完成首个生态产品价值实现机制国家试点,浙江开启了以"生态美"展现"共富美"的先行探路,朝着人与自然和谐共生的现代化踔厉前行。

一、生态产品价值实现机制的时代背景

探索建立生态产品价值实现机制,是党的十八大以来,生态文明领域循序进行的一项重大变革,突出体现在长江经济带发展国家战略上。研读细品习近平总书记《在深入推动长江经济带发展座谈会上的讲话》原文,可梳理出语境脉络:探索生态产品价值实现路径,因应"'长江病了',而且病得还不轻"的形势之需,在"点赞丽水"走绿色发展道路之后,紧接着提出"长江经济带应该走出一条生态优先、绿色发展的新路子",也就是"要积极探索推广绿水青山转化为金山银山的路径,选择具备条件的地区开展生态产品价值实现机制试点,探索政府主导、企业和社会各界参与、市场化运作、可持续的生态产品价值实现路径"。①

①　习近平:《在深入推动长江经济带发展座谈会上的讲话》,人民出版社2018年版,第9—12页。

在 2018 年 5 月 18 日至 19 日召开的全国生态环境保护大会上,习近平总书记强调从"生态文化、生态经济、目标责任、生态文明制度、生态安全"等五个方面加快构建生态文明体系——这是党的十八大以来,把生态文明建设列入五位一体总体布局,并相继出台《关于加快推进生态文明建设的意见》《生态文明体制改革总体方案》,制定 40 多项涉及生态文明建设的改革方案之后,再次系统阐述生态文明体系,标志着习近平生态文明思想正式确立,为新时代生态文明建设提供了根本遵循和实践动力。会上,习近平总书记指出"生态文明建设正处于压力叠加、负重前行的关键期,已进入提供更多优质生态产品以满足人民日益增长的优美生态环境需要的攻坚期,也到了有条件有能力解决生态环境突出问题的窗口期","我们要积极回应人民群众所想、所盼、所急,大力推进生态文明建设,提供更多优质生态产品,不断满足人民群众日益增长的优美生态环境需要"。2018 年国务院完成新一轮机构改革,其中包括新组建自然资源部、生态环境部、国家林业和草原局,清晰构建新时代生态文明建设的顶层机构框架,预示着生态环境的治理底线思维转向优质生态产品供给思维,且提供更多优质生态产品已成为高质量发展的重要目标和手段。

二、生态产品内涵、属性及其价值决定

(一)生态产品内涵

生态产品是中国首创的概念,与联合国的千年生态系统服务评估(Millennium Ecosystem Assessment,MA)有着很强的渊源。2010 年印发实施的《全国主体功能区规划》中首次提出"生态产品"概念,把生态产品定义为维系生态安全、保障生态调节功能、提供良好人居环境的自然要素,包括清新的空气、清洁的水源和宜人的气候等,同时指出生态产品与农产品、工业品和服务产品一样,都是人类生存发展所必需的产品和服务。这个狭义概念与 20 世纪 90 年代西方发达国家所关注的"生态系统服务"相近,其中包括 Daily 和 Costanza 等主流生态学家的研究。MA 将"生态系统服务"定义为人类从生态系统中所获得的惠益,包括供给、调节、文化、支持四大类服务,已被广为接受。从 20 世纪末到 2018 年,国内学术界从研究"生态系统服务"起步,在《全国主体功能区

规划》出台后,逐步用生态产品的概念代替生态系统服务概念(欧阳志云等,1999[①];赵海兰,2015[②])。欧阳志云进一步梳理了生态产品特征,具体包括:一是生态产品来自生态系统,即森林、草地、湖泊、河流、海洋等自然生态系统,或农田、园地、城市绿地等人工生态系统;二是能支撑或改善人们生存生活的环境条件,能增进人类福祉、提升人们的生活质量;三是能支撑经济社会发展,为工农业生产提供原材料,或保障生产活动的正常开展;四是生态产品多为公共产品,非排他性,非竞争性。生态产品通常分为三大类,第一类是包括食物、水资源、木材、棉花、医药、生态能源及生物原材料等在内的物质产品;第二类是包括涵养水源、调节气候、固碳、生产氧气、保持土壤、净化环境、调蓄洪水、防风固沙、授粉等在内的生态调节服务产品;第三类是包括自然体验、生态旅游、自然教育与精神健康等在内的文化服务产品。

"生态产品价值实现的路径、机制与模式研究"课题组(2019)[③]将生态产品定义为良好生态系统以可持续的方式提供的满足人类直接物质消费和非物质消费的各类产出,并指出生态产品既可来自原始的生态系统,也可来自经过投入人类劳动和相应的社会物质资源后恢复了服务功能的生态系统。张林波(2019)[④]等认为,生态产品是指生态系统通过生物生产,与人类生产共同作用,为人类福祉提供的最终产品和服务。通过比较分析,前者强调"可持续性",而后者则强调人与自然"共同作用",而不是"自然纯粹地、单向地为人类服务",这与狭义上的生态产品概念相比,内涵和外延扩大了。曾贤刚(2021)[⑤]认为,广义的生态产品,还包括通过清洁生产、循环利用、降耗减排等途径,减少对生态资源消耗生产出来的生态农产品、生态工业品等物质产品——该观点是基于产业生态化的视角,来定义广义的生态产品,但为了更好地聚焦,本文重点关注的是基于生态产业化视角的生态产品。

---

① 欧阳志云,王如松,赵景柱:《生态系统服务功能及其生态经济价值评价》,《应用生态学报》,1999 年第 5 期。

② 赵海兰:《生态系统服务分类与价值评估研究进展》,《生态经济》,2015 年第 8 期。

③ "生态产品价值实现的路径、机制与模式研究"课题组:《生态产品价值实现路径、机制与模式》,中国发展出版社 2019 年版,第 5—10 页。

④ 张林波,虞慧怡,李岱青等:《生态产品内涵与其价值实现途径》,《农业机械学报》,2019 年第 6 期。

⑤ 曾贤刚:《生态产品价值实现机制与路径》,2021 年中国人民大学"生态产品价值实现高端论坛"。

同时,需要指出两点:一是当前学界针对"生态产品"的分类核算虽然在不同地区之间有所差异,但其实物量(功能量)分类及核算还没有脱离 MA 中"生态系统服务"功能分类框架。二是从商品价值和使用价值双重性的角度来理解,生态产品的使用价值,既可以仅来自自然力,也可以来自自然力和劳动力的共同作用,但生态产品的使用价值如果不经过"交换",也就谈不上生态产品的价值及其实现。

(二)生态产品属性

生态产品是与物质产品、文化产品相并列的支撑人类生存和发展的第三类产品。后两者主要满足人类物质和精神层面需求,生态产品则主要维持人们生命和健康的需要。生态产品具有四个方面的属性[①]:一是自然属性。生态产品的生产和消费过程离不开自然界的参与,人类和整个生态系统再生产也离不开生态产品,具有鲜明的自然属性。二是社会属性。一方面,生态产品是生态系统长期运行的产物,具有"前人栽树,后人乘凉"的伦理效应;另一方面,生态产品在生产和消费过程中也涉及公平、分配、诚信、就业、搬迁等问题。三是经济属性。人们对优美生态环境的需求与日俱增,而自然生态系统提供优质生态产品的能力总是相对有限的。生态产品所具有的稀缺性及其产生的价值,是推动生态产品市场化、产业化的关键因素。四是时空属性。生态产品在空间和时间上的分布不均,主要体现为空间上的分布不均衡和时间上的代际分配矛盾。空间分布上,不同地区生态产品的种类、数量和流动性存在差异,造成了生态产品在地理空间上的分布不均。时间上,因同一区域的季节性差异等原因,生态产品在种类、数量上也有所不同。

(三)生态产品价值决定的"6W"原则

一是什么是价值(What)。要坚持运用马克思主义政治经济学理论分析生态产品价值。二是谁来决定价值(Who)。生态产品价值是由市场来决定的,最终取决于市场交易价值而不是使用价值。三是如何核算价值(How)。包括基于成本的方法(生态保护成本和机会成本)、基于效益的方法(直接市场

---

① "生态产品价值实现的路径、机制与模式研究"课题组:《生态产品价值实现路径、机制与模式》,中国发展出版社 2019 年版,第 10 页。

交易、内涵市场方法和模拟市场方法)等。不同的价值实现目标往往需要使用不同的价值核算方法。四是价值在空间上的异质性(Where)。生态产品所处的地理位置、气候特征、产权结构、社会经济条件等都会影响生态产品的价值大小。五是价值在时间上存在异质性(When)。随着时间的变化,生态产品的自身特征以及所处的外部条件都会发生变化,这主要决定了贴现率的选择。六是价值分配(Whose)。生态保护者受益、使用者付费、破坏者赔偿的利益导向机制体现的就是价值分配。不同的生态产品价值实现机制设计就是不同的价值分配方案设计,不同的价值分配会带来不同的行为激励效果。

三、生态产品价值实现机制的多重逻辑

习近平总书记在深入推动长江经济带发展座谈会上说:"浙江丽水市多年来坚持走绿色发展道路,坚定不移保护绿水青山这个'金饭碗',努力把绿水青山蕴含的生态产品价值转化为金山银山,生态环境质量、发展进程指数、农民收入增幅多年位居全省第一,实现了生态文明建设、脱贫攻坚、乡村振兴协同推进。"丽水干部群众自豪地将这段话称为"丽水之赞"。"丽水之赞"揭示着绿色发展道路之赞的精神实质,蕴含着生态保护优先论、生态产品价值及转化论、协同推进论等鲜明的科学思维方法,构成生态产品价值实现机制的多重逻辑。

(一)底层逻辑:生态保护优先论

"坚持生态优先、绿色发展,共抓大保护、不搞大开发"是习近平总书记为长江治理开出的治本良方,为长江经济带发展定下的总基调、大前提。"丽水之赞"中提到的"坚定不移保护绿水青山这个'金饭碗'",可追溯到2006年7月,时任浙江省委书记习近平同志在丽水调研时关于保护绿水青山的形象论述,"只要你们守住了这方净土,就守住了'金饭碗'。随着交通基础设施的改善和人民生活水平的提高,生态资源的价值已经而且并将继续显现出来。还有一些地方现在在开发,还有一个过程,但是要坚守,不要因为有一个过程,现在急不可待,去搞一些破坏性的开发,结果把自己的'金饭碗'给丢了,捧了个'铜饭碗'。丢了'金饭碗'捧'铜饭碗',过两年你的铜不值钱了,你后悔'金饭碗'给丢掉了"。

保护绿水青山这个"金饭碗",与习近平总书记关于"像保护眼睛一样保护

生态环境,像对待生命一样对待生态环境""推动长江经济带发展,前提是坚持
生态优先"等论述,一脉相承、同气连枝,但又体现着自然财富的意蕴。

习近平总书记指出,良好生态环境是最公平的公共产品,是最普惠的民生
福祉。对人的生存来说,金山银山固然重要,但绿水青山是人民幸福生活的重
要内容,是金钱不能代替的。你挣到了钱,但空气、饮用水都不合格,哪有什么
幸福可言。[①] 又进一步指出,要坚定推进绿色发展,推动自然资本大量增殖,让
良好生态环境成为人民生活的增长点、成为展现我国良好形象的发力点,让老
百姓呼吸上新鲜的空气、喝上干净的水、吃上放心的食物、生活在宜居的环境
中、切实感受到经济发展带来的实实在在的环境效益,让中华大地天更蓝、山
更绿、水更清、环境更优美,走向生态文明新时代。[②] 因此,生态保护优先论也
蕴藏着"人靠自然界生活""提供更多优质生态产品以满足人民日益增长的优
美生态环境需要"的底层逻辑。

(二)价值逻辑:生态产品价值论

劳动价值论是马克思经济理论的核心,深刻阐释了商品经济的本质和运
行规律,赋予活劳动在价值创造中的决定作用,并奠定了剩余价值论的理论基
础。产品成为商品,需要交换,交换又以价值量为基础,实行等价交换;社会必
要劳动时间("第一种含义时间")决定商品价值,而按照市场需求的商品总量
应耗费的社会必要劳动时间("第二种含义时间")则涉及价值实现。在价值的
C+V+M构成中,C作为不变资本,以生产资料的形式存在,并通过工人的具
体劳动被转移到新产品中;V是可变资本,以劳动力形式存在的这部分资本
价值,在生产过程中发生了量的变化,即发生了价值增值,并产生剩余价值
M。把生产资料作为不变资本,是基于当时自然生态要素可以无限供给假
定。按此假定,价值来自劳动,生态系统所生产的生态产品,不包含人类的
劳动。当时做出"忽略环境生产"这一"基本假定"的原因,既有为实现论述
目的之故意而为,也有时代局限性。(张惠远等,2018[③])恩格斯就曾指出:
"政治经济学家说:劳动是一切财富的源泉。其实,劳动和自然界在一起才是

---

① 本书编写组:《习近平的小康情怀》,人民出版社 2022 年版,第 575 页。

② 本书编写组:《习近平的小康情怀》,人民出版社 2022 年版,第 577 页。

③ 张惠远,张强,郝惠广等:《生态产品及其价值实现》,中国环境出版集团 2018 年
版,第 20—39 页。

一切财富的源泉。"①严重的资源环境问题引发人们对工业文明弊端的反思,在生态要素变得日益稀缺的时候,特别是在第四次工业革命潮涌袭来的背景下,"绿水青山"所蕴含的生态产品实现"价值量化""优质变优价"已具备了物质条件,这为马克思的劳动价值论注入新的活络基因。

习近平生态文明思想强调"人与自然是生命共同体"。生态产品在"人与自然生命共同体"中的价值实现,离不开人类劳动,是人类劳动与自然共同作用的结果,反映了自然人化和人化自然的辩证统一,亦即生态产品有其使用价值,生态产品的生产不一定需要人类劳动参与,但生态产品变成商品进而实现其价值,必然有人类劳动参与。因此,生态产品价值论既丰富了传统人类劳动(V)的内涵范围,也激活了原假定不变的生态要素(C),扩展了生态生产的领域,是新时期对马克思劳动价值论的深化和拓展。

(三)动力逻辑:生态产品价值转化论

马克思说:"一切生产力都归结为自然界。"②完整的生产力是社会生产力和自然生产力的有机统一整体。自然生产力思想是马克思生产力理论中具有鲜明绿色意蕴的另一重要内容。马克思指出,在农业中(采矿业也一样),问题不仅涉及劳动的社会生产率,而且涉及由劳动的自然条件决定的劳动的自然生产率。习近平总书记继承发展了马克思自然生产力思想,并在实践中创造性地提出了"绿水青山就是金山银山"理念,指出保护生态环境就是保护生产力,改善生态环境就是发展生产力,深刻揭示了生态环境与生产力之间的辩证关系,诠释生态环境就是生产力、生态产品价值转化的过程就是产生现实生产力的过程,蕴含"保护和改善生态环境的能力"也是生产力的内涵,极大地丰富和拓展了马克思主义生产力的内涵和范围。

社会主义的本质是解放和发展生产力,消灭剥削消除两极分化,最终达到共同富裕。在生态文明语境下,生态产品价值实现机制,其实质是解放和发展"生态环境生产力"机制,即在厚植好作为自然属性的自然生产力(生态环境生产力)基础上,发挥好"就是"这一体现主观能动性的社会生产力,创造性重构由自然生产力、社会生产力有机组合而成的动力机制。对于生态资源富集地区而言,该机制为验证"绿水青山也是第一生产力"创造了可能。

---

① 恩格斯:《自然辩证法》,人民出版社 2015 年版,第 303 页。

② 马克思,恩格斯:《马克思恩格斯文集》(第 8 卷),人民出版社 2009 年版,第 170 页。

(四)系统逻辑:协同推进论

社会—经济—自然复合生态系统,是人与自然和谐共生的一种形态,由自然、经济和社会三种子系统组成。[①] 习近平生态文明思想,将"坚持人与自然的和谐共生"作为新时代坚持和发展中国特色社会主义的十四条基本方略之一,坚定走生产发展、生活富裕、生态良好的文明发展道路,建设美丽中国。围绕人与自然关系,习近平总书记强调"人与自然是生命共同体""山水林田湖草是生命共同体""在生态环境保护上一定要算大账、算长远账、算整体账、算综合账""生态环境没有替代品,用之不觉,失之难存"。围绕人与社会关系,习近平总书记指出:"我们追求的发展是造福人民的发展,我们追求的富裕是全体人民共同富裕。改革发展搞得成功不成功,最终的判断标准是人民是不是共同享受到了改革发展成果。"[②]围绕经济与自然,习近平总书记指出"经济发展不能以破坏生态为代价,生态本身就是经济,保护生态就是发展生产力"。上述论述充分体现了习近平生态文明思想的整体系统观。习近平总书记把"丽水之赞"的落脚点锚定在绿色发展的"协同推进"上,是习近平生态文明思想的整体系统观在地方实践中的具体体现。

总之,上述构成生态产品价值实现机制的逻辑环环相扣、各部分有机统一,即保护是前提,价值是根本,生态环境生产力是动力,实现生态富饶、经济富强、社会富有的整体协同与价值变现是目的,成为指导地方创新实践的基本遵循。

四、生态产品价值实现机制的丽水实践

丽水以"丽水之赞"为鞭策动力,经不懈努力、主动争取,于2019年1月被推动长江经济带发展领导小组办公室列入国内首批生态产品价值实现机制试点地级市。根据上述逻辑,丽水通过提炼地方创新实践,梳理出生态产品价值实现的机制框架,并应用于实践。

---

① 蒋高明:《社会—经济—自然复合生态系统》,《绿色中国》,2018年第12期。
② 中共中央党史和文献研究院:《习近平关于尊重和保障人权论述摘编》,中央文献出版社2021年版,第50页。

(一)机制框架

根据生态产品的属性及其存在的自然、经济、社会功能价值,结合中科院欧阳志云团队[①]、"生态产品价值实现的路径、机制与模式研究"课题组(2019)以及张惠远(2018)、曾贤刚(2021)、李宏伟(2020)[②]等学者的研究成果,构建基于"自然—经济—社会"三维协同、多元参与的生态产品价值实现的机制框架,如图1所示。从绿水青山所蕴含的生态产品价值为实现起点,在自然生态价值维度,主要包括建立生态产品价值评价与调查监测机制、生态产品保值增值机制,旨在实现从天生丽质到智治提质的生态富饶"跃迁",以 GEP(生态系统生产总值)、EQ(生态资产综合指数)等指标进行衡量;在经济维度,建立包括产业化、市场化、金融支持等在内的生态产品开发经营转化机制,旨在实现从生态优势到发展胜势的经济富强"跃迁",以 GDP(国内或地区生产总值)、TFP(全要素生产率)等指标进行衡量;在社会维度,建立包括生态信用、主体与共富导向培育等在内的生态产品实现保障机制,旨在实现从生态颜值到共富价值的社会富有"跃迁",以 GNH(国民幸福总值)等指标进行衡量。生态产品价值实现机制所推进的"自然—经济—社会"三大跃迁,是螺旋式不断正向累积的协同质变过程,目标是实现生态富饶、经济富强、社会富有的"三富统一"。

(二)创新实践路径

自然:推动从天生丽质到智治提质的生态富饶"跃迁"。一是建立最顶格的生态标准。系统推进百山祖国家公园创建,把 75.67% 的公园面积规划为生态优先保护空间,丽水成为全省唯一生物多样性保护试点市,加入中国生物圈保护区。二是实施最严格的生态治理。瓯江源头区域山水林田湖草沙一体化保护和修复工程、遂昌仙侠湖 EOD 项目列入国家试点。三是实行最有效的生态监管。成立全国首个生态环境健康体检中心——浙西南生态环境健康体检中心,建立"天眼、地眼、人眼"相结合的灾害风险数字化预警预测体系。四是建立生态产品价值核算评估应用体系。发布《生态产品价值核算指南》地方标

① 欧阳志云,林亦晴,宋昌素:《生态系统生产总值(GEP)核算研究——以浙江省丽水市为例》,《环境与可持续发展》,2020 年第 6 期。

② 李宏伟,薄凡,崔莉:《生态产品价值实现机制的理论创新与实践探索》,《治理研究》,2020 年第 4 期。

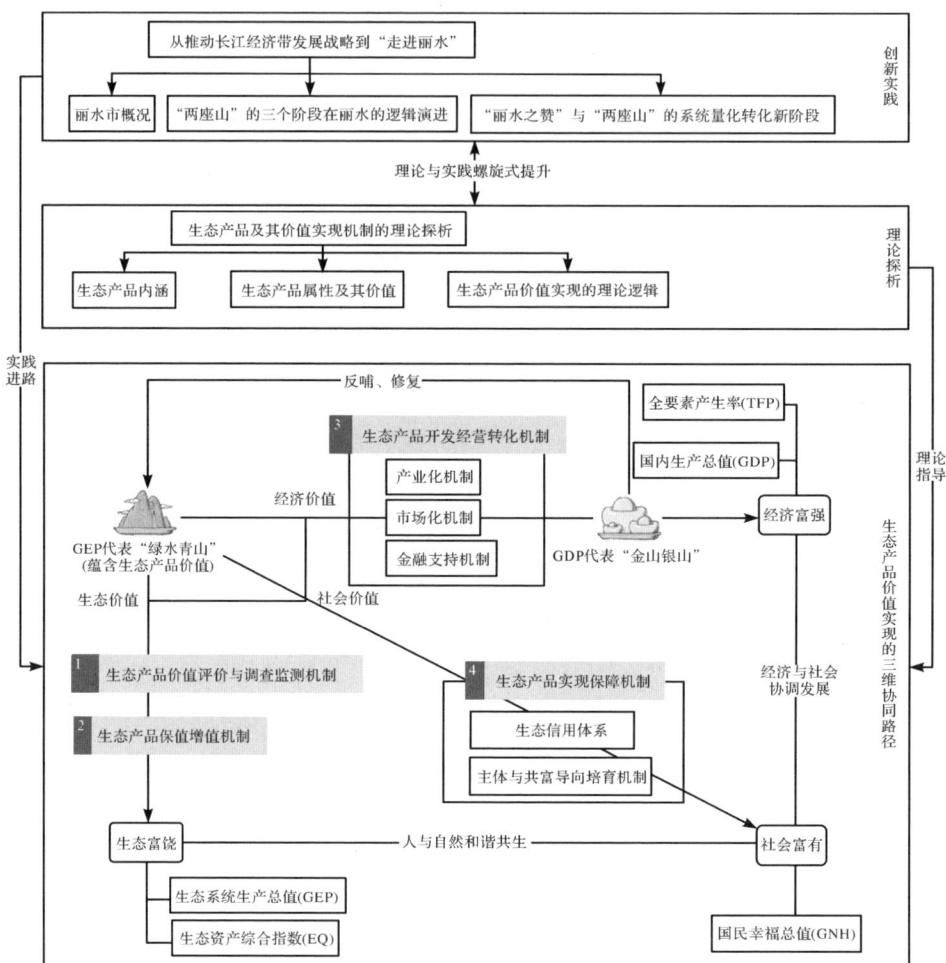

图 1　丽水推进生态产品价值实现的机制框架

准,开展市、县、乡(镇)、试点村四级 GEP 核算,全域量化每一分山水林田湖草,实现任意区域 GEP "一键算",GEP 健康码"一码清"、GEP 交易"一点通",有效保障和提升生态产品可持续供给能力。五是建立生态产品保值增值机制。丽水瓯江干流 7 县(市、区)建立流域上下游生态补偿机制,每年设立横向生态补偿资金 3500 万元,通过水质、水量、水效综合测算指数分配补偿资金;在全国率先启动国家公园集体林地设立地役权改革,补偿标准比一般公益林高 23%。截至 2021 年,丽水生态环境状况指数连续 18 年位居全省第一,成为全国唯一水、空气环境质量均进入全国前十的地级城市。

经济:推动从生态优势到发展胜势的经济富强"跃迁"。一是推进生态产业化。推广原生态种养模式,建立以"丽水山耕"为代表的"山"字系区域公用品牌培育机制,实现农产品平均溢价率达30%以上、部分产品溢价率达5倍以上;出台8大类气候资源基(营)地建设标准,建成52个基(营)地,开展气象景观、物候指数等预报服务,创成全国首个"中国天然氧吧城市",推动气候资源价值实现;创新古村复兴模式,发布"丽水山居"放心民宿服务标准,通过系统复活古村风貌、文化基因,发展乡间客栈、文化驿站等乡村旅游新业态,激活农村闲置资源,复活传统民居的生命力和经济活力;以"丽水山景"为主打品牌加快发展全域旅游,建成5A级景区1个、4A级景区23个;在全省率先推行工业企业进退场"验地、验水"制度,因地制宜引进和培育德国肖特、国镜药业、绿色数据中心、高科技特种纸等一批环境适宜型、生态产品利用型产业;创新"飞地互飞"机制,在上海、杭州、宁波等地建立"生态飞地""科技飞地""产业飞地"等21个,宁波等地在丽水九龙湿地公园建立"生态飞地",通过政策互惠、以地易地模式,合作探索生态产品价值异地转化。二是创新生态产品市场化。培育"生态强村公司"等市场化主体,建立森林生态系统生态产品市场交易体系,探索土地资源的生态溢价价值评估制度等。三是活络金融支持。形成以拓宽生态资产可抵(质)押物范围为目标的信贷服务模式、激励市场主体参与生态保护的信用服务模式、运用区块链技术盘活"数据资产"的金融科技服务模式、运用结算工具服务于农业生态发展的支付服务模式,以及基于EOD开发的投融资模式等五大类模式。

社会:推动从生态颜值到共富价值的社会富有"跃迁"。一是分享"绿福利"。省财政厅在丽水试行与生态产品质量和价值相关挂钩的绿色发展财政奖补机制,GEP的绝对值和增长率指标权重分别是40%和60%;建立基于GEP核算的生态产品政府购买机制,探索政府向生态强村公司等市场主体购买调节服务类功能产品机制;建立GEP综合考评机制,用于明确领导干部在提供优质生态产品方面的责任、考察领导干部服务绿色发展的能力水平。二是共享"绿红利"。建立生态强村公司的强村富民挂钩机制,涌现出"集体建"、生态资产联合购置型、产业链整合型、红色引领绿色发展型、生态资源整合型等共享模式,县、乡两级共182家强村公司实现产值4.32亿元、盈利2.25亿元,分红1.47亿元,相较于2020年盈利分红增长近1倍;推动"大搬快聚富民安居"工程,将发展红利"反哺"到群众搬离生态危险和生态脆弱区域行动上来,近五年实现12.4万群众搬出大山、融入城镇,不仅符合百姓对安全生活环境的需求,也契合百姓对美好生活的向往。三是畅享"绿生活"。创设生态信用制度,推出"信易游""信易贷""信易购"等 8 大类 20 余项守信激励创新应用场景和"一码通城"平台,对守信主体给予信贷优惠、绿色通道等支持,推动形成全社会主动参与生态保护、生态文明建设的良好氛围,助力创成全国社会信用体系建设示范区,城市信用监测排名首次升至全国第 5;龙泉市被列入全省第一批低碳试点县创建名单,庆元屏都街道、景宁大漈乡入选全省低(零)碳试点乡镇(街道),莲都区利山村等 15 个村被列为全省低(零)碳村(社区)。

五、启示与建议

目前,丽水已完成首个生态产品价值实现机制国家试点,试点经验被中办、国办《关于建立健全生态产品价值实现机制的意见》吸收。其改革创新实践,主要有五点启示:一是坚持保护优先、合理利用。始终坚守绿水青山"金饭碗",始终遵循时任浙江省委书记习近平在龙泉凤阳山调研时提出的"国家公园就是尊重自然"理念,创建百山祖国家公园,并以此推动大花园最美核心区建设,促进自然资本增殖,厚植生态产品价值。二是坚持量化为基、开拓应用。在依托现代化技术手段"系统量化"绿水青山的基础上,围绕绿水青山可交易、可抵押、可变现的问题,充分调动各县、试点示范乡镇积极性,开拓 GEP 进决策、进市场等多跨场景应用。三是坚持正向激励、逆向倒逼。通过建立生态补偿、生态赔偿、生态信用、林地地役权产权激励、生态产品政府采购等机制,实现让保护修复生态环境获得合理回报、让破坏生态环境付出相应代价。四是坚持政府主导、市场运作。注重发挥政府在制度设计、经济补偿、绩效考核和营造社会氛围等方面的主导作用,充分发挥市场在资源配置中的决定性作用,大力培育生态强村公司等基层市场主体,推动生态产品价值有效转化。五是坚持三位一体、协同推进。在推动"自然—经济—社会"向更高层级"协同跃迁"中,围绕生态富饶、经济富有、生活富足的"三富"导向,推动实现人与自然和谐共生、自然与经济相互转化、经济与社会协调发展。

在全省层面,适时升级生态产品价值核算评估体系、绿色发展财政奖惩机制,率先在山区 26 县推广与生态产品质量和价值相关的绿色发展财政奖补机制,完善推广丽水市 GEP 综合考评机制、龙泉"益林富农"机制、青田水流确权制度、松阳"集体建"机制、云和"生态地"和康养指数、庆元生态赔偿与森林碳汇挂钩机制等。试行推动水流、绿道等延展区域生态产品信息普查,依托自然资源统一确权登记明确生态产品权责归属,合理界定权责归属。加快建立生态环境保护修复与生态产品经营开发权益挂钩机制,建立健全自然、农田、城镇等生态系统保护修复激励机制。设立以林业碳汇、绿证、绿电等为重点的国家级生态产品交易中心,融入全国碳排放权交易市场,开展碳普惠及碳汇富民产权激励、气候投融资等机制试点,创新新增可再生能源能耗抵扣机制。在山区 26 县建立生态产品价值实现重大平台,与山区 26 县"一县一策"相衔接,推动相关指标在省级层面单列。建立生态产品价值实现机制与数字化"双跨融合"机制,适时围绕生态治理数字化预测预警、GEP 模块化应用、"绿水青山就是金山银山"转化场景化应用等方面建立 1.0 版"绿水青山就是金山银山"大脑,并逐步迭代升级。在省际层面,支持丽水在长三角地区(浙江)开展"规划发展权与生态用地空间交易机制"试点、生态保护修复产权激励机制试点。建立长江经济带山区城市发展联盟,重点分享、推广各地在生态产品价值实现机制上的经验、做法。探索建立省际结对城市的生态产品价值实现异地转化机制,推动生态产品供需精准对接。

作者:周爱飞,俞　快,李　倩,陈敬东(中共丽水市委党校)

全域花园共享美好生活

　　"美丽中国"是建设社会主义现代化强国的重要目标之一。如何打造"美丽中国"？党的二十大报告强调，"必须牢固树立和践行绿水青山就是金山银山的理念，站在人与自然和谐共生的高度谋划发展"。从"绿色浙江""生态浙江"到"美丽浙江""诗画浙江"，浙江以"美丽"为底蕴，打造生态美、空间美、产业美、活力美、机制美的"全域大花园"，谱写"美丽中国看浙江"新篇章。在习近平总书记生态文明思想的科学指引下，浙江于 2018 年全域启动大花园建设，围绕全域绿色发展不断创新探索，聚焦聚力核心区（衢州市、丽水市）建设，生态环境质量提升、全域旅游推进、绿色产业发展、基础设施提升、体制机制创新五大工程顺利推进，"诗画浙江"大花园建设取得了积极成效。大花园核心区建设示范引领作用明显，衢州、丽水两市共有 8 个县（市、区）被列入首批全省大花园示范县创建单位，占全省总数的 40%。大花园生态本底更加亮丽，2021 年县级以上城市环境空气质量首次实现全达标。大花园品牌影响有效提升，2020 年浙江旅游收入恢复率居全国前列。大花园绿色发展基础更加扎实，深入推进绿色产业化、产业绿色化，不断擦亮绿色发展底色。大花园交通脉络更加通畅，2021 年全省绿道共 1 万多千米，以交通建设为先导，健全完善对外快速便捷、对内畅通互联的综合交通体系。大花园发展动力更加充沛，聚焦培育绿色发展新动能，大力推动体制机制改革创新，有效激发大花园建设动力，生态产品价值实现机制加快推进。面向现代化先行省 2022 年走前列、2035 年成样板，高质量建设"诗画浙江"的总体要求，从"衢州有礼"、打造秀山丽水大花园等变革样本出发，浙江探寻加快建设全域美丽全民富裕大花园示范区的优化路径。

一、浙江共建共享全域美丽大花园的理论逻辑

大花园是浙江自然环境的底色、高质量发展的底色、人民幸福生活的底色。建设大花园是深化"八八战略"的重大举措,践行"绿水青山就是金山银山"理念的有效抓手,打造"美丽中国"样板的具体实践,具有丰富的理论逻辑。

(一)共建共享全域美丽大花园是深化"八八战略"的必然要求

坚定以"八八战略"为总纲,以全域美丽大花园建设为抓手,奋力打造"重要窗口",走好"绿水青山就是金山银山"之路,打造"美丽中国"样板,推动浙江生态文明建设再上新台阶。

建设全域美丽大花园是彰显"重要窗口"的标志性成果。以"重要窗口"为新定位,高质量推进生态文明建设,建设全域大花园标志性成果。"努力成为新时代全面展示中国特色社会主义制度优越性的重要窗口"的新目标新定位是习近平同志站在全局高度和时代前沿,紧密联系浙江实际提出的重大战略。"八八战略"是习近平新时代中国特色社会主义思想在浙江萌发与实践的集中体现,是引领浙江发展的总纲领、推进浙江各项工作的总方略。"发挥浙江的生态优势,创建生态省,打造'绿色浙江'"是"八八战略"的重要组成部分。建设全域美丽大花园是浙江出台新时代美丽浙江建设纲要,努力让绿色成为浙江发展最动人的色彩,彰显"重要窗口"的标志性成果。

建设全域美丽大花园是践行"绿水青山就是金山银山"理念的重大举措。"绿水青山就是金山银山"这一重要发展理念,科学阐述了经济发展和生态环境保护的关系,指明了实现发展和保护协同共生的新路径。建设全域美丽大花园是践行"绿水青山就是金山银山"理念的重大举措。新时代践行"绿水青山就是金山银山"理念,就是要坚持人与自然和谐共生,构建生产和生态良性循环的绿色之美,真正让人民群众在绿水青山中共享自然之美、生命之美、生活之美,走出一条生产发展、生活富裕、生态良好的文明发展道路。浙江省建设全域美丽大花园是浙江践行"绿水青山就是金山银山"理念,推进绿色发展,加快打造"诗画浙江"鲜活样板的重要举措,有助于形成绿色发展的空间格局、产业结构、生产生活方式,实现"绿水青山就是金山银山"。

建设全域美丽大花园是打造"美丽中国"样板的具体实践。大花园建设行

动实际上是在新的历史条件下深入贯彻"八八战略"、"绿水青山就是金山银山"理念新的重大部署,是在更广领域、更深层面、更高水平续写的"美丽浙江"新篇章。建设美丽中国,是实现中华民族伟大复兴中国梦的重要内容。党的十九大报告首次把美丽中国作为建设社会主义现代化强国的重要目标,建设美丽中国,需要树立社会主义生态文明观,大力推进绿色发展,建立健全生态文明制度。浙江省建设全域大花园按照把省域建成大景区的理念和目标,着力解决突出环境问题,深入开展美丽城乡建设,加大生态系统保护力度,推进形成"一户一处景、一村一幅画、一镇一天地、一城一风光"的全域大美格局,为人民群众创造良好生产生活环境,努力把"浙江的今天"建设得更加美好,从而为"美丽中国"创造出更丰富鲜活的浙江样本。

(二)共建共享全域美丽大花园的核心要义在于"美"

全域美丽大花园是迈入生态文明新时代贯彻发展新理念的大场景,"美丽"是基本要求,贯穿于生态环境、产业转型、人文底蕴、人民生活等各个方面。要构筑全域大美新格局,打造生态美、空间美、产业美、活力美、机制美的"全域大花园"。

全域美丽大花园的底色是生态之美。"大花园"必须是美的,生态美是实现高质量发展的题中应有之义。从"绿色浙江"到"生态浙江",再到"美丽浙江",一条轨迹清晰的生态之路的目标在于"美"。全域美丽大花园,究其根本就是要打造美丽的环境和良好的生态。2021年浙江全省森林覆盖率达到61.2%,城市建成区绿化覆盖率40.8%,相当于每个浙江人平均拥有13.51平方米的公园绿地;空气优良天数占比达到82.7%;生态环境达优级的县(市、区)有59个,占全省总面积的83.7%。

全域美丽大花园的成色是人文之美。全域美丽大花园串联美景,彰显人文。近年来,浙江在生态建设和文化实践方面亮点不断、精彩纷呈。2019年浙江省政府正式印发实施《浙江省诗路文化带发展规划》,提出以"诗"串文为主线,以"诗"为点睛之笔,着力打造浙东唐诗之路、大运河诗路、钱塘江诗路和瓯江山水诗路四条诗路文化带。以诗歌破题文旅融合,以诗路整合文旅资源,是打造现代版"富春山居图"、践行"绿水青山就是金山银山"理念、全面推进"两个高水平"建设的一大创新举措。

全域美丽大花园的亮色是产业之美。浙江发展"美丽经济",把生态亮点打造成景点,串联景点形成景区,整体包装走向市场。浙江还启动了兴林富民示范村镇建设,目前已建成示范乡镇182个、示范村1092个,2021年示范村镇农民人均林业收入占到农业收入的 77.8%。重点发展花卉苗木、干鲜果品和珍贵树种等产业,让农村增绿、农民增收。绿色产业发展工程,重点是增强绿色安全农产品供给能力、推动制造业绿色化发展、实施循环经济"991"行动计划升级版、培育发展幸福产业、打造山海协作工程升级版等。

全域美丽大花园的本色是机制之美。习近平同志在浙江工作期间制定实施的"八八战略",开宗明义地强调要"进一步发挥浙江的体制机制优势"。无论是从供给侧角度看改革,还是从中国梦实现角度看改革,浙江在很多地方都走在前列。浙江这些年进一步深化新的改革,有助于浙江省成为全国深化改革、完善基本经济制度、完善政府管理、完善党的建设等方面的模范省。

(三)共建共享全域美丽大花园的关键在于"全域共建"

浙江省大花园建设坚持走在前列,在全域美丽中先行示范,范围为全省,核心区是衢州市、丽水市。2022年,把全省打造成为全国领先的绿色发展高地、全球知名的健康养生福地、有国际影响力的旅游目的地,形成"七带一区"旅游发展格局。以点带线、亮点美线、连线成片、连片成面,因城施策抓亮城,百路千里美乡村,实现"亮丽城市+美丽集镇+美丽乡村+美丽庭院+美丽公路+旅游景区"的全域大美格局。在美丽乡村、美丽田园、美丽河湖、美丽城市、美丽园区等领域创建千个示范并串珠成链,加快形成全域大美格局。

(四)共建共享全域美丽大花园的靶向在于"全民共享"

5年来,浙江省坚持生态优先、经济协调、以人为本,以全域美丽全民富裕为目标,大花园建设行稳致远,大花园建设已经从共建迈向共享。实施美丽大花园建设行动,构建美丽城市、美丽城镇、美丽乡村有机贯通的美丽浙江建设体系,打造以山脉为纽带的名山旅游圈、以水系为载体的秀水旅游线、以人文为依托的文化旅游带,全面推进"百城千镇万村"景区化,发展全域旅游、乡村旅游,形成全域大美格局。实施"千年古城"复兴计划,推进古城名镇名村、高能级景区、旅游度假区、名山海岛公园等建设。以城际铁路、通景公路等交通建设为先导,扎实推进浙西南生态旅游带建设。加快建设衢丽花园城市群,打造诗画浙江大花园最美核心区。深化"人人成园丁、处处成花园"行动,不断满足人民日益增长的美好生活需要,增强群众获得感、幸福感、安全感。

二、衢州共建共享全域美丽大花园实施成效及基本经验

衢州是全国九个生态良好地区之一,也是浙江省乃至整个华东地区的重要生态屏障。习近平总书记在衢州考察调研时强调要着重做好"生态兴衢"文章。2003年,衢州在全省率先启动实施生态市建设。十多年来,衢州牢记习近平总书记的殷殷嘱托,不懈践行"绿水青山就是金山银山"理念,积极推动"诗画浙江"大花园最美核心区建设,逐步探索出一条独具衢州特色的绿色发展、生态富民之路,生态文明在这片土地上落地生根、开花结果。2021年,衢州市被生态环境部命名为国家生态文明建设示范区,成为全省同时收获国家生态文明建设示范区和"绿水青山就是金山银山"实践创新基地两块金字招牌的两个地市之一,龙游县、常山县获评省级生态文明建设示范县,实现了全市省级生态文明建设示范市县全覆盖。

(一)衢州大花园最美核心区建设全域推进的基础优势

衢州作为全省大花园的核心区,深入践行"绿水青山就是金山银山"理念,生态文明建设持续走在全省前列,荣获"美丽浙江"考核优秀市。衢州具有大花园最美核心区建设全域推进的基础优势。(如表1)

表1　衢州大花园最美核心区建设全域推进的基础优势

优势	要点
区位优势 凸显	衢州南接福建南平,西连江西上饶、景德镇,北邻安徽黄山,东与省内金华、丽水、杭州三市相接,历来是浙闽赣皖四省边际交通枢纽和物资集散地,素有"四省通衢、五路总头"之称。
自然资源 独特	衢州市地处金衢盆地西段,地貌类型按典型性区分,以衢江为中轴,向南北对称展布,海拔高度逐渐提升,向南、北两侧依次为河谷平原缓坡岗地、低中丘陵、山地,地势总体呈南北高、西矮、中平、东低。
历史文化 底蕴深厚	衢州有1800多年建城史,是国家历史文化名城。这里是孔子后裔的第二故乡。南宋时期,孔子第48代长孙孔端友随赵构南渡,被赐家衢州,孔子嫡裔在衢繁衍生息,著书讲学,至今880多年,史称"东南阙里、南孔圣地",是儒文化在江南的传播中心。衢州现拥有全国两座孔氏家庙之一的孔氏南宗家庙、保存完好的古城府、有中国"围棋仙地"之称的烂柯山等一大批文物胜迹,以孔子文化和棋子文化(围棋文化)为代表的地域特色文化底蕴深厚。

续 表

优势	要点
创业活力十足	衢州是中国投资环境百佳城市,已吸引旺旺集团、万向集团等一大批国内外知名企业前来投资兴业。衢州产业特色鲜明,拥有全国领先的氟硅产业、装备制造业,是我国最大的氟化工基地,有"中国氟都"之称。

(二)衢州共建共享全域美丽大花园的提出与实施成效

2018 年,衢州市加快建设城市大花园和乡村大花园,着力打造大花园的核心景区。如今,"建设大花园"是省委省政府深化"八八战略",践行"绿水青山就是金山银山"理念的重大举措,更是衢州未来发展的总战略、总方向和总目标。近年来,衢州市突出"大花园+大平台""目的地+集散地"的功能定位,努力成为"诗画浙江"中国最佳旅游目的地和世界一流生态旅游目的地,不断满足人民群众日益增长的优美生态环境需要,生态建设走在全省前列,通过近五年的努力,成效明显,形成以下标志性成果:

1. 大花园示范县全覆盖,"绿水青山就是金山银山"实践示范区显成效。衢州始终深入践行"绿水青山就是金山银山"理念,围绕培育花园式环境、花园式产业、花园式治理,打造自然的花园、成长的花园、心灵的花园,发展生态经济,建设生态文明,推动实现生态美、文化美、生活美,努力探索走出一条具有衢州特色的绿色发展新路子,2022 年衢州全域实现大花园示范县全覆盖(见表 2)。立足衢州实践,从四方面努力打造"绿水青山就是金山银山"实践示范区,全面建设"五美五区",即以生态美建设,打造浙江生态屏障保护区;以生产美建设,打造"绿水青山就是金山银山"转化样板区;以人文美建设,打造绿色风尚示范区;以制度美建设,打造全国生态文明改革综合实验区;以生活美建设,打造幸福民生体验区。2021 年,衢州市被生态环境部命名为国家生态文明建设示范区,成为全省同时收获国家生态文明建设示范区和"绿水青山就是金山银山"实践创新基地两块金字招牌的两个地市之一,生态环境公众满意度蝉联全省第一。

表 2 衢州市大花园示范县建设

市(区)县	创建时间	主题	成效
开化县	2019 年	"衢州有礼根缘开化"	打造诗画浙江大花园"精品园""核心区"
江山市	2020 年	"衢州有礼锦绣江山"	县域治理标杆地、"绿水青山就是金山银山"实践样板区、全域旅游示范区、乡村振兴先行区、国家全域旅游示范区

续 表

市(区)县	创建时间	主题	成效
常山县	2020 年	"衢州有礼慢城常山"	打造全域全景,打响常山江"宋诗之河"文化品牌,推进"四大小镇"建设,打造全域大花园
衢江区	2020 年	"衢州有礼康养衢江"	打造最具特色的康养大花园,努力成为全省大花园最美核心区和典型示范
柯城区	2020 年	"衢州有礼运动柯城"	突出"运动柯城"特色 IP,深化"动"文章,彰显布局联动之范、生态灵动之美、产业跃动之势、康养运动之风,"运动柯城"成为浙江大花园最美核心区最具动感和发展活力的板块
龙游县	2020 年	"衢州有礼天下龙游"	打造衢丽花园城市群协作示范区、"绿水青山就是金山银山"改革实践区、"诗画浙江"精品区和美丽乡村大花园典范区

2."联盟花园"合作共建共享,山海协作发展迈上更高台阶。衢州有着"四省通衢"的优越地理条件,在国家区域协调发展战略实施的当下,衢州利用地处浙皖闽赣四省交界处的有利条件,与安徽黄山、福建南平和江西上饶联手打造区域旅游"联盟花园",打造跨省域旅游协作先行区,探索共建共享新机制,为长三角、珠三角、海西三大经济区更高质量发展提供广阔市场腹地。2021 年1 月 22 日,浙皖闽赣四市现场签订了《浙皖闽赣(衢黄南饶)"联盟花园"合作共建协议》,衢黄南饶四市将打破行政区划边界"藩篱",强化城市、部门间的协调配合,建立健全浙皖闽赣生态旅游协作机制,开创具有差异化竞争优势的生态文化旅游目的地新格局,具体将推进规划设计、旅游交通、基础配套、产品开发、管理服务、营销推介"六个一体化",将"联盟花园"打造成为跨省域旅游协作的先行区、美丽经济幸福产业的集聚区、美丽中国"绿水青山就是金山银山"转化的窗口区,使其成为特色鲜明的国家级旅游休闲城市群和世界级生态文化旅游目的地。合作共建"联盟花园"能更好地为四地集成整合既有资源,发展壮大美丽经济幸福产业,进一步拓宽"绿水青山"与"金山银山"转化通道提供重要载体。

3."衢州有礼"诗画风光带全面建成,新时代山水花园城市基本成型。"衢州有礼"诗画风光带建设是一项系统工程,是建设美丽大花园、实施乡村振兴、推进全域旅游的龙头工程。从绿水青山到美丽风景,再变成美丽经济,这是一条可持续发展之路。2019 年开始,衢州市启动"Y"形的"衢州有礼"诗画风光带建设,将沿"一江两港三溪"(衢江、常山港、江山港、马金溪、石梁溪、庙源溪)的 280 千米长、覆盖 1000 平方千米的区域"串珠成链",精心打造成为乡村振兴示范带、未来社区先行地、幸福产业大平台和改革创新试验区。2020 年 4月,衢州美丽沿江公路全线通车,串起总长 280 千米、面积 1000 平方千米的"衢州有礼"诗画风光带。实现"风光带重点村、风光带一般村、全市域所有村",实现"点上出彩、带上精彩、全面丰彩",成为衢州美丽经济幸福产业发展的主平台,诗画风光带全面建成,新时代山水花园城市基本成型。诗画风光带也已明确是 2022 年四省边际共同富裕示范区十大标志性成果之一。

4."GEP/GDP"科学评价体系建立健全,生态产品价值转化通道新拓展。GDP,即在一定时期内(一个季度或一年),一个国家或地区的经济中所生产出的全部最终产品和劳务的价值,常被公认为衡量国家经济状况的最佳指标。GEP 的核算让生态产品有了清晰的价格,反映出生态系统为人类社会创造的价值,提升 GEP 是协同推进经济发展和生态保护的内在要求。一是衢州完善了生态资产核算制度,建立 GEP 和 GDP 双评价体系,妥善处理好生态保护与开发的关系,努力实现生态与经济双赢。二是衢州依托生态环境数字化平台,推出包括"环境芯""环境眼""环境码""环境链"等多个环境监管典型应用场景的"生态协同治理链",初步实现了物联感知实时触达、数据汇聚智能分析、综合应用辅助决策、业务协同闭环治理等核心功能。一套更加科学合理、行之有效、广泛推广的生态产品价值核算评估体系和实现制度体系,使空气、水流、土壤、森林、气候、湿地等生态资源不仅可以界定价值、明码标价,也能出让交易、转移支付、抵押担保等,实现生态价值向经济价值的转变。依托转换机制,衢州山水林田湖草房矿等各种农村闲散生态资源,清晰权属、统一登记后,都可能成为可储蓄、有利息、能融资的生态产品,真正实现了生态富民。

5.国家绿色金融改革创新试验区先行先试,"绿水青山"与"金山银山"转化打通新通道。衢州自获批国家绿色金融改革创新试验区以来,建立了一套科学的绿色金融标准体系,充分运用金融的力量,打通"绿水青山"与"金山银山"转化通道。衢州先后推出一系列绿色信贷、绿色债券、绿色基金为绿色发展融资,柯城农商行通过创新"橘融通"等绿色信贷产品,累计投放超过 50 亿元信贷资金,帮助企业实现绿色转型。衢州还创新政保合作模式,在全国首创"监管+保险+服务+标准"的风险减量管理安环险模式,大幅降低了企业生产中的安全风险点。衢州作为全国 9 个绿色金改试验区中唯一以"金融支持传统产业绿色改造转型"为主线的城市,在国内、省内率先开展了 40 多项首创性工作。2020 年主要金融指标突破历史新高,金融业增速 9.7%,位列全市所有行业第一,走出了一条"大花园统领、大平台集聚、大数据支撑、大联动服务"的绿色金改"衢州之路"。衢州还持续拓展"绿水青山"与"金山银山"的转化通道。推进浙江(衢州)生态产品价值实现机制改革试点,全国首创生态资源储蓄、"一县一品一标准地"、生态占补平衡等做法,形成全市生态资源资产和生态产品"一张图"。全面推动"生态账户"建设,2021 年全市共建立 253 个村集体、3429 户农户、415 家企业的"生态账户"。推进"两山银行"改革试点,搭建"两山银行"平台体系,6 个县(市、区)"两山银行"平台公司挂牌运营,"两山银行"向村集体和农户支付生态资源储蓄利息 2479 万元、分红 1308 万元。

6. 首创三大碳账户体系,构建完善区域绿色低碳转型发展新路径。碳账户是界定各社会主体的低碳贡献、减碳责任和碳排放权边界的数据治理工具。衢州碳账户建设,以数字化改革为抓手,从小切口中催生大场景,已经涵盖工业、农业、能源、建筑、交通和居民生活六大领域。已经开发碳达峰统计监测、碳账户金融、节能降碳一本账、交通碳达峰、碳科技等 7 个多跨场景应用。从工业到农业等 6 大领域,从碳金融到多场景应用,衢州的碳账户建设已经遍地开花,衢州碳账户的数量已达 233.4 万个。1110 家规上工业企业、97 家能源企业、178 家农业领域企业、40 家建筑企业、12 家交通领域企业都有了自己的专属碳账户。如今,数据采集频率从 1 年缩短至 15 分钟,数据颗粒度不断变细。衢州发布工业企业碳账户体系地方标准——《工业企业碳账户碳排放核算与评价指南》,让工业企业每一道工序的碳排放量都有据可依。以碳账户为支点,撬动"双碳"背景下区域低碳转型发展难题。

(三)衢州共建共享全域美丽大花园的基本经验

十多年来,衢州市坚定不移沿着"八八战略"指引的路子前进,从全面启动国家级生态示范区试点到全省率先启动生态市建设,从建设首个国家休闲区到建设钱江源国家公园,从建设浙江生态屏障到打造大花园的核心景区,从把旅游业培育成为战略性支柱产业和服务业龙头到把美丽经济培育成为发展新引擎,从打造全国重要的生态休闲度假旅游目的地到建设"诗画浙江"最佳旅游目的地和世界一流生态旅游目的地,一以贯之抓生态环境治理,一以贯之走"绿水青山就是金山银山"发展道路,不断满足人民群众日益增长的优美生态环境需要,成为践行习近平生态文明思想的领跑者。

以"生态兴衢"理念为引擎,形成示范创建合力。衢州历届市委市政府把生态文明示范创建作为坚持绿色发展的主抓手,形成了上下联动的创建格局。注重示范创建目标带动,以国家生态文明建设示范市创建为目标,印发实施《高水平建设新时代美丽衢州规划纲要(2020—2035年)》,将生态文明建设示范创建纳入政府工作报告,为深入推进示范创建提供了强大动力。坚持生态优先价值取向,持续推进国家公园、美丽城市、美丽乡村、美丽田园、美丽河湖、美丽园区六大空间形态建设,全面实施主体功能区规划和"三线一单",严控项目准入门槛,在全省率先实行工业项目决策咨询机制,对环保、能耗不达标的项目一律拒之门外。强化生态文明宣传引领,连续三年组织全市新时代生态文明建设专题研讨班,邀请国家、省级生态环境领域专家专题授课,市级有关单位主要领导、各县(市、区)分管市长参与培训。将生态文明建设列入各级党校干部培训主题和干部网络教育的必修课,全市党政干部参加生态文明教育培训率达到100%。完善生态环保志愿者队伍,组建环境整治、环保科普等专业领域志愿服务队伍200多支,民众参与意识不断增强,生态环境公众满意度得分连续5年持续提升,2021年度满意度蝉联全省设区市第一。

以做好"生态+"文章为核心,坚持夯实生态本底。衢州坚持把"绿水青山"作为最亮丽的名片和最普惠的民生,努力将生态价值赋能于绿色生产生活,不断提升人民群众的获得感和幸福感。一是做好"生态+治理"文章,力保生态环境高质量。多措并举打好污染防治攻坚战,环境治理成效显著。二是做好"生态+发展"文章,助力经济发展高质量。加强源头地区湖泊、湿地、自然保护地、森林公园等区域的生态保护,维护钱塘江上游生态系统整体功能。三是做好"生态+惠民"文章,推动绿色生活高质量。不断强化环境基础设施,城镇污水处理能力不断提升,2021年处理率已达97.37%;建成"户集、村收、乡镇运、县(市)集中处置"的生活垃圾集中收集处理网络,城镇生活垃圾无害化处理率稳定达到100%。累计完成25个工业园区、372个生活小区、55个镇(街)的"污水零直排区"建设,高新园区"下改上"工程被列为省级工业零直排标杆;固(危)废全过程管理能力持续加强,建成4家小微企业危废统一收运企业,实现危废集中统一收集体系县(市、区)全覆盖;环境监测网络进一步完善,实现空气站全市乡镇全覆盖。

以改革创新为驱动,构建生态文明建设的"四梁八柱"。近年来,衢州积极探索全方位的生态文明制度体系建设,不断深化生态环境领域改革。推进重点领域改革,在全国率先制定钱江源国家公园标准体系,出台《国家公园山水林田河管理办法》,深入推进"多规合一"改革。加强多元化导向的生态补偿机制改革,全面建立市内流域上下游自主协商横向生态保护补偿机制,探索生态产品价值实现机制,开展 GEP 核算,使资源收储价格与 GEP 挂钩。建立完善的绿色金融体系,"碳账户金融"入围省数字政府首批"一地创新全省共享"应用项目。搭建市级交易服务、县级主体运营、乡村资源入股的"两山银行"平台体系。常山"两山银行"生态资源高质量转化机制创新项目获 2021 年度省改革突破铜奖。推进关键领域改革,建立"全链条式"责任追究机制,严格落实环境保护"党政同责、一岗双责",开展自然资源资产负债表编制和领导干部自然资源资产离任审计。成立全省首家"环境医院",建立"专家+专员"精细化服务模式,打出服务企业"组合拳"。率先在全国推出"安环险",开创"政保合作"服务模式。迭代升级生态环境数字平台,形成"环境眼 AI 感知、环境码数据归集、环境芯智能分析、环境链协同治理"等四位一体数字化综合应用系统,其中"环境眼"电子围栏应用在全省推广,"碧水提质"应用场景被列为省生态环境厅试点项目。

以山海协作为引领,打开高质量发展新通道。山海协作工程,是浙江省委、省政府为了推动本省以浙西南山区和舟山海岛为主的欠发达地区加快发展,实现全省区域协调发展而采取的一项重大战略举措。衢州市一以贯之深入实施山海协作工程,为区域高质量发展注入更多动力。通过突出平台共建,开辟产业融合新路径,推进特色生态产业平台,建设山海协作"产业飞地"(如图 1)。目前,衢州市 6 个县(市、区)均已签订山海协作"产业飞地"框架协议,形成 6 个山海协作"产业飞地":柯城—杭州临平,衢江—宁波鄞州,龙游—杭州钱塘,江山—绍兴柯桥,常山—宁波慈溪,开化—绍兴滨海新区。其中,常山—宁波慈溪山海协作"产业飞地"成为全省首个实现项目开工的"产业飞地"。积极推动在省内中心城市统筹布局科创型"飞地"平台,能促进人才、项目等高端要素加速流动,进一步做强产业支撑。

以绿色低碳为新路径,助力低碳城市发展道路。衢州市作为首批省级低碳试点城市和大花园建设核心区,以"转变发展方式,提高碳生产力"为主线,深入践行"绿水青山就是金山银山"理念,加快产业结构绿色升级、深化能源结构清洁优化、推动重点领域深入控碳、探索创新体制机制,积极探索一条既能推动经济持续发展,又能确保人民生活品质不断提高的低碳城市发展道路,形成"水系源头,低碳筑起生态屏障"的特色。推进产业结构绿色升级,促进产业结构转型升级。2021 年,新增高新技术企业 88 家、科技型中小企业 288 家(如

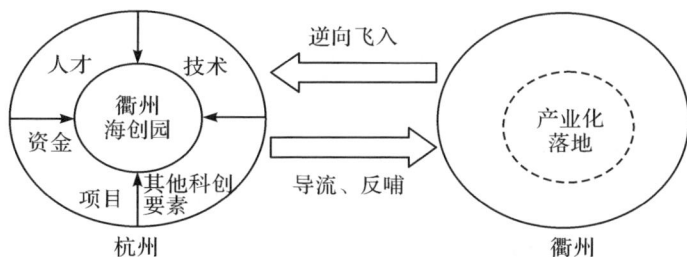

图1　山海协作:衢州海创园"科创飞地"新模式

图2),以及省级企业研发机构19个。大力推进能源结构清洁优化。依托衢江清洁能源示范区、航埠新能源示范镇建设,加快推动太阳能光伏、风电、生物质能、地热能等的开发利用。积极探索重点领域深入控碳。加快新能源汽车推广使用,市本级出租汽车已全部更新为天然气车型;实施公交线路优化方案。大力开展体制机制探索创新。衢州市创新探索绿色低碳发展投融资机制,深化创新绿色信贷产品,创新推出排污权抵押贷款等绿色信贷产品,创新开展绿色金融试点工作。

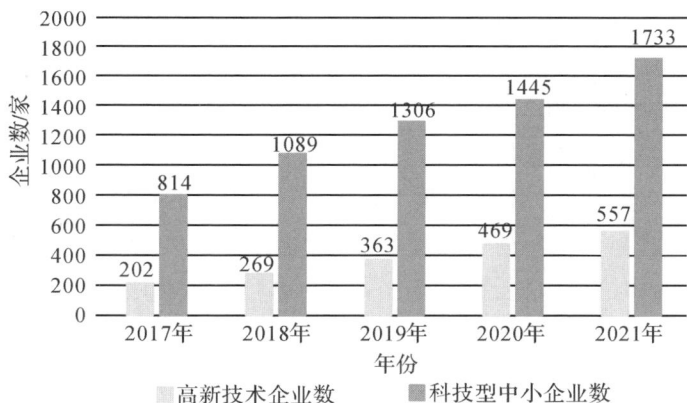

图2　2017—2021年衢州科技型企业增长情况

三、未来五年共建共享全域美丽大花园的路径

面向现代化先行省总体要求并对标国际、国内先发地区,可以看到浙江共建共享全域美丽全民富裕大花园存在生态产品价值转化滞后、绿色发展新动能培育不力、绿色发展新活力释放不足、基础设施仍有薄弱环节等问题。未来五年,围绕"诗画浙江"大花园建设定位,以构建多层级"零碳"(低碳)体系,着

力抓好生态平台、生态改革，深化绿色发展机制体制创新，建立现代环境治理体系，"生态美"推动"共同富"为重点，引领构建具有国际竞争力的全域美丽大花园。

以构建多层级"零碳"（低碳）体系，走绿色低碳之路。以碳账户牵引构建多层级"零碳"（低碳）体系、创建在全国全球有较高影响力的低碳示范城市为目标，开展碳中和战略研究，持续深入推进全域碳中和。一是加强和完善碳市场顶层设计。碳市场建设是统筹节能减排和经济高质量发展的重要抓手之一，因此要凸显碳市场在应对气候变化工作中的重要战略地位，明确碳市场在节能降碳、激发绿色技术创新、推动能源低碳转型中的作用。二是建立碳市场风险识别和风险防范机制。作为复杂的系统工程，碳市场在建立和运行过程中可能会面临诸多潜在风险，如法律风险、金融风险、市场风险、管理风险等，此外，气候风险也可能会通过影响能源系统和企业经营绩效对碳市场产生影响。因此，为了碳市场的平稳运行，需要建立风险识别与防范机制。三是以碳账户为"双碳"集成改革抓手，加快破解现行制度框架体系下的深层次瓶颈制约，协同推进减污、降碳、增绿、增长四位一体，探索出一条以最低碳排放实现共同富裕的道路。

以着力抓好数字化改革，走"绿水青山就是金山银山"融合之路。数字化改革在"金山银山"和"绿水青山"之间架起桥梁，助推绿色高质量发展与共同致富。以数字化改革为牵引，坚持"整体智治、唯实惟先"，建立健全法治体系和市场化机制，强化科技创新和数字赋能，推进生态环境领域数字化转型，提升生态环境治理的科学化、智能化水平。一是推进生态账户建设和场景应用，建立政府生态责任、企业生态贡献、项目生态影响、产品生态溢价等核算评价标准。以 GEP 核算为依托，建立各级政府生态账户，实现市、县、乡三级生态账户全覆盖。二是创新生态账户金融，建立相关体制机制，打通绿色金融支持生态产品价值实现的"最后一公里"。探索生态信用交易，依托"生态账户"启动实施生态占补平衡改革试点。三是加快"生态大脑"平台开发建设，上线"生态账户"基础应用和生态共富"标准地"、生态信用（生态功能占补平衡）交易多跨应用场景，力争项目列入数字政府第三批"一地创新全省共享"榜单。依托"生态大脑"开展精准招商、精准授信、精准服务。

以深化绿色发展机制创新，走生态优先之路。以加快生态产品价值实现为目标，深化绿色发展机制创新。一是财税产业政策创新。认真落实节能减排、资源综合利用和环境保护等有关税收优惠政策，引导财政资金加大对绿色产业发展、生态环境治理、资源综合利用的支持力度。二是绿色产业价格机制创新。深化资源产品价格改革,积极探索碳排放权交易、可再生能源强制配额和绿证交易制度等政策;建立城镇污水处理费动态调整机制和合理盈利的固体废物处理收费机制,推进有利于节约用水的价格机制,完善差别化电价及环保行业用电政策。三是绿色金融政策创新。大力发展绿色信贷、绿色担保和绿色保险,鼓励商业银行开发绿色金融产品,加大对企业治污减排技术改造的信贷支持,对生产和使用先进环保设备的企业实施减免税、低息贷款、折旧优惠等鼓励政策。

以建立现代环境治理体系,走高质量美丽之路。现代环境治理体系是全方位、多层面的,包括治理体系法治化、制度化、规范化、程序化、多元化以及治理能力的现代化,其核心是系统化管理。"十四五"时期,需要从治理主体、治理手段和治理能力三方面着手,助力美丽中国建设,实现多元参与的现代环境治理体系基本建立,政府治理、社会调节和企业自治的良性互动。一是发挥好政府的主导作用。生态环境治理要发挥政府主导作用。政府在生态环境治理中的主导作用主要体现在:制定生态环境治理法规、政策和相关标准体系,制定与实施生态环境建设总体规划和专项规划,提供生态环境治理基础设施和公共产品服务,依法行政和依法监管,维护良好秩序,保障公共安全等。二是充分调动企业的积极性。建立健全企业推进环境治理的激励机制,引导企业践行绿色生产方式,加强企业环境治理责任制度建设和环境信息公开,形成企业推进环境治理的内在动力和压力。三是动员社会组织和公众共同参与。大力发挥行业组织和环保志愿者的作用,将环境保护纳入国民教育体系,引导公众形成简约适度、绿色低碳的生活方式。

以"生态美"推动"共同富",走共同富裕之路。贯彻新发展理念,在高质量发展中促进共同富裕。只有建立在绿色发展基础上的共同富裕成色才足,要强化绿色共富,持续擦亮美丽浙江品牌。以建设共同富裕示范区为抓手,深化巩固生态省建设成果,以"生态美"推动"共同富"。随着"绿水青山就是金山银山"理念的不断深入,越来越多的地方实现了美丽的蜕变,让"绿色资源"成了"经济资本",增强了地方发展的动能,实现了生态环境保护和经济社会发展的协调推进,实现了可持续发展。一是大力发展绿色生态产业。尤其要把碳达峰碳中和纳入生态文明建设整体布局,以在2030年前实现碳达峰、2060年前实现碳中和为目标,以生态指向的高质量发展实现更为清洁、绿色、美丽的共同富裕的经济基础。二是科学建构生态文明建设过程中政府与市场的关系,积极发挥市场在绿水青山和金山银山辩证转化过程中的决定性作用，培育一批引领全省乃至全国生态文明建设的标志性企业和标志性产业。三是培育绿色生态文化。通过顶层设计与区域创新相结合、理念支撑与制度范式相衔接、行为典范与物质外化相契合，不断推动生态文化教育的补位、生态文化宣传的到位、生态文化示范的进位，有效地凝聚观念认同、增强价值共识、促进公众参与，不断推进生态文明建设，实现绿色发展。

作者:魏翠玲,程建华,叶志东,刘成凯,胡俊青(中共衢州市委党校)

后 记

习近平同志在浙江工作期间提出的"八八战略",确立了引领浙江发展、推进浙江工作的总纲领和总方略,在省级层面擘画了中国式现代化先行探索的宏伟蓝图。20年来,历届浙江省委省政府以习近平新时代中国特色社会主义思想为指导,坚定捍卫"两个确立",坚决做到"两个维护",深入实施"八八战略",强力推进创新深化、改革攻坚、开放提升,充分激发创新第一动力,用好改革关键一招,走好开放必由之路,引领浙江创造出一系列全方位、系统性、根本性的精彩蝶变。

进入新时代以来,浙江立足中国式现代化大场景,找准浙江先行的定位和坐标,开辟探索先行路径,进一步深化认识,把握逻辑、主动作为,一以贯之、守正而进、纲举目张、系统推进,深刻把握发展理念之变、竞争逻辑之变、实力格局之变、突围策略之变、前进动力之变,奋力应变局、开新局、创胜局,努力在中国式现代化新征程中打头阵、当先锋、做示范。

本书立足"八八战略"提出20周年,结合习近平总书记在中央党校建校90周年庆祝大会暨2023年春季学期开学典礼上的重要讲话精神,结合深入开展学习贯彻习近平新时代中国特色社会主义思想主题教育活动,结合学习宣传贯彻党的二十大精神和浙江省第十五次党代会提出的"两个先行"奋斗目标,深入研究浙江,聚焦聚力三个"一号工程",在一体推进教育科技人才强省建设、高水平大学建设、营商环境接轨国际标准、提升数字化改革实战实效、打造"地瓜经济"升级版、推动制度型开放等方面解题破题,重点围绕在高质量发展、高水平改革开放、高能级共同富裕、高效能治理、高标准安全、高品质生活六方面先行中取得的新成就、开创的新变革、创造的新奇迹,力求讲深讲透浙江变革发生的底层逻辑及其对未来的变革性、引领性、示范性作用,推动"八八战略"深入实施及再深化、再提升、再突破,推动践行新发展理念、构建新发展格局、实现高质量发展,以"两个先行"打造"重要窗口",为浙江持续奋进在中国式现代化新征程上干在实处、走在前列、勇立潮头提供理论支撑和智力保障。

中共浙江省委党校校委高度重视本书编写工作,分管日常工作副校长陈柳裕、副校长徐明华等校委领导亲自研究谋划,提出指导思路,部署书稿撰写工作。科研处吴为民负责系统策划,提出框架结构。范增钍、孙菊红、范森凯具体组织实施、协调落实。书稿执笔作者有:陈晓熊、周凌、张璇孟、朱晶晶、周爱飞、俞快、李倩、陈敬东、周义邦、白佳琦、顾自刚、苏洁、邢震、夏梁省、崔圣为、林晓珊、卿瑜、任媛、彭世杰、王子琦、易龙飞、陈旭峰、侣传振、刘力锐、刘开君、董瑛、谢向前、陆银辉、罗建、符勤勤、魏翠玲、程建华、叶志东、刘成凯、胡俊青等。书稿撰稿过程中,林晓珊、徐梦周、刘力锐、包海波、白小虎、王立军、易龙飞对部分稿件做了系统指导;统稿过程中,卜永光、李岚、张则行、郭江江、吴晔、汪远旺、罗建对本书亦有贡献。在此一并致以诚挚谢意!

虽然本书在组织策划、深入研究、统稿校对等各环节得到了各位作者的高度重视和大力支持,但对照"八八战略"蕴含的博大精深思想,对照之江大地发生的生动变革,难免如管中窥豹。加之水平有限,时间仓促,若有疏漏差错,恳请各位专家批评指正。

本书编写组
2023 年 5 月